중국 철학은

어 떻 게

등 장 할

것 인 가 ?

'하나의 세계'에서
꿈꾸는 시적 거주

중국 철학은
어떻게
등장할 것인가?

리쩌허우 지음 | **류쉬위안** 외 엮음 | **이유진** 옮김

글항아리

일러두기

- 책명·신문·잡지는 『 』, 편명·논문은 「 」로 표시했다.
- 한자는 처음 나올 때 한 차례만 병기하는 것을 원칙으로 하되, 필요한 경우에는 중복 병기했다.
- 인명은 몰년을 기준으로 신해혁명(1911) 이전의 인물은 우리 한자음으로 표기하고 그 이후의 인물은 현대 중국어 발음을 따랐다.

이 책은 왜 나왔는가

리쩌허우(이하 '리')_____ 이 책이 왜 나오게 되었는지 먼저 말씀하시지요. 그 다음에 제가 다시 보충하도록 하겠습니다.

류쉬위안(이하 '류')_____ 좋습니다. 『중국 철학이 등장할 때가 되었는가?該中國哲學登場了?』가 2011년 4월에 출간된 뒤에 독자들의 반응이 뜨거웠지요. 10여 곳의 신문과 잡지에서 관련 내용을 실었고, 아주 여러 군데의 도서 순위에서 베스트셀러로 올랐는데요. 연속 몇 주 혹은 몇 달 동안 오르기도 하고 1위까지 오르기도 했어요. 우리가 그걸 추구한 건 아니지만 철학에 대해 이야기한 이론적인 책이 이런 판매 실적을 거둘 수 있었다는 게 아무튼 기쁜 일이지요. 역문譯文출판사에서 마침 류짜이푸劉再復 선생이 중국에 들어온 기회에 이 책(『중국 철학이 등장할 때가 되었는가?』)을 주제로 토론회를 열었는데요. 거기서 많은 사람 의견이, 논의가 충분하지 않으니 더 이야기할 수 있는 테마라는 거였지요.

리_____ 정말 충분하지 않았지요. 아마도 끝이 없을 겁니다. 아주 광범위한 화제예요.

류_____ '중국 철학이 등장할 때가 되었는가?'라는 서명에 대해서, 눈에 확 띄고 뭔가를 일깨운다고 생각하는 사람이 많더군요. 철학이 늘 남들 뒤를 따라다니기만 해서는 안 되고, 우리 중국 전통 안에도 총괄해서 철학 이론으로 끌어올릴 수 있는 게 있다는 거죠. 이것은 지금 세계가 필요로 하는 것이기도 하고요.

리_____ 다들 서명 뒤의 물음표에는 주의를 기울이지 않았을 텐데요. 그 의미는 두 가지입니다. 첫째는 그 명제가 성립할 수 있느냐는 것이고, 둘째는 만약 성립한다면 어떻게 가능하냐는 겁니다.

류_____ 그 두 가지는 바로 모두가 논의했던 건데요. 어떤 사람은 서명이 너무 거창하다고 하더군요. 서명에 비해서 책 내용이 너무 간략해 보인다고요.

리_____ 그렇긴 하지요. 하지만 담화를 몇 차례 다시 한다 해도 여전히 부족할 겁니다. 그건 다른 사람들과 후대 사람들에게 남겨야 할 테마이지요. 저는 할 수 없습니다. 『철학강요哲學綱要』의 서문에서 이미 마지막 인사를 드렸어요. 여든이 넘었습니다. 중국철학이 현대화된 세계성을 지니고 등장하도록 다들 노력하길 바랍니다.

토론회의 기록을 봤는데, 비교적 일치된 의견은 대담에서의 이야기가 충분히 구체적이지 않다는 것이더군요. 하지만 굉장히 구체적이기는 불가능합니다. 철학은 그저 일종의 의견이지 과학과는 달라요. 과학은 매우 구체적인 경험 자료를 많이 요구하지요. 하지만 '적전설' '정 본체' '도의 본체성' 등에서는 가능한 게 아니에요. 두 번째 의견은 논증이 부족하다는 것이더군요. 철학의 논증에 관해서는 서로 다른 견해가 있습니다. 니체와 비트겐슈타인 역시 논증을 하지 않았지요.

류_____ 하지만 되돌아보면 예를 들어 '정 본체'에 관한 건, 확실히 이야기가 너무 간략했습니다. "미학은 제1철학" "미육美育으로 종교를 대신한다" '천지국친사天地國親師' 신앙에서 '천지'는 어떻게 이해할 것인가 즉 선생님께서 제기하신 '우주와의 협동 공존'이라는 '이성의 신비'를 어떻게 이해할 것인가, '무사巫史 전통', 어떻게 중국 전통으로 하이데거를 소화하고 보충할 것인가 등 선생님의 철학 사고의 많은 측면이 모두 '정 본체'와 중요한 관련이 있는데요. 어떤 것은 직접적으로 '정 본체'의 구성 부분이기도 한데 이야기를 충분히 전개하지 못했습니다. 만약 이런 것들에 대해 상세히 이야기할 수 있다면, '정 본체' 이론은 분명 굉장히 풍족해질 테고 선생님 관점의 맥락도 보다 뚜렷해질 겁니다. 그리고 선생님의 새로운 사고도 들어갈 수 있을 테니 독자들 역시 분명 흥미를 가질 거라고 생각하는데요.

리_____ 그렇다면 좋습니다. 다시 이야기를 나눠보도록 하지요. 첫째, 지난번과는 중복되지 않아야 하는데 완전히 중복되지 않는 건 아마도 어려울 테니 최대한 중복을 줄이도록 합시다. 둘째, 가독성에 있어서나 전체적인 질에 있어서나 지난번보다 떨어져서는 안 됩니다. 가능할까요?

류_____ 가능할 겁니다.

리_____ 무리가 아닐까요. 여의치 않다면 늦게 내거나 내지 않도록 합시다. 저는 좀 걱정이 되네요. 이번에 류 선생이 제시한 건 거의 다 이론 문제잖아요. 류 선생이 제시한 문제가 세 뭉치의 원고에 담겨 있는데 다 가지고 왔습니다. 류 선생이 미국으로 보내준 것도요. 원고 위에 굉장히 많은 표시를 해두었어요. 물론 예전에 책에서 말했던 것들은 좀 더 대중적으로 정리했으니 아마 더 잘 읽히겠지만 아무래도 무미건조하고 조리가 없지 않을까요.

류_____ 그 문제들은 제가 심혈을 기울여서 고른 겁니다. 제 생각에는 그것들이 독자에게 여전히 신선할 것 같고 다들 관심을 가질 거예요. 조리에 관해서라면, 우리는 대화로써 단도직입적으로 사람들 마음에 호소할 테니 아마도 일반 독자의 요구에는 보다 적합할 거고요. 그리고 전문적인 독자들에게도 전문 저서에는 없는 또 다른 참고 가치를 지닐 겁니다. 이미 책에서 언급했던 화제라도 다시 다루게 되면 또 다를 겁니다. 선생님의 사상은 계속해서 발전하는 중이니까요. 지난번 담화의 경우, 초고에서부터 원고를 완성하기까지 겨우 몇 달 동안이었는데도 발전의 자취를 볼 수가 있었습니다. 그러니 이번의 담화도 통속적이고 생동적일 뿐만 아니라 분명히 새로운 내용으로 가득할 거라고 믿습니다.

리_____ '발전'이라는 말이 그다지 믿어지지 않는데요. 이번에는 발행 부수를 좀 줄여야 할 겁니다. 찍어놓고 팔리지 않는 일이 없도록 해야지요.

류_____ 그렇지 않을 겁니다. 이론에 어느 정도 흥미가 있는 사람이라면, 평범하고 비슷하게 중복되거나 꾸며낸 흔적이 뚜렷한 이야기를 듣는 것보다 훌륭한 이론이 훨씬 낫지요. 저는 재미있는 이론서를 보는 게 차라리 낫지, 뒷이야기가 자꾸 신경 쓰이는 텔레비전 연속극은 보고 싶지 않습니다. 제 생각에 이 책의 독자는 적어도 보통 수준 이상일 겁니다. 다들 우리 같은 사람들일 거예요.

리_____ 그렇다면 좋습니다. 어디 한번 해보지요. 되도록 잘 읽히도록 말이에요. 이론만 이야기하지 말고 모두가 흥미를 가질 만한 것도 이야기하고요. 저 역시 되도록 쉽고 생동감 있게 이야기하도록 하지요. "철학을 전혀 이해하지 못한다"거나 "학술이라고 할 수 없다"고 책망하는 사람이 있겠지만 상관하지 맙시다.

류_____ 좋습니다!

리_____ 한 가지 밝혀둘 게 있습니다. 이번 대담에서 언급할 자료들은 대부분 기억에 의지하여 입에서 나오는 대로 말할 것이라서 일일이 검토할 수가 없는데요. 누락되거나 부정확한 부분이 있을 겁니다. 그리고 자유롭게 이야기하는 것이다 보니 갑자기 내용의 비약이 있을 수도 있고 자구를 다듬을 겨를도 없을 텐데요. 이에 대해서 독자들의 양해를 바랍니다.

1장

철 학 을

'언 어 에 서

벗어나도록'

할 수 있 을

것 인 가

"태초에 말씀이 있었다"와 "하늘의 운행은 강건하다"

리쩌허우(이하 '리')_____ 지난 번 담화에서는 제 사상의 단계에 관해 많은 이야기를 나누었는데요. 사실 수십 년 동안 계속 제 뇌리를 맴돌고 있는 것은 바로 어떻게 하면 '언어에서 벗어날 것인가'의 문제입니다. '언어에서 벗어난다'는 것은 오늘날 언어철학의 굴레에서 벗어나는 것을 가리키지요.

20세기는 언어철학이 지배하던 시기였지요. 카르납Rudolf Carnap은 형이상학에 반대하면서 철학을 언어의 구조와 의미를 분석하는 것으로 귀결시켰어요. 그리고 비트겐슈타인은 언어의 오용을 바로잡는 것을 철학으로 간주하면서 "내 언어의 한계가 내 세계의 한계"라고 했습니다. 분석철학은 수십 년 동안 영미권 철학의 주류였지요. 유럽도 마찬가지였어요. 하이데거는 "언어는 존재의 집"이라 했고, 데리다는 "텍스트의 바깥은 없다"고 했지요. 또 폴 리쾨르는 "인간은 바로 언어"라고 했습니다. 미국의 리처드 로티Richard Rorty는 "언어를 벗어난 실재는 없다"고 했지요. 20세기 철학은 이처럼 '언어학적 전환Linguistic Turn'이 기세등등하게 모든 것을 이끌었습니다. 듀이나 화이트헤드처럼 식견 높은 철학자들 역시 변두리로 밀려났어요. 학계에서는 언어야말로 인간을 동물과 구별 짓는 관건이라고 공인한 것과 다름없었고, 현대 첨단기술의 디지털 언어 역시 이것을 충분히 증명하고 추동했지요. 서양철학의 이러한 조류가 많은 학문 분야를 석권했고 전 세계에 영향을 미쳤어요.

그런데 저는 중국의 전통 서적을 읽으면서 매우 경이로운 발견을 했습니다. 중국의 고대 철학자들은 언어에 대해 매우 신중하고 엄격한 태도를 취했어요. 의심하기도 하고 심지어는 경계하기도 했지요. 『논어』는 이런 내용으로 가득합니다. "군자는 말에 어눌하고 행동에 민첩하고자 한다."[1] "교묘한 말과 꾸민 얼굴빛에는 인자함이 드물다."[2] "말을 듣고 행실을 살핀다."[3] "의지가 굳세고 꾸밈없이 소박하고 어눌한 사람이 인자함에 가깝다."[4] "하늘이 어디 말을 하더냐?"[5] 『노자』에서는 "아는 자는 말하지 않고 말하는 자는 알지 못한다"[6]고 했지요. 또 『장자』에서는 이렇게 말했어요. "천지는 큰 아름다움을 지니고 있으나 말하지 않고, 사시四時는 명확한 법칙이 있으나 따지지 않으며, 만물은 전해진 이치가 있으나 설명하지 않는다."[7] 또한 '불립문자不立文字'를 표방하는 선종禪宗은 언어의 가르침에 의존하지 않지요. 이런 것들은 아주 근본적인 문제와 관련되어 있습니다. 언어가 인간의 본향이니 인간의 근본이니 하는 것을 저는 본래 그다지 믿지 않아요. 중국의 전통에 의지해서 오늘날 철학의 어떤 한계와 곤경을 돌파할 수 있을 것이라는 생각이 들었습니다.

무엇보다도 이처럼 언어에 대한 서로 다른 태도와 차이는 어디서 비롯된 것일까요? 사상사의 측면에서 말하자면, 제가 『논어금독論語今讀』에서 말했던 것처럼 "태초에 말씀이 있었다"와 "하늘의 운행은 강건하다天行健" 즉 "태초에 행위가 있었다太初有爲"로 귀결할 수 있을 겁니다. 전자는 『성경』과 그리스철학의 로고스이고, 후자는 중국의 『주역』과 무사巫史 전통이지요. 그러니까 〈논리-이성-언어-'두 세계'〉와 〈행동-생명-정리情理-'하나의 세계'〉라는 차이입니다. 저는 이런 중국의 사상('철학'이라고 하지 않아도 괜찮다)이 미래에 고도로 발달한 생리학과 심리학과 뇌과학의 도움을 받아서 현대적인 전환적 창조**8**를 통해 사람들이 비트겐슈타인, 하이데거, 푸코, 데리다 같은 이들한테서 빠져나와 듀이, 화이트헤드, 피아제 같은 이들의 건설적인 사고를 받아들이고 21세기의 새로운 철학을 창조하도록 했으면 합니다. 이건 철학이 언어의 틀에서 벗어나도록 중국의 사상이 선도적 역할을 하면서 세계에 등장하길 간절히 바라는 것이기도 하지요.

물론 언어에서 벗어날 수 있느냐는 것이 문제의 관건이겠지요. 제가 강조해온, 도구를 사용-제작하는 실천을 포함한 인간의 모든 활동 역시 언어와 떨어질 수 없고요. 특히 오늘날의 수많은 첨단기술 영역의 실천은 그 자체가 언어이지요. 게다가 언어로부터 '벗어나기' 위해 사용하는 것도 여전히 언어예요. 그러니까 언어에서 벗어나라는 것은 언어를 사용하지 말라는 게 아닙니다. 텔레파시, 신비한 소통, '사적 언어private language' 같은 것을 사용하라는 게 아니에요. 그런 건 퇴행에 불과해요. 언어에서 벗어나라는 것은 언어의 속박에 얽매이지 말라는 것이죠.

철학은 당연히 언어를 사용합니다. 철학은 근본을 추구하는데, 그 근본이 언어일까요? 저는 회의적입니다. 문제는 바로 여기에서 비롯되는 것이죠. 이거야말로 "언어에서 벗어나자"는 것의 본뜻이에요. 저는 언어보다 근본적인 것이 있다고 생각합니다. 저 역시 인간과 짐승의 구분이 아마도 젖먹이 시절 옹알이를 하면서 말을 배울 때부터 시작된다고 생각하지만요. 또 언어가 확실히 개인보다는 비중이 크고, 사람이 언어를 말하는 게 아니라 언어가 사람을 말하는 것이라고 생각합니다. 하지만 그건 언어에 담긴 뜻이 주로 인류의 집단 경험을 역사 대대로 전해주었기 때문이지요. 어떤 경험일까요? 무엇보다도 생존의 경험이지요. 생존의 경험은 언어보다 비중이 큽니다. 비트겐슈타인은 언어의 의미는 그것의 쓰임새에 달려 있다고 했는데, '쓰임새'란 무엇일까요? 바로 생활방식이에요. 이것은 비트겐슈타인의 '생활양식'과 '심리' 탐구[9]의 연장이지만 단어의 용법과 어의 분석에만 머무는 건 아닙니다. 또 이것은 하이데거가 '현존재'로써 존재와 인식을 탐구했던 것의 철학적 연장이자 방향 교정이기도 하지요.

『중국 철학이 등장할 때가 되었는가?』에서 말한 적이 있는데요. 칸트의 유명한, 감성과 지성의 알 수 없는 '공동 근원'을 하이데거는 선험적 상상력이라고 보았는데 저는 그 근원을 실천이라고 생각합니다. "감성은 개체의 실천에서 유래하는 감각경험이고, 지성은 인류의 실천에서 유래하는 심리형식"이라고 그 책에서 제가 말했지요. 또 "개체의 선험적 인식 형식은 인류의 경험을 통해 역사적으로 누적-침전積澱[10]되어 형성된 것"이라고도 말했어요. 이건 아주 중요한 겁니다. 다시 간단히 말씀드리자면, 누적-침전되어 형성된 '심리형식'이란 대부분 모종의 추상화된 이성규범이지요. 그것은 집단이 역사를 통해서, 그리고 개체가 (넓은 의미의) 교육을 통해서 획득하는 겁니다. 심리 과정에서 그것은 선험적 상상력을 통해 나타나고요. 선험적 상상력은 두 가지로 나눌 수 있어요. 하나는 지성이 감성 속에서 운행하면서 지성으로 실현되는 것인데, 구조11나 도덕 행위 같은 것이죠. 다른 하나는 감성이 지성 속에서 운행하면서 감성으로 실현되는 것인데, 심미 같은 것이죠. 정련된 악음樂音의 각종 비례와 구조 속에서 음악이 운행하는 것12도 그렇고요. 전자는 지성적 규칙과 개념적 인식을 표현하면서 그것을 끊임없이 확대하지요. 후자는 감성적 규칙과 정감의 물들임을 표현하면서 그것을 끊임없이 풍부하게 만들고요. 양자는 판단력을 결정하는 것이자 판단력을 성찰하는 것에 해당하는 것이기도 합니다. 이것들은 미래에 뇌과학을 바탕으로 답을 얻을 수 있는 경험적 명제예요. 지금으로서 할 수 있는 것은 다만 선험적인 심리적 추측과 철학적 가정뿐입니다. 칸트와 하이데거도 마찬가지였고요. 그래서 '선험심리학'의 철학이라고 말하는 것이죠.

방금 말씀드린 '지성知性 규칙'이니 하는 것들은 대부분 언어를 통해 만들어진 심리형식이지요. 그래서 그것은 영원히 경험심리의 일부일 수밖에 없습니다. 그것이 실천이나 생활의 총체보다는 비중이 훨씬 작다는 건 더욱 말할 필요도 없고요. 그러니까 언어는 생활과 실천보다 비중이 작고, 생활과 실천은 언어보다 비중이 크다는 겁니다. 요컨대 감각 경험의 가능성과 지성 규범의 가능성 모두가 실천에서 비롯되지요. 개체의 실천을 통해 감성을 획득하고, 인류의 실천을 통해 지성을 형성하는 겁니다. 그리고 상상력은 바로 각기 다른 개체의 창조력의 발현이고요. 상상력은 경험심리학에서 보자면 뇌신경세포의 운동과정이지 실체가 아니에요. 아마도 이건 새로 발견된, 뇌의 '도약 유전자'13의 성과일 겁니다. 한편 철학에서 이것은 개체의 실존 및 유한성에 대한 확증이지요. 이렇게 말씀드리는 게 결코 쓸데없는 괴상한 말은 아닐 겁니다. 독일의 칸트 전문가가 하이데거를 비난한 적이 있지요. 칸트를 오독하고 왜곡했다고 말이죠. 그런데 하이데거는 그걸 태연히 인정했습니다. 그리고 그건 선현과의 대화이며 의미 있는 것이라고 했지요. 저 역시 그렇습니다. 하지만 저는 결코 칸트를 '오독'하진 않았고 '정독正讀'하고 보충했어요. 이 이야기는 차차 더 하도록 하지요.

저는 언어보다 더 근본적인 '생生', 생명·생활·생존의 중국 전통으로 돌아가야 한다고 생각해요. 상고시대부터 비롯된 이 전통이 강조하는 것은 바로 "천지의 커다란 덕을 생生이라고 한다"[14] "생生하고 생生하는 것을 역易이라고 한다"[15]는 겁니다. '생'과 '생하고 생하는 것'이 대체 무엇일까요? 저는 이 '생'이 머우쫑싼牟宗三 같은 현대 신유가가 말하는 '도덕 자각'이나 '정신 생명'은 결코 아니라고 생각해요. 생이란, 정신·영혼·사상·의식·언어가 아니라 실재하는 인간의 동물적 육체와 자연계의 각종 생명입니다. 사실 이건 제가 말한 바 있는 "인간(나)은 살아간다"는 겁니다. 인간은 어떻게 '살아갈' 수 있는 걸까요? 말(언어)이 아닌 음식에 의지해야 하지요. 음식을 마련하려면 역시 말이 아닌 '일', 즉 도구를 사용–제작하는 활동에 의지해야 합니다. 일이라는 건 동물적인 동작에 그치는 게 아니라 인간이 도구를 사용하는 '조작'이예요. '조작'은 동작의 추상화·규칙화·이성화의 성과이자 이것을 통해 형성된 능동적인 추상적 감성규범의 형식이지요. 이게 바로 '기예'의 기원이자 사유와 언어의 추상적 감성의 근원이고요. 에이도스eidos의 규범적 힘으로 세계를 대하면서 인간만이 지닌 파악·인식·깨달음이 되는 것이지요. 이것은 인간만이 지닌 자유 역량이자 인간의 언어가 발생하고 발전하게 된 진정한 기초이자 내용입니다. 그러니까 말을 한다는 것은 인간이 살아가는 데 있어서 필요조건일 뿐이지 충분조건은 아니에요. 일하는 것이야말로 필요충분조건입니다. 물론 말하는 것(언어)은 일하는 데 아주 중요한 역할을 하지요. 불가분의 요소라고도 할 수 있어요. 사회가 분업화되어 발전한 뒤로는 말하는 것이 바로 일하는 것인 사람들도 생겨났지요. 그래도 어쨌든 총체적으로 말하자면 언어는 부차적인 거예요. 게다가 말의 뜻은 대부분 일과 관계가 있고요. 첨단기술의 언어가 도구적 실천이라 하더라도 그것은 결국 인간이 살아가면서 도구를 사용–제작하는 것의 일환 내지 부분일 뿐이지요. 그것은 인간이 살아가기 위해 있는 거예요. "생하고 생하는 것"이 여전히 가장 중요한 자리를 차지하지요. 귀뎬郭店 죽간竹簡에서는 "하늘이 만물을 낳음에 사람이 귀하다"[16]고 했는데, 여기서도 인간의 생존·생활·생명이 모든 생명 가운데 가장 중요한 자리를 차지하고 있지요. 이것은 바로 너·나·그가 바로 지금 '살아가는' 겁니다. 이게 '인간 중심설'일까요? 아닙니다. 이것은 인간으로부터 출발해서 인간을 근본으로 삼는 것이에요. 신과 이성 혹은 언어를 출발점으로 삼은 게 아니지요. 제가 1960년대에 인류 기원을 통해서, 즉 "인류는 어떻게 가능한가?"를 바탕으로 "언어로부터 벗어날" 수 있는 출구를 탐구하고자 했던 것도 바로 이 때문입니다.

이것이 정말 출구일까요? '출구'가 필요하긴 한 걸까요? 다 같이 비판적으로 토론했으면 합니다. 저는 다만 문제를 제기했을 뿐이에요. 저는 이것이 아주 중요한 문제라고 생각해요. 덧붙여 말하자면, 도구를 사용-제작한다는 것에는 두 가지 의미가 있습니다. 도구를 사용하고 도구를 제작한다는 의미, 그리고 도구를 사용해서 도구를 제작한다는 의미지요. 제가 인류 기원을 말하면서 강조한 것은 후자의 의미입니다.**17**

"칸트로 돌아간다"는 것은 어떤 의미인가

류쉬위안(이하 '류')_____ 방금 하신 말씀에 패기가 넘칩니다. 그런 생각을 하시기까지는 분명히 오랜 시간 갈고닦으셨을 텐데요. 그런데 선생님의 첫 철학 저서인 『비판철학의 비판批判哲學的批判』(이하 『비판』)은 칸트에 관한 것이잖아요. 칸트의 여러 개념과 사상을 계승하셨고 거듭해서 "칸트로 돌아가야 한다"고 언급하셨는데요. 선생님께서 사용하신 언어는 서양철학의 언어이지 않나요.

리_____ 그렇지요. 1960년대의 미간행 원고**18**에서도 그랬고요. '서양철학의 언어'에 대해서는 나중에 다시 이야기하기로 하지요. 제가 중국 전통에서 갑자기 칸트로 돌아선 것은 중국 전통이 심리주의·심미주의인데**19**, 칸트는 제가 말한 '선험심리학'이기 때문에 자연스럽게 연결된 겁니다. 이 점에 대해서는 이미 책에서 많이 언급했지요. 그런데 제가 많은 책에서 "칸트로 돌아가자"고 말한 것에는 각기 다른 생각과 내용과 의미가 담겨 있습니다. 기왕 말이 나왔으니 정리를 좀 해볼까 하는데요. 물론 아주 간략하게 말씀드릴 수밖에 없지만요.

1979년에 출간된 『비판』에서 "칸트로 돌아가자"고 한 것은 헤겔의 총체·이성·필연으로부터 개체·감성·우연으로 돌아가자는 것이었습니다. 또한 사회에서 심리로 돌아가자는 것이었지요.

2007년에 출간된 『비판』 제6판에서 "칸트로 돌아가자"고 한 것은 그 당시를 겨냥해서 의미를 덧붙인 것인데요. 포스트모던과 신좌파에서 강조하는 특수성과 현실성으로부터 칸트의 보편성과 이상성으로 돌아가자는 거였어요. 즉 칸트가 말한 보편가치를 강조한 것이죠.

2006년에 출간된 『리쩌허우 근년 문답록李澤厚近年答問錄』에서는, 칸트의 '변증론'을 중시할 것을 강조했지요. 선험과 초험超驗의 구분을 강조하고, 이념을 운용해서 선험적 환상transcendental illusion을 만들어내는 것을 지적했어요. 이것과 관련된 게 바로 레닌에서 번스타인Edward Bernstein 으로 돌아가는 것이지요.

미학적인 측면에서는 "칸트로 돌아가 미감美感을 회복하는 것"이지요. 이것은 개념으로 미감을 대체하려는 포스트모던 예술에 반대하는 겁니다. 포스트모던의 엘리트 예술은, 극도로 발달한 금융자본사회와 서양이 우위를 차지하고 있는 담론 권력의 지배 아래에 놓여 있는 애완동물이라고 할 수 있어요. 그것은 쾌적하고 즐겁고 감성의 만족을 주는 일상적인 심미와 일부러 대립하면서 추한 자극으로써 개념을 지향하지요. 이건 미학의 '4요소'에 있어서 일종의 변태입니다. 이제는 변태에 반대하고 정상 상태를 회복해야 해요.

지난번에도 이번에도 "칸트로 돌아가자"고 말하는 것은 심리와 인성을 연구해야 한다는 것을 거듭 강조하기 위해서입니다. 제가 말씀드리는 심리와 인성은 흄 식의 경험심리학(경험의 세밀한 묘사와 과학적 연구)이 아니라 '선험심리학'이에요. 심리의 구조와 형식을 철학적으로 살피는 것이지요. 이것을 경험으로 증명하는 것은 미래 뇌과학의 과제이고요. 사실은 랑게Friedrich Albert Lange, 첼러E. Zeller, 파울젠Friedrich Paulsen, 딜타이 같은 19세기의 많은 대가도 칸트 철학의 기초는 심리학이라고 보았습니다. 그런데 일반적으로 경험심리학을 가리켰고, 심리에 대한 일종의 선험적 가정이라는 점은 강조하지 않았어요. 경험적인 심리과학이 결코 아니라 선험심리학 내지 철학심리학이라는 점을 강조하지 않았지요. 철학에 있어서, 헤겔은 "인간이란 무엇인가"라는 칸트의 선험심리학을 정신이란 무엇인가로 바꾸어서, 이성이 모든 것을 삼킨 사유의 논리 본체론을 구축했습니다. 하이데거는 칸트의 "인간이란 무엇인가"를 존재란 무엇인가로 바꾸어서, 개체가 죽음을 향해 나아가는 생生의 격정을 기초로 하는 본체론을 구축했지요. 저는 칸트의 "인간이란 무엇인가"를 마음이란 무엇인가로 바꾸어서 인류가 개체의 누적-침전을 향해 나아가며 생성된 역사 본체론을 구축하고 싶습니다. 하이데거는 "인간이란 무엇인가"에서 출발하긴 했지만 인류학과 심리학의 모든 경험적 해석을 완전히 배척하진 않았어요. 미래의 가능성을 선택하고 결정해야 하는 '현존재'를 꽉 붙들어야 하는 생동하는 개체의 유한성을 부각시켰지요. 하지만 이것은 경험과 과학의 '현존재'를 완전히 배제함으로써 도리어 위험한 텅 빈 심연이 되고 말았어요. '타인과 공존'하는 '비본래성Uneigentlichkeit' 즉 인류학과 심리학의 세속 생활로 돌아와야만 비로소 개체가 '현존재'를 꽉 붙들 수 있고 운명에 대해 자신의 선택과 결정을 내릴 수 있습니다. 저는 이렇게 해야만 비로소 칸트의 문제에 답할 수 있다고 생각했어요.

이건 바로 『비판』에서부터 시작된, 칸트를 해석학적으로 '정독'하는 것이었습니다. 그러니까 "칸트로 돌아간다"는 것은 정말 칸트의 선험철학으로 돌아간다는 게 아니에요. 오히려 그 반대지요. 칸트를 뒤집는 것, 즉 마르크스(도구 본체)를 칸트(심리 본체)의 물질적 기초로 삼는 거예요. 이 기초라는 것은 인간의 물질적 생존-생활-생명, 즉 "하늘의 운행은 강건하다" "태초에 행위가 있었다"는 중국 전통을 핵심으로 삼은 것이지요. 이래야만 비로소 하이데거의 방향을 바로잡을 수 있고, 앞에서 말씀드린 논리-이성-언어를 핵심으로 하는 서양철학을 극복함으로써 '언어에서 벗어나는' 새로운 세기의 중대한 전환을 이룰 수 있습니다.

"학이제일"

리_____ 앞에서 말씀드렸던 "언어에서 벗어나자"와 "칸트로 돌아가자"는 것은 논리적인 측면에서 보자면, 밖에서 안으로 향하고 도구 본체에서 심리 본체로 향하는 것이지요. 중국의 말로 하자면 바로 "예禮로 말미암아 인仁으로 귀의하는 것"이고요. 역사(경험)와 교육(넓은 의미의 교육)을 중시하는 것이지요. "시를 배우지 않으면 더불어 말할 수가 없고"[20] "예를 배우지 않으면 자신을 세울 수가 없다"[21]는 것은 인류든 개체든 마찬가지입니다.

『논어』의 첫 편이 왜 '학이제일學而第一'인지 생각해보신 적이 있나요? 비록 후대인이 편찬한 것이긴 하지만요.

류_____ 전체의 서문에 해당한다고 생각합니다. 우선 배움을 향하게 이끌어서 배움의 즐거움을 시작으로 삼은 뒤에 계속 이야기를 이어나가는 것이지요. 공자는 본래 교사였잖아요.

리_____ 사실은 『논어』뿐만 아니라 『순자』 역시 「권학勸學」을 처음에 두었습니다. 이건 중국의 옛사람들이 지닌 기본적인 사상을 반영하는 것이죠. 물론 맹자가 중국 사대부 지식인의 위대한 독립적 인격을 수립하고 "백성이 귀하고 임금은 가볍다民貴君輕"는 정치 이념을 제기한 것이 중국 전통과 문화심리에 끼친 공헌은 비할 데가 없지요. 하지만 저는 맹자가 '선善'을 인간의 선험적인 본성이라 여긴 것에는 동의하지 않아요. 순자가 말한 '성악性惡' 역시 너무 치우쳐 있긴 하지요. 하지만 전체적으로 보자면, 『순자』와 『예기』는 공문孔門의 정통이고 유학의 직계예요. 즉 후천적인 '배움學'을 강조하지요. 사실 『논어』 전체를 관통하고 있는 것은 바로 '학學'이라는 한 글자예요. 물론 이 '배움'이라는 것은 비단 문화를 배우는 것만은 아닙니다. 명대明代 유학자[22]가 이렇게 말했지요. "즐거움樂이란 이 배움을 즐기는 것이요, 배움이란 이 즐거움을 배우는 것이다."[23] 그 최고 경지는 바로 '공안낙처孔顏樂處'[24]입니다. 즉 "예로 말미암아 인으로 귀의하는 것"이지요. 예로 말미암아 인으로 귀의하는 것을 강조한다면, "예가 나중이라는 것인지요?"[25]라든가 "예禮다 예다 말하지만 옥과 비단을 이르는 것이겠느냐?"[26] 같은 『논어』에 자주 나오는 말들을 어떻게 해석해야 할까요? 이 말들은 외재적인 의례 제도(인문)보다는 내재적인 '정감-이성情理 구조(인성)의 수립이 더 중요하다는 것을 의미하는 것이죠. 하지만 '예를 배움'으로써 비로소 '인으로 귀의'할 수 있는 겁니다. '인'은 인문 교육을 통해 자발적으로 생성되어야 하는 것이지요. '사단四端'을 주장한 맹자 역시 교육을 강조했습니다. "잃어버린 마음放心을 찾아야 한다"27 "구하면 얻게 되고 버리면 잃게 된다"28고 했지요. 1980년에 저는 「공자 재평가」에서, 공자가 '예'의 견실한 심리적 기초와 목표를 찾아주었고 '예'가 외재적인 의례적 형식에 그치지 않으며 내재적인 인성의 수립을 꾀한다는 것을 강조했음을 말했지요. 몸짓 언어를 포함한 모든 언어는 다만 수단이에요. 언어에 의해 규정되고 형성되는 '실재'는 결코 언어가 아닙니다. 언어는 그것을 대체하거나 그것과 같아질 수 없어요.

"예로 말미암아 인으로 귀의하는 것"은 바로 문화에서 말미암은 심리입니다. 즉 '문화-심리 구조'지요. '심리문화 구조'가 아니에요. 1980년대에 쩌우당鄒讜 시카고대 교수가 저에게 물었던 게 기억나는군요. "당신의 그 개념은 어디서 비롯된 거요? 일반적으로 말하는 것은 '심리문화 구조'잖소." 이렇게 묻기에 대답하길, "스스로 생각해낸 겁니다"라고 했지요. 사실 이건 바로 '적전설積澱說'이에요. '누적-침전'에서는 생리적 요소를 늘 중시합니다. 거기에는 개체 간의 차이도 포함되어 있어요. 한편으로는 인간을 동물로 환원하는 사회생물학social biology에 반대하고, 다른 한편으로는 인간을 다만 사회의 산물로 여기는 사회구성론social construction theory에도 반대하지요. 저는 최근의 생물사회과학biosocial science에 찬성하는 편입니다. 언어에서 벗어나 심리를 향하는 데 있어서 그것이 과학적 기초가 될 거라고 생각하거든요.

심리로 문화를 해석하는 것에 저는 줄곧 찬성하지 않았습니다. 예를 들자면 동정심이나 측은지심惻隱之心으로 도덕을 해석하는 것에 반대해요. '직관'이나 '동정'을 선험 내지 초험으로 간주하든(칸트와 머우쫑싼), 그것을 '동물 본능'으로 간주하든(인간을 유인원the naked ape으로 칭하는 사회생물학), 저는 이러한 도덕 직관주의에도 반대합니다. 인간이 인간인 이유, 인간이 신성이나 동물성과 다른 인성human nature을 지닌 이유, 인간이 동물에게는 없는 각종 능력과 정감을 지닌 이유는 바로 인류 자신이 역사와 교육을 통해 그것들을 창조하기 때문이에요. 인간이 인간 자신을 만들어 내는 것이죠. 제가 강조하는 게 바로 이겁니다. 인간의 이런 성취는 바로 '배움' 덕분이에요.

여기서 관건이 되는 내용을 말씀드리지요. 언어를 포함해서 외재적인 경험·지식·윤리·제도는 늘 특정 시기와 장소에 한정되지요. 즉 일시적('역사'라는 말에 내재된 의미)이고 상대적입니다. 하지만 내재적인 심리형식 구조는 누적-침전된('역사'에 내재된 또 다른 의미) 것이고 장기간 지속되는 것이며 심지어는 절대적이지요. 예를 들면, 집단을 위해 자아를 희생하는 외재적인 양태는 천차만별이지만 누적-침전된 심리형식은 오히려 같습니다. 전자(윤리 내용)는 외재적·상대적·가변적이고 충돌과 균열이 있지요. 후자(도덕 형식)는 내재적이고 절대적이고 동질적이며 불변의 것이에요. 이것은 제가 윤리(인문)와 도덕(인성)을 명확히 구분하고자 했던 근본적인 원인이기도 합니다. '종교 도덕'과 '사회 도덕'이란 개인 도덕의 자각형식(동일한 심리)이 서로 다른 내용(사회 윤리)을 지닐 수 있음을 가리키는 것이지요. 제가 '종교 윤리' '사회 윤리'라고 하지 않는 이유는, 많은 규범 윤리학이 사회(종교 혹은 세속)적 의무 규범의 내용과 개체의 자각적 심리형식을, 즉 윤리와 도덕을 한데 뒤섞은 채 정리하지 못하는 갓가지 폐단 때문입니다.

'학이제일'은 외재적인 인문(예禮)을 배움으로써 건립한 내재적인 인성(인仁)이지요. "기르되 가르치지 않는 것은 아버지의 잘못이고, 가르치되 엄격하지 않은 것은 스승의 게으름이다"**29**라는 말은 바로 이런 의미예요.

이건 여담인데요. 저는 자주 재미삼아 각종 이론을 '맹파孟派' 혹은 '순파荀派'로 나눕니다. 심리에서 말미암은 문화가 '맹파'인데, 언어학의 대가 촘스키와 2009년에 세상을 떠난 문화인류학의 대가 레비스트로스는 모두 '맹파'예요. 그들은 언어와 문화-의식 구조를 인간 두뇌의 선천적인 내재적 구조로 귀결시켰지요. 듀이, 피아제, 클리포드 기어츠Clifford Geertz, 하이에크Friedrich August von Hayek는 인간의 후천적인 동작·조작·습속·전통(광의의 교육과 역사)이 인간의 문화심리·관념·사상을 빚어낸다는 것을 강조했는데요. 저는 이들을 '순파'로 봅니다. 저는 물론 후자에 속하고요. 저는 외부에서 말미암아 내부로 향하는 '누적-침전'의 과정을 미래의 뇌과학이 과학으로 증명해주길 바랍니다. '맹파'처럼 뇌의 선천적인 구조로 급히 결론 짓지 않았으면 해요.

많은 말씀을 드렸는데, 뒤에서 다시 다룰 기회가 생기면 다시 '논증'하도록 하고요. 이제 류 선생이 말씀하실 차례군요.

여태껏 방법론에 대해
말하지 않았다

류_____ '논증'이라는 말이 나온 김에 철학 방법에 대해 이야기를 나눌까 합니다. 많은 대가가 선생님의 방법론에 매우 흥미를 보였는데요. 어떤 이는 의문이 많다고도 했지요. 선생님께서는 아주 많은 철학 관점을 제기하셨지만 그에 상응하는 분량의 논증은 하지 않으셨지요. 이건 철학계에 몸담은 이들에게는 익숙하지 않은데요. 선생님의 언설에는 중국적 요소가 굉장히 많습니다. 『역사본체론歷史本體論』에서는 중국의 시를 많이 사용하셨는데, 전체적으로는 산문과 수필 형식이지요. 이것은 선생님께서 말씀하신, 철학이 언어에서 벗어나야 한다는 것과도 관계가 있는지요? 선생님께서 선택하신 방법론은 어떤 것인가요?

리_____ 공부하려면 방법론에 신경 써야 하지요. 저는 방법을 아주 중시합니다. 하지만 여태껏 '방법론'에 대해 말하진 않았어요. 방법론이란 결국 공공언어의 특정 규범과 원칙으로 귀결하는 것인데, 제가 중시하는 것은 개체의 감성에 지성이 녹아들어 "미로써 진을 여는以美啓眞" 겁니다. 30여 년 전 형상사유形象思維에 관한 토론이 있었을 때, 저는 예술은 인식이 아니라고 하면서 창작에서의 비자각성을 제기했다가 호된 비판을 받았지요. 그런데 이런 현상은 아주 보편적이지요. 모든 영역에 있다고 할 수 있어요. 많은 기예가 스승의 말(언어)을 통해 전수되는 게 아니라 반드시 스스로의 실천 속에서 체득되어야만 장악할 수 있는 것이지요. 어떤 화가가 그림 하나를 제게 주었던 일이 기억나는데요. 다른 사람한테 선물하려고 제가 그 화가에게 한 장만 더 그려달라고 부탁했습니다. 그 화가는 모르는 사람한테 주려는 거였어요. 그런데 그림을 다 그리고서 보니 저에게 준 그림보다도 훨씬 더 잘 그렸지 뭡니까. 그 화가는 저에게 미안해서 여러 번 다시 그려줬지만, 결국엔 별로 신경 쓰지 않고 그렸던 그림에 미치지 못하더군요. 그는 어찌된 조화인지 설명하지 못했어요. 그건 바로 중국의 전통에서 말하는 "의도하지 않은 것이 아름답다無意爲佳" "하늘이 내려준 것 같다宛如天授"는 것이죠. 이것은 언어나 방법으로는 확정할 수 없는 창조성이에요. 이런 창조성은 오랫동안 누적-침전된 이후의 돌발적인 성과이기도 하지요. 그러니까 이건 무슨 방법론 같은 것으로 규정할 수 있는 게 아니에요. 하지만 이런 창조성이야말로 정말 중요한 것이지요. 방법론을 특별히 즐겨 강조하는 이들이 있는데, 저는 그것이 잘못된 길로 들어서기 쉽다고 생각해요. 어쩌면 저의 편견이겠지요. 인간이라면 편견과 편애가 있게 마련이죠.

과거 한동안은 방법론이 특별히 유행했습니다. 마치 모종의 방법을 장악하기만 하면 어떤 사람이나 어떤 일에도 적용할 수 있는 만능열쇠를 찾은 것이라 여겼지만, 사실 그렇게 보편적으로 적용할수 있는 방법이라는 것은 근본적으로 존재하지 않아요. 방법이란 사람에 따라 다르고 문제에 따라 다르게 마련이지요. 1980년대 초에 어떤 사람은 '삼론三論'(제어론·정보론·시스템론)을 장악하면 각종 문제를 해결할 수 있다고 여겼습니다. 이 삼론에 의지해서 미학 문제를 해결하려는 학자들도 그 당시에 있었지요. 저는 찬성하지 않았고 그것에 관한 짧은 글도 한편 써서 책에 수록했습니다. 물론 어느 정도 보편적으로 적용될 만한 방법들도 있다는 걸 부정하지 않아요. 예를 들면 노자와 손자孫子, 마오쩌둥毛澤東의 다음 말들이죠. "첫 전투에서 반드시 승리해야 한다." "전략에 있어서는 적을 우습게 보되 전술에 있어서는 적을 얕보면 안 된다." "손가락 열 개를 다치게 하는 것은 손가락 하나를 자르는 것만 못하다." "주요 모순을 틀어쥐어야 한다." "이유와 이익과 절도가 있어야 한다." "우세한 병력을 집중시키고, 열 명으로 한 명을 상대한다."[30] 전쟁에서 비롯된 것들이긴 하지만 어느 정도 보편적인 적용성을 지니고 있고 실용적이며 이성적인 방법이지요. 하지만 여기에 무슨 방법론이 있는 건 아닙니다.

하이에크가 말한 "방법론적 개인주의"는 마르크스가 말한 "인간의 본질은 사회관계의 총화"라는 것과 마찬가지로 관점일 뿐이에요. 그런데 이것을 방법론 삼아서 아무 데나 적용한다면 엉망이 되게 마련이죠. 개인을 소멸시키거나 집단을 소멸시키게 되지요. 서양의 개인주의는 뿌리가 깊습니다. 아리스토텔레스 윤리학에서는 우정(친구)이 제일이지요. 중국 전통에서는 친구가 '형제'로 맺어져야만 신뢰할 수 있어요. 이 모두가 관점 혹은 전통입니다. 방법론은 아니지요.

류____ '삼론' 다음에는 소산구조론을 비롯한 '신新삼론'[31]이 나왔지요. 그 당시에는 정말 '방법열方法熱'이 붙었어요.

리____ '삼론'은 사실 하나의 이론이죠. 바로 시스템론이에요. 그것은 물론 사회과학에 응용할 수 있어요. 하지만 한계점이 있지요. 구조주의와 마찬가지로 그것은 평면적이고 공시태共時態적인 연구입니다. 역사의 과정을 연구하는 데는 어려움이 있어요. 전에 말한 적이 있는데, 이런 측면에서 시스템론은 현대 해석학보다 못해요. 연구라고 한다면 답습이나 모방이어서는 안 됩니다. 답습과 모방은 너무 쉬운 거죠. 방법론이 프로그램 설정으로 변한다면 그건 기계도 할 수 있는 거예요. 그러니까 서로 다른 영역·과제·대상에 따라서 방법을 선택적으로 운용해야 해요. 그 과정에서 변화와 창조가 있어야 하지요. 동일한 방법이라도 서로 다른 사람과 서로 다른 운용 속에서 끊임없이 발전하고 변화합니다. 방법은 고정불변의 것이 아니에요. 하나의 좋은 방법을 방법론으로 정형화해 모두가 그것을 사용해서는 안 됩니다. 그건 아주 위험하지요. 과거에 변증유물론과 자연변증법에는 이런 문제가 있었어요.

류＿＿＿ 그러니까 선생님 말씀은 방법을 무작정 원용해서는 안 된다는 거네요. 방법에만 의지해서는 문제를 해결할 수 없다는 것이지요.

리＿＿＿ 학술 연구를 포함해서 거의 모든 일이 "구체적인 문제를 구체적으로 분석해야" 하는 겁니다. 이건 늘 하는 말이지요. 과거에는 변증법만 장악하면 모든 문제를 해결할 수 있다고 여겼는데, 그게 어디 가능한가요? 기성의 방법을 어떤 범위나 영역에 적용해서 하나의 학과를 만든다면 이건 아주 쉽게 '의사擬似 과학'으로 변하게 됩니다. 위광위안于光遠32은 아주 똑똑한 분인데, 의사 과학에 반대했지요. 만약 그분이 외국으로 가서 이론물리학을 계속 연구할 수 있었다면 아마도 성과가 컸을 겁니다. 하지만 안타깝게도 국내 이론계에 머물러 있으면서, 기반을 확고히 할 수 없는 두 학문 분야를 이끌었지요. '의사 과학'이라고 해도 지나치지 않은 분야를요.

류＿＿＿ 어떤 분야를 말씀하시는 건지요?

리＿＿＿ 하나는 '사회주의 정치경제학'이고 다른 하나는 '자연변증법'이지요.

류＿＿＿ 자연변증법은 엥겔스가 제시한 것이죠?

리＿＿＿ 엥겔스의 책 제목이기도 하지요. 엥겔스의 유작인데 후대인이 엮어서 냈습니다. 그것을 학문 분야로 삼거나 방법론으로 삼는 것은 불가능하다고 봐요. 많은 사람이 자연변증법을 장악하면 모든 과학 문제를 해결할 수 있다고 생각하지만, 어디 그게 가능한가요? 근본적으로 말하자면 그건 철학으로 과학을 대체하는 것이지요.

류＿＿＿ '문화대혁명' 기간에는 그렇게 했지요. 과학으로 문제를 해결하지 못하면 변증법을 배워서 문제의 관건을 찾은 뒤에 문제를 쉽게 해결한다는 거였죠. 침으로 마취하는 것도 그랬다고 합니다. 배워서 핵심을 공략한 뒤에 최종적으로 성공한다는 거였는데 신문에서도 아주 크게 선전했지요. 그런데 나중에는 선전하지 않더군요. 병자가 참을 수 없을 정도로 고통스러웠기 때문이지요.

리＿＿＿ 하하하, 그건 우스갯소리 아닌가요? 그 일은 제가 모르는 건데요. 그 당시에 변증법으로 아인슈타인을 비판한 글이 있었던 걸로 기억합니다. 제목을 보고서 아주 우습다고 생각했지요. 그 글을 쓴 사람은 아인슈타인을 전혀 이해하지 못하는 이였어요.

류＿＿＿ 그런데 위광위안은 독특한 이론적 공헌을 했어요. 예를 들면 그분은 "유생산력론唯生産力論에 대해서는 비판할 수 없다"고 후야오방胡耀邦에게 말했는데, 이건 선생님이 주장하신 '밥 먹는 철학'과 절묘하게 유사하지요.

리＿＿＿ 그렇지요. 맞는 말씀입니다. 하지만 그건 '사회주의 정치경제학'이 아니지요. 그건 일반적인 의미에서의 정치경제학입니다.

류＿＿＿ 그분은 신시기[33]의 사상 해방운동에 큰 공헌을 하셨지요.

리_____ 맞습니다. 그건 저도 인정해요. 저는 그분을 매우 존중합니다. 지금도 그분을 만나 뵙고 『자본론』의 문제에 대해 토론하고 싶습니다. 그런데 고령이시라 만나기 쉽지 않은데다가 중간에 다리를 놓아줄 사람도 없어요.**34** 여기서는 말이 나온 김에 언급했을 뿐입니다. 그리고 학문으로 학문을 논할 뿐 사람으로 인해서 그 학문까지 폐기할 순 없는 것이죠. 그 역도 마찬가지예요. 성립될 수 없는 학문 분야를 사람 때문에 긍정할 수는 없지요.

류_____ 그러고 보면, 어떤 범주를 확정해서 기성의 방법을 가져다가 학문 분야를 세우는 일이 여전히 많은데요. 그중에는 상당히 의심스러운 것들이 있습니다. 1980년대 미학열이 불었을 때 단번에 각종 '미학'이 많이 출현했다고 말씀하신 적이 있지요. 윤리 미학, 매스컴 미학, 요리 미학, 애정 미학 같은 거요. 그런데 결국 선생님께서는 미학을 하지 않고 오로지 역사와 철학만 하겠다고 하셨어요. '미학'의 상당수가 기성의 개념을 특정 영역에 끌어다 쓴 것이지요.

또 하나 여쭙겠는데요. 변증법에 대해서는 어떻게 생각하시는지요?

리_____ 저는 변증법을 음양오행陰陽五行과 같은 거라고 봅니다. 인류가 생존을 위해서 찾아낸, 세계를 파악하는 일종의 틀이지 무슨 '방법론'이 아니에요. 우주를 이해하는 데 서로 다른 틀이 있는 것과 마찬가지입니다. 이 모두가 인류의 발명이지요. 앞으로도 이야기하겠지만 이런 발견은 사실 모두가 발명이지요. 인류의 창조입니다. 사유의 틀 혹은 방법으로서 '음양오행'과 '변증법'은 추상사유에 반대한다고 제가 글에서 언급한 적이 있는데요. 추상사유는 개념의 고정적인 측면에 집착하지요. 이것이 아니면 저것인 거죠. 하지만 음양오행에서는 음 가운데 양이 있고 양 가운데 음이 있는 음양의 대립과 상호 침투와 보충을 강조하지요. 그것은 선형線形의 인과가 아니라 상호 인과입니다. 금金·목木·수水·화火·토土의 다원적이고 복잡한 인과가 피드백하면서 사소한 것이 전체에 영향을 미치는 매우 복잡한 것이죠. 헤겔의 변증법은 모순의 전환, 대립과 통일, 부정의 부정 등을 강조하지요. 이것 역시 매우 융통성이 있어요. 음양오행과 변증법은 모두 경험론의 평면적인 나열, 정태적인 귀납, 추상적인 억지 적용에 만족하지 않아요. 양자 모두 구체성을 중시하지요. 유기체의 총체적인 동태적 과정을 중시하고 "구체적인 문제를 구체적으로 분석하는 것"을 강조하지요. "구체적 보편성 concrete universal"이기도 합니다.

중의中醫에서는 같은 병을 달리 치료하기도 하고 다른 병을 같은 방법으로 치료하기도 하지요. 사람과 때와 장소에 따라 달라지는 겁니다. 이건 음양오행이나 변증법과의 공통점이지요. 하지만 양자의 사유방식에는 차이점이 있습니다. 로저 에임스Roger Ames의 비교에 따르자면, 서양은 논리적이고 이성적인 반면에 중국은 상관相關(유비類比)적이고 심미적이지요. 상관·유비·심미에는 '동형성'[35]을 탐구하고 주목하는 방법이 포함되어 있습니다.

양자에는 각기 장점과 결점이 있어요. 음양오행은 대부분 순환으로, 전체의 균형을 유지하고자 하지요. 앞으로 나아가는 것과 모순을 일으키진 않지만 폐쇄감이 있어요.[36] 변증법은 전진감이 있지만, 변증법의 추상적 추이推移는 충분한 경험의 제약이 부족할 경우에 언어의 궤변과 선험적 환상을 낳게 마련이지요. 선험적 환상은 추상적 이념을 통솔하고 조합하는 적극적인 기능을 지니고 있지만, 경험의 지지가 없을 경우에는 환상으로 인해 해를 입기 쉽습니다.

중국 학문은
자연과학의 기초가 부족하다

리_____ 1979년에 출간된 『중국근대사상사론中國近代思想史論』에서 특별히 강조한 게 있는데요. 전통적인 중국 학문에는 중대한 결핍이 있는데, 바로 자연과학의 기초가 부족하고 추상적 이성의 사변思辨 훈련이 부족하다는 겁니다. 플라톤, 피타고라스, 아리스토텔레스 같은 고대 그리스의 철학자는 모두 자연과학을 중시했지요. 근대의 베이컨 이래로, 칸트와 라이프니츠 같은 대가를 포함한 모든 이들이 자연과학을 잘 알고 있었습니다. 영국의 경험론 역시 자연과학에 바탕하고 있지요.

중국에 과학성이 있었던 때는 한대漢代입니다. 방금 말씀드린 한대의 음양오행은 과학의 함의를 지니고 있지요. 『황제내경黃帝內經』이라는 의서는 지금까지도 중의의 최고 이론이고요. 음양오행은 하나의 이론 틀입니다. 이 틀은 장기간의 많은 경험적 개괄에 바탕하고 있지요. 음양오행은 현대과학과 거리가 멀지만 그 당시에는 '과학성'의 모델이었지요. 물론 전제 제국 형성기에 필요로 했던 이데올로기이자 정치 이론이기도 했고요. 과학 역시 역사에 따라 변화하는 것이지요. 그런데 송명이학宋明理學에 이르러서는 이것을 추구하지 않았어요. 주희朱熹나 명대 방이지方以智 같은 경우에는 그나마 어느 정도 괜찮았지만 그래도 발전시키지는 못했지요. 청대淸代에 이르러서는 완전히 옛 책만 파고들었고요. 중국의 '과학'은 시종일관 경험의 개괄과 제고提高에만 머물러 있었어요. 추상·추리의 논리적 사변이 부족했습니다. 그리스와는 달랐고 서양의 근현대에는 더더욱 미치지 못했지요. 그래서 제가 늘 말하길, 중국에는 기술만 있었지 과학이 없었다고 하는 겁니다.**37** '4대 발명'은 모두 기술이지, 유클리드의 기하학 같은 게 아니지요. 음양오행의 중대한 결함 역시 바로 여기에 있어요. 한편 그것의 장점은 공허한 이론이 아닌 경험 현실에 밀착되어 있다는 것이지요.

류_____ 고증은 과학인가요?

리_____ 고증에도 과학성이 있긴 하지만 자연과학은 아니지요.

류_____ 청대의 실학에는 보다 많은 과학적 내용이 포함되어 있어요. 하지만 인문과학에 속하는 것은 아니지요.

리_____ 청대에는 송학宋學에 반대하고 한학漢學을 부르짖으면서, 송대 사람은 책을 읽지 않고 공론空論만 즐겼다고 했지요. 이 '공론'이라는 게 논리적 추리가 아니라 고증의 근거가 전혀 없는, 경전에서 떠벌린 '이치'였습니다. 그런데 송학의 '공론'에 반대한 청대의 한학은 도리어 옛 책만 파고드는 고증학이 되었지요. 한대는 아주 중요합니다. 사상과 철학에 있어서, 서로 영향을 주고받는 감응 도식圖式이 '천인론天人論'을 수립했거든요. 천인론은 일종의 천인합일론天人合一論이에요. 그런데 머우쭝싼을 비롯한 신송학新宋學(현대 신유가)은 한대를 논의에서 배제했어요. 유명한 1958년의 '4인 선언'**38**에서는 중국 전통의 '정수'가 바로 '심성지학心性之學'이라고 했는데, 이건 자연과학이 내포하고 있는 현실적이고 역사적인 경험의 발전을 완전히 경시한 것이며 철학의 시각을 협소하고 공허하게 만든 거예요. 원래의 송학의 윤리 규범(삼강오상三綱五常)에서 빠져나와 형상形上 심성心性의 도덕을 이야기한 결과, 량수밍梁漱溟이 말한 '윤리 본위'의 사회 현실제도의 기초를 잃어버렸어요. 사회 내용을 잃어버림으로써 현실 의의가 전혀 없는 탁상공론이 되고 말았지요. 머우쭝싼이 부각시킨 유학의 종교성 역시 대중과는 아무 관련도 없는 공론이 되었고요. 핵심이 바로 여기에 있어요.

『중국고대사상사론中國古代思想史論』에서 말했듯이, 왕양명王陽明 이후로는 두 가지의 길만 있었습니다. 하나는 자연인성론을 향한 길이지요. 진확陳確·대진戴震·캉유웨이康有爲가 여기에 속합니다. 다른 하나는 종교 금욕주의를 향한 길이지요. 유종주劉宗周, 머우쭝싼이 구축한 유학의 종교성 역시 여기에 속합니다. 하지만 중국에는 기독교 전통이 없어요. 이 길은 이론과 실천에 있어서 모두 통하기 어려워요. 자연인성론 역시 취할 바가 못 되고요. 그래서 저는 인욕人慾을 긍정하되 그것과는 다른, 유학 4기를 주제로 삼은 '정욕론情欲論'을 내놓았던 겁니다. 이것은 자연의 인간화와 인간의 자연화에 관한 이론이기도 한데요. 미래의 뇌과학을 이것의 경험적 기초로 삼아야 한다고 강조했지요.

류_____ 상하이 음악대학의 양엔디楊燕迪 교수가 우리의 대담을 읽은 뒤에 의견을 내놓았는데요. 음악 이론에서 내내 논쟁이 그치지 않았던 문제를 적전설이 해결할 수 있다고 하더군요. 예를 들면 음악의 의미가 어디에 있는지에 관한 문제 같은 거요. 음악은 글이 있는 문학과 다르고 형상이 있는 회화와도 다르지요. 음악은 매우 현묘해서 이해하기 어려운 것이죠. 하지만 그렇다고 의미가 없는 게 아니고, 완전히 자신의 말만 할 수 있는 것도 결코 아니지요. 음악에도 공동의 체험이 있는데, 이것이 바로 역사가 누적-침전된 산물이겠지요. 또 음악의 평가 기준에 관한 문제가 있는데요. 이 기준 역시 존재하는 것이지요. 그것은 많은 우수한 작품이 누적되어서 형성된 것으로, 그 작품들이 객관적 환경을 형성하는 것이고요. 이것 역시 적전설로 해석할 수 있습니다. 다만, 적전설은 관점일 뿐이지 체계를 갖춘 이론이 아니라서 그가 생각하기에는 만약 적전설의 형성과 운행의 메커니즘을 정리할 수 있다면 좋겠다는 겁니다. 선생님께서는 이 이론을 보다 완전한 방향으로 발전시킬 수 있다고 생각하시는지요.

리_____ 그건 철학과 과학의 구별과 관련되어 있군요. 음악 전문가로서 양 선생이 적전설을 음악에 응용한 건 아주 좋습니다. 인간은 역사적 존재라고 제가 늘 말해왔는데요. 외재적 문명(즉 인문)이 역사의 성과일 뿐만 아니라 내재적 심리(즉 인성) 역시 역사의 성과입니다. 오늘날의 모든 내재적인 것과 외재적인 것이 역사 대대로 전해져 내려온 것이지요. 오늘날 우리의 심리 구조 역시 역사가 누적-침전된 성과이고요. 그래서 저는 현대인의 심리가 원시인보다 훨씬 뒤떨어진다는 말에 반대합니다. 우리가 원시인의 예술을 감상할 수는 있지만 원시인은 우리의 예술을 받아들이거나 감상하기가 무척 어려울 겁니다. 원시인은 말할 것도 없고 수백 년 전의 사람일지라도 오늘날의 건축과 음악을 받아들이지 못할 거예요. 문학과 예술이 인간 심리의 풍부성과 다양성을 배양하고 창조한 결과지요. '영혼의 설계사'의 진정한 의미가 바로 이것이고요.

하지만 이러한 누적-침전이 구체적으로 어떻게 음악에서 생겨나고 형성되고 발전했는지는 철학이 담당할 수 있는 문제가 아니에요. 철학은 다만 그러한 시각을 제공할 뿐입니다. 제가 음악을 해석하는 건 불가능하지요. 그건 그 방면의 전문가가 연구하고 해답을 찾아야 해요. 같은 이치로, 적전설을 미술에도 사용할 수 있겠지요. 색채와 농담은 음표와 같아요. 하지만 양 선생이 말한 것과는 상황이 굉장히 다릅니다. 누적-침전 이론을 보다 구체화하려면 각 분야의 경험적 뒷받침이 충분히 이루어져야 해요. 각 분야의 전문가가 나서서 연구해야 하지요.

류_____ 그렇다면 구체적이고 과학적인 메커니즘은, 적전설이라는 철학적 관점으로부터 도출해 낼 수 없고 반드시 각 분야의 구체적인 연구를 통해서 구체적인 경험으로부터 총괄해야 한다는 거군요. 그러니까 일반적인 추상으로부터 구체적인 것을 끌어낼 수 없고, 개별적인 것을 통해서만이 구체에 도달할 수 있다는 것이죠.

리_____ 현대과학의 고도로 추상적인 것, 예를 들면 수학에서 유도해 낸 물리적 결론(방정식) 역시 경험(실험과 관찰)의 증명을 거쳐야만 합니다. 아인슈타인의 상대론의 추상 추론 역시 일식의 관찰을 통해 증명해야 했지요.

류_____ 우리가 여기서 말한 것도 방법인가요? 이것이 보편적으로 적용될 수 있는지요?

리_____ 보편적으로 적용될 수 있다고 봐야죠. 기본적인 인식 원리니까요. 하지만 무슨 '방법론'은 아니에요. 헤겔은 많은 것을 말했지요. 하지만 헤겔의 정正-반反-합合 역시 틀이에요. 동중서董仲舒의 음양오행 역시 틀이고요. 틀은 유용하지요. 사유를 정리하는

데 도움을 줄 순 있지만 그 틀을 가져다가 아무데나 원용할 수는 없어요. 철학 연구도 그렇고 다른 연구도 마찬가지예요. 기성의 틀을 가져다가 그냥 써서는 안 됩니다. 그건 연구가 아니지요. 그것들을 '방법론'이라고 한다면 이런 위험이 있습니다.

류_____ 제가 이해한 내용을 말씀드리겠습니다. 방법은 유용하지만 방법이 아닌 구체적인 문제를 바탕으로 연구해야 하고요. 방법을 출발점으로 삼는다면 새로운 발견과 창조가 있을 수 없고요. 지금 많은 논문의 병폐가 바로 여기에서 생겨나지요.

리_____ 그렇습니다. 특히 외국에서 유행하는 이론과 방법을 원용하느라 진짜 문제는 도리어 보지 못하게 되지요. 남의 것을 기계적으로 모방하는 방식으로 아무 의의도 없는 학술 논문만 잔뜩 그러모을 수밖에 없어요.

류_____ 양엔디가 말한 메커니즘에 대해 좀 더 이야기를 나눠 볼까요?

리_____ "길게 노래하는 것으로써 슬프게 소리 내어 우는 것을 대신할 수 있다"[39]는 옛말이 있는데, 정감을 형식에 집어넣음으로써 객관적인 보편적 형식이 주관적인 동물적 정감을 지배하게 되는 것이지요. 이런 형식 역시 구체화를 통해서 발전하게 됩니다. 즉 누적-침전을 통해서 전진하지요. 음악뿐만 아니라 각종 예술과 인문 심리 및 그것의 대상화된 형식 구조 모두가 전문적인 연구를 필요로 합니다. 각각의 구체적 분야의 경험으로써 지지되어야 하지요. 하지만 이런 연구 과정을 통해 얻은 메커니즘을 철학이라고 하기는 어려워요. 철학의 언술에서 가장 중요한 것은 시각과 개념을 제기하는 겁니다. 과학은 많은 경험을 바탕으로 해야 하고 반복적인 증명이 필요하지요. 반복 가능성이 있어야 해요. 그래서 철학서는 얇게 쓸 수 있습니다. 『노자』 같은 경우에는 겨우 5000자이죠. 고대 그리스 철학자의 경우에는 온전한 책이 아니고요. 하지만 과학서는 때로는 두껍게 써야만 하죠. 다윈의 책은 아주 두꺼워요. 그 안에는 많은 자료가 있지요. 『황금가지』는 모두 12권인데 두 권으로 축약한 뒤에는 굉장히 건조해졌어요. 죄다 자료예요. 경험과학은 이렇지요. 그것이 어떤 의미에서는 철학적 관점을 제공할 수 있겠지만 철학 저작은 아니에요.

철학의 시각과 개념을 어떤 구체적인 것에 응용하면 종종 큰 간격이 생겨나는데, 저는 이것을 늘 강조합니다. 구체적인 사물의 미美에 대해 말하는 것과 미의 본질에 대해 말하는 것은 완전히 다른 일이에요. 과학도 그렇지요. 층위가 다르면 간격이 큽니다. 물리는 이론 물리와 응용 물리로 나뉘지요. 1950년대에 제가 말하길, 아인슈타인이 제기한 "$E=mc^2$"[40]은 원자탄을 제조하는 근본 이론이지만 그것이 조작 가능성을 갖추도록 해서 그것을 이용해 원자탄을 제조하기까지는 많은 과정을 거쳐야 한다고 했는데요. 철학적 관점 혹은 근본적 이론을 구체적으로 실현하는 데도 거쳐야 하는 과정이 많고 기나긴 길을 통과해야 합니다. 적전설로 음악과 미술 등을 구체적으로 해석하는 데는 아주 큰 간격이 있어요. 대가가 나서서 완성하길 바랄 수밖에요. '정情 본체'에 대한 연구도 마찬가지입니다.

류_____ 푸단復旦 대학의 훙타오洪濤가 우리의 대담을 본 뒤에 말하길, 선생님께서 꽤 오래 전에 훌륭한 관점들을 내놓으셨는데 안타깝게도 학계에서 따라가지 못했다더군요. 그렇지 않았더라면 아마도 각 방면에서 깊이 있게 발전할 수 있었을 거라고 했어요. 이건 중국 학계의 현황과도 관계가 있는데, 지금은 다들 자기 것만 연구하고 정상적인 교류와 소통이 없지요. 때로는 동일한 것에도 운용하는 개념의 계통이 달라서 이해하기가 곤란하기도 하고요.

리_____ 아주 개탄스럽군요. 제가 죽은 뒤에 따라오는 사람이 있을지도 모르지요. 이건 확실히 현재 중국의 특수한 상황이에요. 같은 분야에 종사하면서도 다른 사람의 연구에는 관심을 기울이지 않고 읽지도 않는데 어떻게 따라가는 것을 논하겠어요? 그들이 중시하는 건 옛 사람, 죽은 사람, 서양 사람이지요. 그들이 얕보는 건 지금 사람, 살아 있는 사람, 중국 사람이고요. "두 귀로는 창 바깥의 일을 듣지 않고 일심으로 성현의 책(옛 사람, 죽은 사람, 서양 사람)을 읽는 것"[41]이죠. 살아 있는 사람은 나랑 마찬가지로 진기할 게 없지만 죽어서 유명을 달리하면 성현이 되어서 숭배하지요. 외국의 어떤 대학 교수는 수업을 듣는 조교의 논문과 관점이라 하더라도 가치가 있다고 생각하면 중시하고 인용합니다. 지위가 낮다고 그 의견마저 경시되는 게 아니라 지위가 낮더라도 그 의견이 중시되는 것이죠. 여러 해 전에 보았던 대련對聯에 "귀이천목貴耳賤目(전해들은 말은 귀히 여기고 직접 본 것은 경시하네)" "안고수저眼高手低(눈은 높고 능력은 미치지 못하네)"라고 적혀 있었고 그 위에 "통병通病(일반적인 폐단)"이라고 가로로 써 있었지요. 이것도 바로 그런 의미입니다. 현대화로 인해 각 학문 분야가 전문화·기술화·세분화되면서 다들 자신의 극히 좁은 분야만 고수하면서 다른 데는 무관심한데 어떻게 소통하려 하겠어요? 사실 그건 자신의 안목을 협소하게 만드는 것이고 결국 흥미도 떨어지게 마련이죠.

철학 명저는 많아도
얇고 읽을 만하다

류_____ 철학 서술에 사용되는 문체는 대부분 철학자가 추구하는 바와 관련이 있는데요. 선생님께서는 대화의 방식에 흥미를 지니고 계신 것 같습니다.

리_____ 철학은 바로 대화로부터 시작하는 것이죠. 대화에는 좋은 점이 많습니다. 서로가 사상을 교류하는 데 생동감 있고 활발해야 하지요. 심각하고 첨예하더라도 괜찮아요. 재미가 없어서 졸리게 만들진 않을 테니까요. 정말 중요한 것은 몇 마디 말로도 명확히 이야기할 수 있어요. 장황할 필요가 없습니다.

류_____ 사실 서양의 많은 위대한 철학자의 책이 얇은 소책자이지만 심오하되 장황하지 않지요. 지난 번 담화에서 버클리^{George} Berkeley의 소책자를 아주 좋아한다고 하셨는데요. 제가 접한 책의 범위가 한정되어 있긴 하지만 괜찮은 철학서들을 좀 읽었습니다. 영국의 철학자 베이컨은 말할 것도 없고요. 그는 본래 뛰어난 산문가죠. 흄 역시 굉장히 괜찮다고 생각합니다. 영국 수필의 맛을 지니고 있어요.

리_____ 흄의 저서 중에서 가장 큰 영향력을 지닌 것은 『인성론』이 아니에요. 그 책은 출간 이후에 어떤 반향도 없었습니다. 아마도 너무 번쇄했던 것과 관련이 있을 거예요. 그 이후에 나온 『인간 이해력 탐구』는 아주 얇은 소책자인데 영향력이 컸지요. 아주 괜찮은 책인 데다가 가장 중요한 점은, 그가 말하고자 하는 주요 내용이 모두 담겨 있다는 것이죠.

류_____ 제가 흄의 책을 읽고 느낀 점은, 그의 논술은 개념에서 시작에서 개념으로 끝나는 게 아니라 보편적이고 공통적인 인생의 느낌에 대한 분석이 있기 때문에 친근하고 재미있다는 겁니다. 베르그송의 『시간과 자유의지』도 구입했는데, 역시 얇은 책이지요. 백 여 페이지인데, 내용이 분명하고 생동감이 있어요. 관점에는 구체적인 체험이 가득하고요. 베르그송과 러셀은 철학 논문으로 노벨문학상을 탔는데, 이건 설명이 필요한 문제인데요.

리_____ 문체 이야기가 나오니 흥이 나셨군요. 류 선생은 문체를 연구하시니까요. 러셀에 대해 몇 마디 하자면, 제 생각에 러셀은 계몽을 반대하던 20세기의 커다란 조류 속에서 최후의 계몽 철학자였지요. 정말 쉽지 않은 것이고 감탄할 일이죠. 그의 계몽정신은 정말 두드러지지요. 이 점에 있어서는 듀이보다 훨씬 더할 겁니다. 기독교에 대한 두 사람의 서로 다른 이론적 태도가 일례이지요.⁴² 러셀의 글은 읽기 좋지만 내용이 비교적 얕아요. 지금 중국 대학생들이 그의 『서양철학사』를 교과서로 삼고 있는데 잘못된 겁니다. 그가 철학자로서 마음대로 쓴 거라서 교재로 삼기엔 적합하지 않아요. 제1권에서 그리스 철학을 다루면서 사회 현상을 통해 철학의 발전을 서술했는데, 이건 그 당시 마르크스주의의 영향을 받은 겁니다. 그때 어떤 기자가 그에게 물었던 걸로 기억하는데요. 현대에 가장 위대한 철학자가 누군지 기자가 러셀에게 물었지요. 본래는 러셀을 치켜세우려는 의도였는데, 러셀이 대답하길 마르크스라고 했지요. 제2차 세계대전 이후 마르크스의 명성과 영향력은 확실히 대단했어요. 러셀의 명성 역시 당시에 대단했고요. 제2권은 뒤로 갈수록 더 멋대로 썼어요. 칸트에 대해서는 주로 시공관을 이야기했고 다른 건 제대로 말하지도 않았습니다. 쇼펜하우어에 대해서는 생애를 이야기하며 한바탕 조롱했고요. 게다가 시인 바이런을 철학사 안에 집어넣었어요. 그것도 별도의 장을 마련해서요. 이건 모두 러셀 개인의 굉장히 일방적인 견해라서 지식을 전수하는 교과서로 삼을 수는 없습니다. 하지만 그의 영문은 굉장히 유려하지요. 글이 정말 좋아요. 굉장히 재미있고요. 철학사 교본으로는 틸리Frank Thilly나 랑게가 더 적합할 겁니다. 이건 여러 번 이야기했던 건데 이번에 또 말하게 되었네요.

원저의 중요성에 대해 이번에 다시 한 번 이야기하고 싶군요. 어떤 사람이 저한테 묻길, 왜 다른 사람들과 달리 1950년대에 소련식 마르크스주의의 영향을 많이 받지 않았냐고 하더군요. 그건 1948년에 제가 마르크스와 엥겔스의 중요한 원저들을 자세히 읽었기 때문이라고 생각합니다. 소련식과 마오쩌둥의 것을 살펴보고서 뭔가 맞지 않다는 생각이 들었기 때문에 스스로 판단하게 된 거죠. 예를 들면, 미학에 있어서 저는 처음부터 미감의 이중성을 제기했는데 그건 헤겔과 마르크스에서 비롯된 것이지 소련식과는 관계가 없어요. 저는 소련 저작이 근본적으로 맘에 들지 않아요. 예를 들면 당시에 모범으로 받들어져서 자주 인용되었던 찌마폐이프 Леонид Иванович Тимофеев의 『문학원리』 같은 것들이죠. 왜냐면 그때 저는 이미 마르크스·엥겔스에 대한 소양을 갖고 있었기 때문입니다.

류_____ 소련의 어떤 저서들은 확실히 번쇄하지요. 걸핏하면 두꺼워지는데, 내용은 중복되고 새로운 건 결코 많지 않아요. 반면에 칸트의 『실천이성비판』은 정말 중요한데도 중국어로 번역된 게 12~13만 자밖에 안되지요.

리_____ 『순수이성비판』은 굉장히 두껍지만 그럴 만합니다. 칸트의 이론에서 가장 중요한 부분이죠. 거기에는 나중에 전개될 사상의 맹아가 포함되어 있어요. 칸트의 『판단력비판』 역시 굉장히 두껍지요. 그리고 역사와 정치 관련 몇 편의 논문은 분량이 적지만 비중은 얼마나 무거운가요! 헤겔은 오롯이 거기서 나왔어요. 얇은 책은 물론 많습니다. 『철학원리』를 비롯한 데카르트의 몇 권의 책들은 모두 아주 얇아요. 겨우 몇 만 자이지요. 내용이 매우 분명하고 일목요연해요. 홉스의 『리바이어던Leviathan』, 버클리의 3권의 소책자, 루소 역시 얇은 책 몇 권으로 충분하지요. 듀이는 많은 책을 썼는데, 마음에 드는 것은 『확실성의 탐구』입니다. 한 권 더한다면 『경험으로서의 예술』이고요. 다른 건 다 마음에 들지 않아요. 어떤 사람들의 책들은 너무 두껍고 너무 많아요. 서양의 어떤 철학자들은 두꺼운 책 3권을 쓰고서도 '입문導論'이라고 하지요. 하이데거 전집은 100권에 달한다는데 정말 너무 많아요. 극소수의 전문가를 제외하고는 그것을 읽을 사람이 없을 겁니다. 머우쭝싼이 그렇게 많은 책을 썼는데, 그중 절반을 잘라내도 문제없을 거예요. 위잉스 余英時도 제 생각에 동의하더군요.

류_____ 비트겐슈타인의 철학서 가운데 어떤 것은 수필식이지요. 어록체語錄體에 가까운데 아주 간단하면서도 음미할 만합니다.

리_____ 비트겐슈타인의 작품은 매우 적어요. 생전에는 오직 『논리철학론』만 출간되었지요. 아주 얇은 책이지만 영향력은 굉장히 컸습니다. 분석철학의 원조가 되었지요. 분석철학은 20세기에 초강세였지만 그것은 과학성을 지닌 일종의 방법입니다. 사실은 일종의 기술, 기술학이지요.

중국에는 그런 철학이 필요해요. 그것을 통해서 우리의 학문 수준과 분위기를 제고시킬 필요가 있어요. 중국학자들 글에는 많은 개념·판단·추론이 종종 한데 뒤섞여 있어서 도저히 다듬을 수가 없지요. 과학을 하는 이들이 철학을 깔보는 것도 이상할 게 없습니다. 과학의 개념에는 애초부터 정의定義가 있지만, 인문 분야에서는 일상언어를 사용하기 때문에 명확한 정의가 없지요. 그래서 결과적으로 명확히 말할 수 없게 되는 거고요. 본체·초월·자유, 이런 개념들을 철학자와 철학자가 아닌 사람들도 모두 일상적으로 사용하지요. 하지만 지금 그것을 사용하는 게 대체 무슨 의미인지, 그것이 무엇을 가리키는지, 결코 명확하지가 않아요. 그러니 어떻게 문제를 깊이 있게 토론할 수 있겠어요?

분석철학이 철학의 형이상학에 반대한 것은 잘못입니다. 하지만 미국에서 비트겐슈타인의 영향력은 하이데거보다 훨씬 컸지요. 중국에서와는 완전히 달라요. 지금의 철학은 갈수록 전문화되고 있다고 전에 말씀드렸는데요. 유럽의 현상학을 비롯해서 모두 그렇습니다. 철학이 각종 분업화된 담론으로 변했어요. 비전문가는 전혀 알아들을 수가 없어요. 그건 현대사회의 분업이 세분화되면서 모든 연구가 과학화·세밀화를 지향하게 된 결과지요. 이건 결코 나쁘지 않아요. 분석철학과 현상학은, 과거의 이론과 철학 언어 가운데 엄밀하지 않음으로 인해서 잘못된 부분을 충분히 분명하게 드러내줍니다. 대체할 수 없는 가치를 지니고 있어요. 하지만 오로지 전문화된 연구, 오로지 현상학적인 묘사와 언어 분석만이 철학이라고 생각해서는 안 됩니다.

왕하오와
철학의 두 가지 어려움에 대해 이야기하다

리_____ 왕하오王浩를 아시지요?

류_____ 논리학자이지요. 진웨린金岳霖 선생의 제자이고, 뛰어난 수학자 괴델Kurt Gödel의 친구였지요?

리_____ 맞습니다. 미국에 계속 있으면서 컴퓨터공학에 많은 공헌을 했고요. 컴퓨터 관련 상도 받았고 명성이 대단했습니다. 그가 허자오우何兆武와 잘 아는 사이라서 중국에 왔을 때 몇 번 만나기도 했어요. 서신을 주고받기도 했고요. 저의 『비판』이 출간된 이후에 왕하오가 보고서 아주 좋아했습니다. 영어로 번역해야 한다고 하더군요. 그런데 문제는 칸트를 아는 사람은 중국어를 모르고 중국학 연구자는 칸트를 모르기 때문에 적합한 이를 찾기가 굉장히 어렵다고 하더군요. 1982년부터 1983년까지 제가 방문학자로 미국 위스콘신 주에 있을 때 왕하오가 저를 보러 왔지요. 그런데 그가 린위성林毓生**43** 앞에서 저한테 "당신을 숭배하오!"라고 말해서 제가 굉장히 난처했습니다. 그때 린위성은 "나는 숭배하지 않는데요"라고 말하더군요. 저는 왕하오에게 당신은 유명인이고 공헌도 대단한데 무슨 그런 말씀을 하냐고 했지요. 그러자 왕하오가 자신의 공헌은 아무 것도 아니라고 하더군요. 자신의 일은 굉장히 쉬운 것이고 정말 어려운 건 철학에서 성과를 거두는 거라고 하더군요. 『비판』에서 새로운 철학체계를 읽어낼 수 있다고 하더군요. 수십 년 동안 오로지 그만 그런 말을 했기 때문에 인상에 깊이 남아 있어요. 분명 안목이 있는 사람이라고 그 당시 마음속으로 생각했습니다.

왕하오는 괴델과 잘 아는 사이였어요. 두 사람은 심오한 문제를 자주 토론했지요. 왕하오 역시 자신의 철학 이론을 세우고 싶어했습니다. 많은 생각이 있긴 했지만 바람을 이루진 못했지요. 나중에 깊은 이야기를 나누다가 그의 고뇌를 알게 되었습니다. 왕하오는 분석철학에 조예가 깊었는데, 한편으론 분석철학을 경멸했어요. 하지만 형이상학 문제를 진지하게 사고할 때면 분석철학의 영향에서 벗어나지 못했지요. 저의 책을 보았을 때도 그랬다고 하더군요. 한편으로는 좋으면서도 또 한편으로는 엄밀성이 매우 부족하다고 느꼈다는데, 분석철학의 측면에서 보자면 결점이 너무 많아서 논점이 성립될 수 없다고 하더라고요. 그 자신도 글을 쓸 때 굉장히 곤란했다면서요. 그가 『분석철학을 초월하여超越分析哲學』라는 글을 쓰긴 했지만 결코 초월하지 못했어요. 나중에 제가 그에게 말했죠. 정말로 철학적 사고를 하고자 한다면, 분석철학 같은 건 쓸 수 없을 거라고요. 어떤 것은 명확할 수 없는 것이기 때문에 분석철학으로는 그것에 관한 이론을 세울 수 없다고 했지요. 그랬더니 그가 말하길, 두 가지 어려움이 바로 그거라고 하더군요. 아주 정확히 하려고 하면 사고를 이어나갈 방법이 없고, 다소 모호한 점이 있으면 분석철학의 훈련을 받은 그로서는 받아들일 수 없다는 거죠. 카르납이 전문적으로 하이데거를 분석한 글을 쓴 적이 있잖아요? 아무 의미도 없는 허튼소리nonsense일 뿐이라고 했는데요. 이건 "아주 가는 털은 볼 수 있지만 수레에 가득한 땔나무는 보지 못한다"는 말에 해당하는 격이지요. 왕하오는 비트겐슈타인에게 탄복했고, 카르납과 카르납이 주장한 보편언어로서의 과학언어를 굉장히 경멸했습니다. 카르납은 굉장히 각광을 받았는데 말이죠. 일찍이 상당히 유행했던 '국제언어'에 대해서 왕하오와 토론한 적이 있는데요. 우리 모두 그런 인공언어는 소아병의 산물이라고 생각했습니다. 언어가 생활에 대해 얼마나 복잡한 의존성을 지니고 있는지를 보지 않았기 때문에 합리적인 듯하지만 근본적으로 통할 수가 없는 것이죠.

류＿＿＿ 철학은 언어와 떨어질 수 없지만 언어가 극단까지 발전하게 되면 정밀기계 같은 게 되고 말지요. 언어의 활력은 도리어 떨어지게 되고요. 이 점에 대해 말한 사람은 별로 없는데 선생님께서 이렇게 말씀하시니까 이해하기 어렵지 않네요. 사람의 시력이 예리해야 하지만 지나치게 예리해서 X선처럼 된다면 정상적인 생활을 할 수 없는 것과 같지요.

리＿＿＿ 중국 옛 책의 철학 서술은 확실히 약점이 있어요. 너무 모호하고 광범하고 끝이 없지요. 개념의 내함과 외연이 모두 불명확하고, 판단과 추리의 논리성이 매우 결핍되어 있고요. 이건 앞에서 말씀드린 것처럼 자연과학의 기초가 부족해서 사변적 이성이 발전하지 못했던 것과 관계가 있습니다. 하지만 이것 때문에 일률적으로 부정할 수는 없어요. 역으로 또 다른 극단으로 가게 되면 마찬가지로 철학적 사고에 영향을 받게 됩니다. 마치 과학기술 논문처럼 매번의 판단과 추리를 엄밀하고 정확하게 하고자 한다면 철학적 사고는 곤란해지지요. 화이트헤드는 분석철학을 비판하면서, "정확성은 허망한 것"이라고 했습니다. 세상에 절대적인 정확성이란 건 없어요.

현장은 망신당할까봐
감히 『노자』를 번역하지 않았다

리_____ 비트겐슈타인에 대해 좀 더 말씀드리지요. 그는 철학사에 대해 이야기하지 않았습니다. 하이데거와 달리 비트겐슈타인은 철학사에는 시간을 쏟지 않았어요. 기본적으로 관련 책을 읽지도 않았지요. 그리고 그는 '논증'을 좋아하지 않았어요. 때로는 한두 마디로 하나의 관점을 말하는 게 다였지요. 그는 "말할 수 없는 것에 관해서는 침묵해야 한다"고 했을 뿐 논증은 하지 않았어요. 사실 그는 말할 수 없는 것에 관해서 나중에는 많이 말했습니다. 아무튼 철학에 논증이 필요한지, 무엇을 철학의 '논증'이라고 하는지, 이 모든 것이 문제이지요.

니체 역시 논증하지 않았어요. 가다머는 니체를 철학으로 치지도 않았고 칸트와 헤겔이라야 철학이라 할 수 있다고 여겼습니다. 『노자』는 어떨까요? 『노자』는 편폭이 매우 짧고 관점이 잇달아 나오고 굉장히 현묘하지요. 논증이라는 걸 찾아볼 수 없어요.

류_____ 서양철학자의 눈으로 보자면, 『노자』를 철학 작품이라고 할 수 있을까요?

리_____ 헤겔은 노자는 철학이고 공자는 철학이 아니라고 여겼어요. 지금은 다들 『노자』를 철학으로 간주하지요. 도리어 우리 스스로가 자신을 갖지 못해요. 굉장히 흥미로운 일화가 있는데, 장타이옌章太炎이 말한 것이죠. 옛날에 현장玄奘이 인도에 불경을 가지러 갔을 때 감히 『노자』를 번역해서 인도인에게 보여주질 못했다더군요. 그들 눈에 미치지 못할까봐서요. 너무 간단하고 깊이가 얕다고 생각했던 거죠. 인도의 불학佛學은 당시에 이미 굉장히 복잡했어요. 인명학因明學은 논리가 엄밀했고요. 중국의 경전은 거기에 비할 바가 아니었지요. 현장은 복잡한 유식종唯識宗을 가지고 중국으로 돌아왔습니다. 그런데 궁정 세력의 힘에 기대서 겨우 수십 년 유행하다가 사라졌지요. 중국 불교인 천태天台와 화엄華嚴은 이론이 아주 간단명료합니다. 중국에서 마지막까지 필요로 했고 오래도록 전파된 것은 가장 간단명료한 선종과 정토종淨土宗이에요. 이는 중국 사유의 특징을 보여주는 겁니다.

노자와 선종은 '논증'을 하지 않아요. 분석철학은 중국에서 시종일관 환영받지 못했습니다. 비트겐슈타인은 하이데거에 비하자면 중국에서 영향력이 훨씬 뒤떨어졌는데, 아마도 앞에서 말씀드린 중국 사유의 특징과 관련이 있는 거겠죠?

'논증'에 대한 이야기로 돌아가서 다시 한 번 질문하도록 하지요. 무엇을 '논증'이라고 하나요? 철학은 '논증'을 필요로 할까요? 『노자』나 선종이 철학이 아니라고는 할 수 없겠죠? 철학은 주로 개념을 만들고 시각을 제시하지요. 만약 그것이 독특하고 성립될 수 있는 것이라면 그것으로 괜찮은 겁니다. 철학이 반드시 서양의 '엄밀'한 언어(예를 들면 독일어)와 언어 틀을 써야만 하는 건 아니에요. 그리고 '서양의 언어' 역시 변화시켜서 중국에 유용한 방향으로 받아들일 수 있습니다. 하이데거는 독일어만이 철학을 논하기에 적당한 언어라고 여겼지만, 저는 동의하지 않아요.

류_____ 대화체, 노자, 선종, 니체, 비트겐슈타인, 이들 서술 방식이 선생님께 영향을 끼쳤겠지요?

리_____ 덕분에 제가 더 과감하게 글을 간소하게 쓸 수 있었지요. 논강論綱 형식으로 글을 발표했어요. 물론 이건 주로 저의 게으름 때문입니다. 자신의 빈약함을 옛 사람과 선현에게 떠넘길 수는 없지요.

점혈법

류_____ 출판업에 종사하는 상하이의 하오밍젠郝銘鑒이 굉장히 흥분되는 말을 한 적이 있습니다. 선생님의 글을 읽으면 울림이 느껴지는데 이런 느낌이 어디서 비롯되는 것인지 모르겠다고 하더군요. 지난 번 우리의 담화를 읽은 뒤에 원인을 찾았다고 합니다. 그건 바로 "새로운 견해가 없다면 글을 쓰지 말라"고 선생님께서 강조하신 말씀이라더군요. 글에 담긴 새로운 견해가 마음의 정곡을 찌른다고 하더군요. 두서없거나 배배 꼬인 문장에 반대하신다고 했던 부분을 읽고는 굉장히 개탄스러웠다고 합니다. 편집인으로서 그런 글을 너무 많이 봤는데, 끝까지 보고 나서도 작자가 뭘 말하려고 하는지 모르겠다고 하더군요. 또 선생님께서는 "책 읽기는 좋아하지만 책을 쓰는 건 좋아하지 않는다"고 하셨지요. 일단 글을 쓸 때면 가장 간결한 언어로 표현하기 때문에 자주 논강 형식의 글이 된다고 하셨는데, 이게 선생님의 풍격을 형성한 것이겠죠.

리_____ 하오밍젠에게 감사해야 하겠군요. 그는 1980년에 나온 『미학논집美學論集』의 편집인이자 옛 친구지요. 사실 저는 제 글이 뭐가 특별한지 잘 모릅니다. 지난번 담화에서 류 선생이 질문했기 때문에 이야기를 좀 하긴 했지만요.

류_____ 선생님의 문체와 문풍은 독서계에서 아직도 칭송이 자자합니다. 특히 1980년대에 성장했던 사람들에게는 지금까지도 자주 회자되지요. 읽기 좋으면서도 얇은 여러 철학서에 대해서 앞에서 이야기를 나누었는데요. 그건 사실 일종의 호소라고도 할 수 있을 텐데요. 아름답고 사랑스러운 철학 신서가 많이 나와서, 철학이 세상 속으로 돌아오고 철학의 서술이 평이하고 감상할 만하도록 새롭게 변하길 정말로 바랍니다. 선생님의 책이 독자들의 환영을 받는 것은 총괄할 만한 게 있기 때문이지요. 그런데 한편으로는 많은 '논강'을 내놓으셨으면서도 세밀한 논증은 하지 않으셨기 때문에 많은 사람이 이해할 수 없다고 느끼는데요. 방금 하셨던 말씀, 그러니까 노자나 선종 역시 철학이라는 것, 이건 중국 전통으로 철학을 언어에서 벗어나도록 하고 싶다는 말씀과 동일한 화제겠지요?

리_____ 류짜이푸 역시 저의 문장과 방법에 대해 말한 적이 있지요. 제가 사용하는 게 중국 쿵푸功夫의 '점혈법點血法'이라고 하더군요. 첫째는 급소를 찌르고, 둘째는 적정선에서 그친다는 건데요. 이건 확실히 제가 원하던 겁니다. 저는 "요언불번要言不煩(정련된 말은 장황하지 않다)"이라는 네 글자를 좋아하거든요.

「무사 전통을 말하다說巫史傳統」에서 이렇게 말했지요. "논의한 것들 대부분이 가설 형식의 단정이다. 사료의 배열과 논리적 논증 모두 정밀하지 않다. 하지만 핵심을 드러내어 사람들이 어떤 계시를 얻도록 할 수 있다면, 이것이 바로 이러한 서술의 이상적인 효과다." 이게 제가 추구하는 것이자 저의 방법이라고 할 수 있습니다.

류_____ '점혈법'으로 개괄하신 게 굉장히 정확하네요. 이번 대담에서도 이 방법을 쓰도록 하지요. 우선 '정 본체'와 관련된 중요한 관점에 대해서, 특히 지난번에 다 나누지 못한 이야기를 정리해 주셨으면 합니다. 중점을 짚어주시면 독자들이 그것의 내재적 논리를 파악할 수 있을 텐데요. 혈자리穴位를 통해서 전체 맥락을 똑똑히 볼 수 있을 겁니다.

2장

왜 ' 도 ' 가

제1범주인가

인류의 생존과 지속이
출발점이자 기초다

류_____ 지난번 대담에서도 그렇고, 이전의 글들에서 항상 '도
度'의 본체성에 대해 강조하셨는데요. 애초에 제가 『역사본체론』을
읽었을 때는 의혹이 생겼습니다. 제 생각에 '도'는 중국과 서양 모
두 주의를 기울인 것 같은데요? 어떤 일을 하든지 적당한 정도를
놓치면 안 되지요. 그러면 성공할 수 없으니까요. 서양은 과학기술
이 굉장히 발달했는데, 만약 적당함에 부합하지 않았다면 불가능
한 일이겠지요. 그런데 선생님께서는 왜 중국 사상에서 '도'가 그
토록 중요하게 나타난다고 생각하시는지요?

방금 전 "언어에서 벗어나자"는 말씀에서 그 의미가 비교적 명확
해진 것 같은데요. "언어에는 도가 결핍되어 있다" "언어는 반드시
단어를 사용하는데 개념 자체는 경험·감각·상상이 고정화되고 경
직화된 산물이다"라고 자주 말씀하신 것처럼, 서양의 철학이 서양
의 과학기술과는 달라서 많은 경우에 '도'의 중요성을 소홀히 하여
어떤 극단으로 나아간다는 말씀인지요?

리_____ 동물의 활동에도 '도'가 있어야 해요. 그렇지 않으면 생
존할 수가 없지요. 문제는 인류의 '도'가 어디서 비롯되며 동물과

는 무엇이 다르고 그것을 어떻게 철학으로 끌어올릴 것인가 하는 겁니다. 서양 철학의 출발점은 무엇이죠? 로고스Logos예요. 로고스에 대해서는 적어도 두 가지 설명이 있는데, 바로 논리와 언어지요. 모두 이성이에요. 논리적 추론은 현실과 직접적인 관계가 생겨나지 않기 때문에 그것의 '도'는 두드러지지 않지요. 언어는 '도'를 따지지 않아요. 우리는 아무렇게나 허튼소리를 지껄일 수 있어요. 아무리 많이 말해도 그게 사람을 죽일 리는 없지요. 그래서 극단까지 갈 수 있어요. 오직 외교 언어에서만 '도'를 따지지요. 자칫 양국 관계를 해치거나 위태롭게 만들어서 전쟁을 야기할 수도 있으니까요. 물론 언어와 논리 그 자체의 독립적인 발전도 가치와 의의가 있지요. 그래서 저는 시종일관 '사변적 지혜'를 찬양합니다. 그런데 많은 철학자가 언어의 미궁을 만들어요. 심오한 개념과 어휘를 많이 만들어서 자신도 미혹되고 남도 미혹하지요. 세상에 무익한데도, 정작 자신과 추종자들은 그 미궁에서 빠져나오지 못해요. 저는 하이데거의 만년에 이런 문제가 있었다고 생각합니다.

슝스리熊十力가 이렇게 말했죠. "유학에는 두 가지 우수한 점이 있다. 첫째는 지극히 공정하고 치우침이 없어서, 위로는 매우 고명高明하되 공허에 빠지지 않고 아래로는 매우 착실하며 유용하되 공리功利로 흐르지 않는다는 것이다. 둘째는 수용성이 풍부하여 다른 파의 장점을 잘 받아들이며 고집부리지 않는다는 것이다." 적확한 말이에요. 유학은 공허와 공리와 고집에 빠지지 않는다는 점에서 다른 종교철학, 자연철학, 경험론철학 및 각종 언어의 미궁과 경계를 달리하지요.

류_____ 하지만 '정 본체' 역시 철학 언어로 서술해야 하는데요.

리_____ 물론 철학 언어를 사용해야 하지요. 하지만 다른 점이 있습니다. '정 본체'는 로고스를 기점으로 삼는 게 아니라 생존 경험을 기점으로 삼지요. '두 개의 본체'에 대해 말한 적이 있는데요. '두 개의 본체'에 대해서는 『철학강요』에서 "두 개의 본체에는 선후가 있다"는 부분에 볼드체로 굵게 구분해 두었어요. 이 '선후'에는 시간도 포함되지만 더 중요한 것은 논리적 순서입니다.

류 선생은 '정 본체'를 꽉 틀어쥐고 놓지 않으려 하지만 저는 아무래도 '도' '도구 본체'부터 이야기해야겠군요. '도구 본체'에 대해서 어떤 사람이 제대로 알지도 못하면서 비평하길, '도구'는 무생물인데 어떻게 '본체'일 수 있느냐고 하더군요. 사실 도구가 도구로 불리는 까닭은 바로 그것이 사용 중에 있기 때문이지요. 즉 하이데거가 말한 "손 안에 있음Zuhandensein"이에요. 도구 본체가 말하는 것은 바로 인간의 생산-생활-생명입니다. 두 개의 본체에서 두 번째는 '심리 본체' 즉 정감-이성 구조이지요. 이 두 본체는 바로 제가 거듭 말했던 외재적 인문과 내재적 인성, 외재적 예(의義)와 내재적 악樂(인仁)이에요.

이런 견해는 중국 고대의 갖가지 문헌이나 각 학파의 학설과 개념을 근거와 출발점으로 삼은 게 아니라, 무엇보다도 중화민족이라는 오래된 존재 실체의 실천활동을 근거와 출발점으로 삼은 것이죠. 중국의 5000년 생존 경험, 더 거슬러 올라가면 8000년이라고도 할 수 있는데, 이러한 규모와 기나긴 시간을 저는 13억의 '거대한 시공時空 실체'라고 부릅니다. 이것의 생존 지혜야말로 오늘날 철학의 가장 중요한 근거이고, 이것이야말로 제 철학의 가장 근본적인 출발점이자 기초입니다. 이집트·바빌론·인더스 문명 및 마야·

잉카 같은 다른 오랜 문명은 왜 모두 소멸했는지 자주 생각해보는데요. 고대 그리스와 로마 문명은 만약 아랍 문명이 그것을 계승하지 않았다면 전해 내려오지 못했을 겁니다. 하지만 중화문명 8000년은 끊어지지 않고 이어지면서 이 커다란 시공 실체를 주조했어요. 그 안에 포함된 생존 지혜, 이것이야말로 중국 철학이 세계에 등장하는 데 진정한 실력이자 기초지요. 제가 여러 번 말했던 중국 전통의 '신神'이지요. '형形'이 아닌 '신'입니다.

류_____ 그러한 '시공 실체'의 존재가 전체 인류의 생존과 어떤 관계가 있을까요?

리_____ 정 본체, 적전설, 도의 본체성, 실용이성, 낙감樂感문화 등은 모두 생존의 '신'에 대한 철학적 사고였습니다. 생존의 신을 전체 인류의 발전에 놓고서 고찰하고 싶었던 것이죠. "인간(나)은 살아간다" "어떻게 사는가" "왜 사는가" "사는 게 어떠한가" 등[2] 제가 제기한 문제는 바로 칸트가 제기한 "인간이란 무엇인가"와 긴밀히 연결되어 있지요. 그래서 저는 "인류의 시각, 중국의 관점"이라고 말합니다. 인간은 대체 지금까지 어떻게 살아왔을까요? 중국이라는 이 커다란 시공 실체가 생존해올 수 있었던 이치는 대체 무엇일까요? 이 거대한 시공 실체가 서양 철학과는 다른 사고를 인류에게 제공할 수 있을까요? 예를 들면 정치철학의 측면에서 "음악은 정치와 통한다"[3] "조화가 정의보다 낫다"는 것을 제기할 수 있을까요? 즉 이성의 최후 심판 대신 몸과 마음, 인간과 인간, 인간과 자연의 조화(이성이 아닌 정감-이성 구조)를 최후의 판단 기준으로 삼을 수 있을까요?

고릴라-침팬지-인간

리_____ 그 문제를 확실히 하기 위해서는 아무래도 "인간이란 무엇인가"부터 이야기해야겠군요. 두 가지 견해로 개괄할 수 있을 텐데요. 하나는 신이 인간을 만들었다는 것이고, 또 하나는 동물로부터 진화했다는 것이죠. 전자는 신이 자신의 모습대로 인간을 만들었기 때문에 인간이 영혼·신성·선험·초험의 능력 내지 그런 경지를 갖게 되었다고 보고요. 후자는 인간은 순전히 동물의 생존 경쟁에 의한 자연의 산물이며, 도덕과 심미를 포함한 인성의 본질은 죄다 동물성이라고 하지요. 앞에서 이미 나온 이야기인데, 저는 외재적 인문에서부터 내재적 인성에 이르기까지 모든 것이 인류 자신이 만든 것이라고 생각해요.

현대의 유전자 과학에 의하면, 인류의 가까운 친척은 침팬지예요. 인간과 침팬지의 차이는 아주 적은데, 98퍼센트의 유전자가 같다고 합니다. 반대로 침팬지와 고릴라의 차이는 그보다 더 크지요. 하지만 현재의 인류에게는 비행기도 있고 컴퓨터도 있어요. 과연 누가 인간과 침팬지를 같은 유로 간주하고 도리어 침팬지와 고릴라를 다른 유로 간주할 수 있을까요? 대체 어떤 것의 차이가 클까요? 침팬지든 고릴라든, 건물을 지어서 이렇게 우리가 앉아서 차를 마시도록 할 수 있나요? 이걸 봐서 차이는 결코 유전자에서 비롯된 게 아니라는 걸 알 수 있습니다. 인류는 결코 자연 진화의 결과가 아니라, 인간 스스로 자신을 만들어온 거예요. 인류는 유전자 변화에 기대서가 아니라 장기간 도구를 사용-제작하는 과정에서 스스로를 만든 것이죠. 인간은 원시인류에서 지금에 이르기까지 유전자에는 큰 변화가 없지만 그 차이는 굉장히 크지 않습니까?

이상은 역사를 탐색함으로써 인간은 무엇인지를 연구한 것이죠. 단순히 생물과학에 의지한 것이 아니고 신의 창조를 믿는 것도 아니에요. 인류의 역사를 통해서 인간이 인간인 이치를 찾아낸 겁니다.

류_____ 바로 선생님의 '정 본체'의 사고 맥락이자 선생님께서 말씀하신 '중국의 관점'이지요.

리_____ 맞습니다. 중국의 관점이지요. 『주역』에서 말한 인간의 진화 과정은 정말 뛰어납니다. 오늘날 인류학의 과학적 견해와도 부합하지요. 중국의 관점으로 설명한 '적전설' '정 본체' '제1범주로서의 도' '미학은 제1철학' 등의 시각과 개념은 세계적인 것이라고 할 수 있습니다.

이성이
주체와 객체를 분리했다

리_____ 인간은 동물과 같은 종류지만 확실히 동물과는 다르지요. 그렇다면 인간은 동물과 어떤 점에서 다를까요? 서양의 답 가운데 하나는 언어죠. 왜 언어를 강조할까요? 인간은 이성의 동물이고 이성은 바로 언어, 로고스이기 때문이에요. 인간이 동물과 다른 점은 바로 인간에게 언어와 이성이 있는 것이라고 여기는 거죠. 제 견해는 이렇습니다. 동물 역시 소통을 필요로 하고 정보의 전달이 있으며 표현을 해야 하지요. 동물과 인간의 언어는 소리를 내는 데 있어서는 비록 간단함과 복잡함, 적음과 많음 등의 차이가 있긴 하지만 기본적으로는 같습니다. 다른 것은 어의語義예요.

인류의 언어가 표현하는 주요 어의는 인류만의 경험입니다. 저는 그것이 주로 도구를 사용-제작하는 활동4이라고 생각해요. 이것은 동물에게 없는 것이죠. 이런 관점을 『비판』에 처음 발표한 지 이미 30년이 지났는데, 지금까지도 호응이 없어요. 정말 유감스럽게 생각합니다. 인류가 바로 도구를 사용하고 제작하는 가운데 이성이 생겨났고 언어 중의 독특한 어의도 생겨났지요.

1960년대에 논강 형식으로 썼던 미간행 원고에서 이런 관점을 제시했습니다. 어떤 친구가 그 논강을 타이핑했는데, 한번 보세요.

도구를 사용하고 도구를 이용해야만, 활동하는 신체기관 및 신체기관의 활동 작용이 인과관계의 다양한 동작에 적응하도록 할 수 있으며 현실세계의 여러 가지 물질 속성과 인과관계가 이처럼 도구를 사용하는 다방면의 많은 활동을 통해 나날이 드러나게 된다. 도구를 사용하는 활동은, 본래는 주체와 무관한 도구라는 자연물이 그것의 모종의 자연적 속성과 효능을 나타내고 발휘하여 활동 대상의 변화를 이끌어냄으로써 다양한 자연물(무엇보다도 도구로 사용된 자연물)의 여러 속성, 즉 기하幾何적(형상·면적·체적 등), 물리적(중량, 경도硬度, 예리한 정도 등), 화학적(가연성과 불가연성 등) 속성이 모종의 인과사슬의 일환으로서 객관적으로 사용되고 이용되고 선택되도록 한다.

이렇게 온갖 시행착오를 겪으며 기나긴 시간이 지난 뒤에 도구를 사용하는 노동의 실천 속에서 결국 규율에 들어맞는, 도구를 사용하는 일정량의 활동 동작을 낳고 보존하고 누적하고 공고화하게 된다. 즉 객관적 규율(인과관계)을 지닌 동작을 주동적으로 선택하고 이용하게 된다. 이는 이러한 노동의 실천 속에서 객관 세계의 규율성과 인과관계가 출현하고 보존된다는 말이기도 하다. 이것이 바로 실천 가운데의 이성이다. 이러한 이성은 더 이상 그저 협애하고 이미 정해진 생물 종족의 신체활동 속의 규율성이 아니라 후천적으로 습득한 도구 사용의 활동 조작을 매개로 삼아 전개되는 것으로, 무한한 발전 가능성을 지닌 자연계 전체의 규율과 인과성이다. 실천은 바로 이러한 객관세계 자체의 무한한 이성을 객관 자연에 작용시킴으로써 객관 자연이 자신에게 복종하고 자신에 의해 지배되고 개조되도록 한다. 여기서 주체- 객체는 진정한 의미를 갖게 된다.

동물의 생활은 그 대상과 동일한 것으로, 이미 정해진 선천적인 동일한 자연 규정(인과성)에 의해 규정되므로 주체와 객체의 구분은 아무 의미가 없다. 실천 가운데의 이성은 이러한 선천적이고 이미 정해진 제약을 돌파한다. 한편으로는 동물적인 이미 정해진 활동이 더 이상 아니며, 도구를 사용하는 무한한 가능성을 지닌 보편필연적인 실천 조작이다. 그것은 자연을 지배하고 자연을 개조하는 강대한 힘을 형성하며, 자연계를 직면하며 자연계와 구별되면서 주체로 형성된다. 바로 도구를 사용하는 실천 조작 활동. 그리고 이로써 획득된 실천 가운데의 이성이 주체(인류의 '종種')로 하여금 보편적 현실성과 현실적 보편성을 갖게 하고 (칸트의 선험적 통각으로서의 '나'는 유심주의의 창백한 굴절에 불과하다) 자유를 갖게 한다는 것을 알 수 있다. 또 한편으로는 더 이상 소비 욕망으로서의 사물이 아닌 광활한 객관규율 자체가, 실천과 대응하고 구별되며 상호작용하는 객체 대상을 형성한다. 이로써 더 이상 주체와 객체가 혼연일체된 생물이 환경을 사용하는 생활이 아니라, 우주 속에서 이성의 실천이 생겨나게 된다.

실천 가운데의 이성이 있어야만 비로소 이성의 실천, 즉 규율에 부합하며 보편필연적 실천인 실천이성이 있을 수 있다. 실천이성은, 우주에서 가장 강대하고 생동하며 무한히 앞을 향해 확대되는 주체인 인간의 힘이다. 그것은 사회 존재의 근본 내용이고, 모든 사유와 상징과 이성의 현실적인 물질 기초다.

이게 바로 지난 번 대담에서 보여드렸던 원고에 나오는 단락입니다. 한 글자도 고치지 않은 거예요. 반세기 전에 쓴 것이죠. 『비판』에 실린 내용도 있어요. 물론 지금 다시 쓴다면 고쳐야 하겠지요. 하지만 기본적인 관점은 결코 바뀌지 않았습니다. 비자각적인 실천 가운데의 이성이 있은 뒤에 자각적인 이성의 실천이 있지요. 이건 '실천이성'이기도 합니다.

류_____ 내용이 아주 풍부한 단락인데요. 이 글의 문장은 지금 선생님의 문장과는 조금 다르네요. 긴 문장이 많고, 지금의 대범함과는 달리 엄밀한 논리를 보다 중시하고요. 또 어떤 부분은 "인간이 하늘을 이길 수 있다人定勝天"는 논조를 은연중에 내포하고 있는 게, 그 시대의 흔적이 남아 있네요. 짧은 단락 안에 중요한 두 가지 논점이 있는데요. 지금 읽어봐도 여전히 신선한 점이 있습니다. 첫째, 인류가 도구를 사용하고 제작하는 실천 속에서 이성을 획득하게 된다. 둘째, 인류가 또 이러한 과정에서 주체와 객체의 분리를 실현함으로써 인간의 주체성이 나타나게 된다. 이러한 사고 맥락이 선생님 평생의 이론을 관통한다고 말할 수 있겠는데요.

리_____ 그래서 저는 언어와 이성은 선천적인 게 아니라고 생각합니다. 모두 실천 속에서 형성되는 것이지요. 인류 스스로 자신을 만들었어요. 이건 제가 늘 말하는 "인류는 어떻게 가능한가"이기도 하지요. 앞에서 말했던 건 바로 실천이 이성을 낳고 이성이 주제와 객체를 분리하여 인류가 자아의식을 지닌 자신이 되도록 한다는 겁니다. 이성reason, rationality은 합리성reasonableness에서 말미암고 합리성은 '도measure'의 연장延長이에요. '도'는 무엇보다도 도구를 사용-제작하는 과정 속에서 생겨나지요.

류_____ 류짜이푸는 바로 그것을 선생님의 모든 철학의 '전체 주제'로 보았지요.

리_____ 그렇다면 제 철학의 출발점은 '말言'이 아니라 '함爲'(실천, 강건한 운행, "군자는 스스로 강건해지기 위해 쉼이 없어야 한다"[5])이라는 것을 아마 아실 겁니다. 바로 인류의 생존 경험이지요. 그래서 '도'야말로 제1범주가 되지 않을 수 없는 거예요. 이성은 '도'에 의지해야만 성장할 수 있는 것이죠. "역사가 이성을 세운다"라는 건 이것을 말하는 겁니다.

피아제의 동작과
듀이의 도구

리_____ '이성'에 대해 말하자면요. 이 말이 대체 무엇을 가리키는지도 명확하지 않아요. 일반적으로는 인간의 사유·이해·추리

능력을 가리키는데, 제 생각에는 질서·규범·원칙과 분명히 관계가 있어요. 그중에서 가장 중요한 것은 인과입니다. 인과관계는 어디서 비롯된 것일까요? 저는 도구를 사용--제작하는 가운데 체득을 통해 인식하게 된 것이라고 생각합니다. 동물도 때로는 도구를 이용하지만 주로 자신의 신체를 이용하지요. 사지와 몸통 및 기타 생리기관의 활동 범위는 매우 한정되어 있고 자신의 생물체와 분리될 수 없기 때문에 주관과 객관 역시 분리될 수가 없어요. 인간에게는 날카로운 이빨과 발톱이 없어요. 동물이 지니고 있는 장점이 없기 때문에 오로지 도구를 사용--제작해야만 먹을 것을 획득하고 생존할 수 있지요. 도구를 사용하기 때문에 주체와 객체가 분리되는 겁니다.

피아제가 뛰어난 견해를 내놓았는데요. 그는 발생적 인식론과 아동심리학을 연구했는데, 아동이 동작하는 가운데 주체의식이 생겨나 주체와 객체가 분리된다는 것을 발견했지요. 그는 발생적 인식론을 심리학과 동일시할 수는 없다고 말했어요. 그가 한 것은 주로 아동심리학이지 인식론이나 철학은 아니에요. 저는 그의 심리학 연구에는 결코 찬성하지 않지만 그의 인식론적 철학 관점은 굉장히 좋아합니다. 단지 아쉽게도 그에게는 인류학의 역사적 시각이 없어요. 철학도 아니고요. 내부화interiorization는 기존에 수행했던 실제 동작이 뇌에서 누적되고 결정화結晶化되는 것이라는 피아제의 견해6를 읽었을 때 정말 기뻤던 게 아직까지도 기억나네요. 제가 인류학의 철학적 시각에서 생각했던 것과 완전히 일치했기 때문입니다. 1970년대의 일이지요. 하지만 피아제는 동작에 있어서 물질도구의 작용을 중시하지 않았고, 도구를 사용--제작하는 것의 커다란 의의를 제시하지는 못했어요.

듀이는 이성의 구축과 동작의 관계를 철학의 측면에서 말하긴 했지만 그에게는 모든 것이 바로 도구라서, 원시인류가 사용했던 석기와 목기 같은 최초의 물질 도구의 엄청난 중요성을 도리어 가려버리고 말았습니다. 그것의 중요성은 인간의 기관器官과 신체의 생물성生物性을 극도로 연장하고 변화시켰다는 것뿐만 아니라 인간의 이성을 구체적으로 형성했다는 데 있어요. 듀이는 인류학의 역사적 시각을 결여하고 있습니다. 피아제와 같은 중대한 결함이지요. 이에 대해서는 『비판』에서도 말했어요.

영국의 경험파는 감각자료Sense-data를 인지의 출발점이자 기초로 삼으면서 그것을 의심할 것도 없고 동요될 리도 없다고 여겼지요. 경험파 철학자들 중에서도 행동과 동작act의 중요성을 말하면서 그것을 감각자료보다 우선한 이들이 있긴 하지만, 그들 역시 도구의 사용-제작과 관련지어서 근본적으로 명백히 말하지는 않았습니다. 아무래도 인류학의 역사적 시각이 결여되어 있지요. 그래서 제가 도구의 사용-제작을 기초로 삼은, 실천과 삶의 '인류학 역사 본체론'을 강조하며 제시했던 거죠.

동물 역시 도구를 사용하는데 침팬지는 19종의 도구를 사용하기 때문에 도구의 사용-제작을 (인간과 동물의) 경계선으로 삼을 수는 없다고 하는 사람도 있습니다. 하지만 침팬지가 인간처럼 보편필연적으로 도구를 사용하나요? 날마다 도구를 사용하고 도구를 떠나서는 생존하지 못하나요? 여기에 대해서는 연구하지 않았지만 적어도 침팬지가 비행기나 대포를 만들지는 못하지요. 조류는 기존의 재료를 이용해서 둥지를 만들고 개미 역시 기존의 재료를 이용할 줄 알지만 이들은 모두 저등동물이에요. 인류가 도구를 사용하는 것에 비교할 수는 없지요. 인류가 직립할 수 있고 이토록 커다란 뇌 용량을 가졌기에, 도구의 사용-제작이 비로소 이런 조건들의 조합에 결정적 일환이 될 수 있었다고 말한 적이 있는데요. 이것이 바로 인류를 그 어떤 동물과도 다르게 만들어주는 것이지요. 이런 전제 조건 없이 단지 도구를 사용-제작하는 것만으로 동물이 인간으로 변할 수는 없습니다. 어쨌든 "인류는 어떻게 가능한가"는 아주 근본적인 문제인데, 철학에 있어서 이렇게 말한 사람은 아직 없는 것 같군요.

인류가 도구를 사용하고 도구를 제작함으로써 동물과 분리되는 데는 수백만 년이라는 긴 과정이 있었습니다. 시작은 역시 개체에 의한 발견이었어요. 발견은 모두 개체로부터 시작되지요. 그 뒤에 다들 그것이 좋다고 여기면서 모방하고 널리 퍼지고 확대되는 거죠. 이러한 발견은 우연성을 띠고 있습니다.

류_____ 결국엔 가장 잘 발견하고 새로운 발견을 가장 잘 모방할 수 있는 무리, 그러니까 보다 좋은 도구를 제작하고 사용할 수 있는 무리가 생존하게 되는 거죠. 이건 '적자생존'의 원리에도 부합하는데요. 역사와 자연의 기나긴 선택을 거친 것이지요.

리_____ 그 기나긴 과정에서 인간의 뇌 용량과 주름과 대뇌피질 및 각종 메커니즘도 발전하게 되고 이로써 인간 자체의 변화도 수반됩니다. 마르크스는 도구 사용의 관점에서, 생산력의 발전이 어떻게 외재적인 생산방식을 구축했는지를 중시하고 생산관계와 상부구조를 중시했지요. 이건 아주 중요합니다. 이것은 인문을 중시해 외재적인 사회의 측면에서 탐구한 것이지요. 저는 인성에 주목하면서, 도구의 사용과 제작이 가져온 인간 자신의 변화를 중시하고 내재적 심리의 변화 및 문화-심리 구조의 형성을 중시했습니다. 이건 지난번에 이미 말씀드렸죠. 아주 오래전에 제가 마르크스의 '심층역사학'(유물사관)에 대응하는 '심층심리학'을 제기한 적이 있는데요. 제가 말한 '심층'은 프로이트나 라캉이 말한 것과는 달라요. 바로 '문화-심리 구조'를 가리키는 것이죠.

미는
'도'의 자유로운 운용이다

리_____ 앞에서 말했듯이 언어는 '도度'를 고려할 필요가 없어요. 하지만 실천과 경험은 반드시 도를 고려해야 하지요. 도란 정도에 맞는 것이기도 합니다. 그렇지 않으면 문제가 생겨나요.

도는 변화하는 겁니다. 불확실성·모호성·우연성을 지니고 있지요. 생생한 일과 구체적인 실천 속에서 그리고 도구를 사용하는 가운데, 꼭 알맞아야지만 비로소 맞게 할 수가 있습니다. '맞다'는 것은 논리적인 맞음이 아니에요. 언어의 논증이 아니고 개념에 부합하는 것도 아니지요. 바로 활동하는 가운데 정도를 잘 파악하는 거예요.

포스트모던 역시 모호성·우연성·상대성·불확실성을 강조하는데, 본질과 이성을 없애고 오늘날 과도하게 완벽하고 엄밀한 서양의 이성 체계를 없애기 위해서지요. 이건 파괴적인 거예요. 제가 말하는 '도' 역시 모호·우연·상대·불확실을 강조하지만, 건설적인 것입니다. '도'로써 세계를 파악하고자 하는 것이고, "미로써 진을 열어" 새로운 이성을 창조하려는 것이지요. '도'야말로 생존의 집이고 인생의 본체성이며 생활의 기초이자 고향입니다.

실천하는 가운데 자신이 도를 파악하여 꼭 알맞게 되고 순조롭게 되었음을 발견했을 때 "맞았다!"라고 하는 바로 이 찰나에 드는 마음의 느낌 역시 '미'예요. 갑자기 기쁨과 원활함을 느끼게 되지요. 곰브리치는 『예술 이야기The Story of Art』의 도입 부분에서 원시인이 이런 느낌일 때 "맞았다Right!"라고 한다고 했는데, 이 순간 정감의 승화가 일어나지요. 사실 이것이 바로 미와 미감의 원천이에요.

그래서 저는 "미학은 제1철학"이라고 말합니다. 왜 미학을 이렇게 높이 평가할까요? 아주 중요한 이유가 있지요.

꼭 알맞음은 정도에 맞는 것입니다. 조금이라도 증가하면 너무 길고 조금이라도 감소하면 너무 짧은 것, 여기에는 비율의 문제가 있지요. 하지만 고정적인 비율이 아니에요. 그것은 동태적이고 변화하는 것이며, 실천과 행동 가운데 파악하고 조정해야 하는 것이지요. 이 비율은 구조적인 겁니다. 인류가 활동 가운데 스스로 체득하고 파악하게 되는 것이지요. 언어로는 묘사하기 어렵고 규정하기도 어려워요. 헤겔이 말했지요. 수영을 배우려면 반드시 물속으로 들어가야지, 책을 외우는 것(언어)으로는 문제를 해결할 수 없다고 말이죠.

류_____ 그러고 보니, "도는 제1범주"라는 게 "미학은 제1철학"이라는 것과 각도는 다르지만 내재적으로는 서로 통하네요. 같은 원리를 말하고 있어요.

리_____ "미로써 진을 연다"는 것도 같은 맥락입니다. 도를 파악해 기쁨을 느끼고 미를 느끼는 순간에 발견과 발명과 창조가 생겨나고 진리를 인식하는 문이 열리게 되지요. 그리고 다시 개념으로까지 끌어올리면 결국 이성적 결론을 얻게 되고요. 처음 시작은 실천 활동 속에서의 느낌과 체득, 그리고 '도'입니다. 미美는 '도'의 자유로운 운용이지요. "도로 말미암아 미에 이르는 것"과 "미학은 제1철학"의 종점은 바로 종교를 대신하는 거예요. 형식감形式感으로써 불가지의 '물자체物自體'7에 귀의하고 그것을 경외하는 겁니다. 또한 '이성의 신비'에 대한 깨달음이지요. 2004년의 「실용이성과 낙감문화를 논하다論實用理性與樂感文化」에서도 말한 적이 있는데, 이건 뒤에서 다시 이야기하기로 하지요.

류_____ 방금 말씀하신 것들은 선생님께서 평생 연구하신 것의 정화에 해당한다는 생각이 드는데요. '적전설'에서 '정 본체'에 이르는 선생님의 모든 학설을 거의 포괄할 수 있을 것 같습니다. 선생님의 미학과 철학까지 포함해서 말이죠. 물론 아주 간단한 제요이지만 전체적인 사고 맥락이 모두 그 안에 있지요. 선생님의 학설을 굳이 인식론이나 존재론에 근거해서 분류할 필요는 없을 것 같습니다. 모두 혼연일체이며 하나로 꿰뚫고 있으니까요.

리_____ 그런가요? 하지만 저의 글을 본 적이 없는 독자에게는 그런 말들이 별 의미가 없을 겁니다. 거듭 말씀드리고 싶은 건 제가 유물론자라는 거예요. 저의 철학은 시종일관 신·이성·의식·언어·자아 등이 아닌 인류의 생존과 지속에서 출발했고 또 이것을 근본으로 삼았지요. 이것은 제가 말한 최고의 선 '지선至善'으로, 모든 것을 발전시키고 가늠하는 것이기도 하지요. 플라톤 역시 지선, 선의 본질을 추구했는데 그가 찾아낸 것은 이데아의 세계였어요. 후대 사람들이 찾아낸 것은 신, 선험 이성, 절대정신이었지요. 제가 찾아낸 것은 인류 총체의 생존과 지속입니다.

인류의 생존과 지속을 추구하는 기나긴 과정에서 이성의 질서가 형성되었고 이성의 규범이 생겨났지요. 여기에는 외재적 인문과 내재적 인성도 포함됩니다. 1980년대 초에 저는 인성이란 신성이 아니고 동물성도 아니라고 말했는데요. 온갖 반反이성에 반대하면서 '정감-이성 구조'를 강조했어요. 그리고 '이성의 내적 구조' '이성의 응집' '이성의 융화' 등의 심리형식을 제시했습니다. 전체적으로 말하자면, 유학과 노장老莊을 포함한 중국 전통은 이성을 매우 중시하고 인간의 생물적 존재를 굉장히 강조하며 영혼과 육신의 분리에 찬성하지 않는데, 저의 철학 역시 그렇습니다. 이것은 중국 전통을 말하는 데 있어서 저와 머우쭝싼의 근본적인 차이기도 하지요.

이러한 철학 전통은 확정성을 추구하는 서양 전통과도 다릅니다. 플라톤의 이데아 세계, 기독교의 천국 등은 모두 절대적이고 영원하고 초시공적이고 초역사적인 확정성, 즉 형이상의 '진리' '실체' '본체' '무한'을 파우스트처럼 끊임없이 추구하지요. 그래서 신이 죽자 이성이 동요하고 진리는 존재하지 않으며, 인간은 놀라 어찌할 바를 모른 채 허무에 빠져들고 상대주의와 허무주의의 포스트모던으로 들어갔지요. 중국의 『주역』에는 '유有' '도道' '대항大恒'(즉 태극太極)이 '기제旣濟-미제未濟'의 영원한 변화와 과정 중에 있습니다. 여기에는 '확정성의 추구' 같은 게 없어요. 그래서 허무주의도 없지요. 이 영원한 역사의 변화 속에서 시詩적으로 거주하면서, 아끼고 애착하고 슬퍼하고 깨닫는 겁니다. "살아서는 사리에 순종하고 죽어서는 평안"[8]한 것이지요. 부들부들 떨거나 놀라 당황하거나 두려워서 불안할 필요가 없어요. 이것이 바로 낙감문화의 철학이자 '도度'의 철학이고 '미'의 철학입니다.

현대 심리학은
여전히 갓난아이 단계에 있다

리＿＿＿ '정'에 대해서도 '이理'와 마찬가지로 여러 해석이 있습니다. 동물에게도 정이 있지만 동물의 정은 주로 욕망이지요. 예를 들면 식욕과 성욕이요. 인간은 동물과 달라요. 인간은 이미 이성을 쌓아왔지요. 이성이 대뇌를 통해 인간의 정감 속으로 스며들어 정감을 분화시키고 추동하고 제어하는 역할을 합니다. 따라서 인간의 정은 굉장히 복잡하지요. 전에 제가 필링feeling을 '감정'으로 번역했는데, 밖에서 안으로 이르는 것이지요. 그리고 이모션emotion을 '정감'으로 번역했는데, 안에서 밖으로 이르는 것 즉 정에서 말미암아 느끼게感 되는 것이지요. 그런데 이 둘은 저 자신도 구별할 수 없어서 여전히 혼동해서 사용합니다. 지금으로서는 정에 대한 이야기가 아무래도 굉장히 거칠고 빈약하고 모호하고 불확정적인 서술이 될 수밖에 없어요. 그래서 뇌과학의 발전을 기다려야 한다고 말하는 거죠.

비트겐슈타인 역시 정감을 자세히 분석한 적이 있어요. 그는 동물도 두려움·분노·기쁨 등의 정감은 가질 수 있지만 '희망'이라는 정감은 가질 수 없다고 말했지요. 언어의 각도에서 정밀하게 연구했는데 상당히 참고할 만합니다.

류_____ 지난번 담화록이 출간된 뒤에 젊은 친구들과 '정 본체'에 대해 토론했는데요. 철학을 공부하는 한 젊은이가 말하길, 서양의 과학서에서는 인간의 기본 정감에는 모두 다섯 가지가 있다고 한다더군요. 즐거움·놀람·슬픔·두려움·분노라는데요. 즐거움이 긍정적인 것이고 놀람이 중성적인 것이고, 그 외 나머지 셋은 모두 부정적인 것이죠. 그 친구는 바로 여기서 하이데거의 '두려움'과 '번민'의 근거를 찾았다고 하더군요. 제 생각에 그건 '정 본체'의 정과는 다른 것 같은데요. 그건 그저 가장 바깥쪽의 정감이지요. 감각이라고 할 수도 있고요. 그건 외부 변화에 대한 인간의 직접적인 반응으로, 그 안에는 사상이 없어요. 정말로 복잡한 정감에는 사상이 있지요. 예를 들면 사랑이나 한恨 같은 정감은 앞의 다섯 가지 정감보다 훨씬 복잡하지요.

리_____ 그 다섯 가지 정감은 동물적 정감의 성질을 지니고 있어요. 갓난아이는 주로 세 가지의 기본 정감을 갖고 있습니다. 즐거움·분노·두려움이지요. 이것은 여전히 동물적인 겁니다. 갓난아이가 점차 자라나면서 (넓은 의미의) 교육을 받으면 달라지지요. 이성이 안으로 스며들면서 정감이 날로 복잡해지고 굉장히 다양해지지요. 질투·수치심·희망 같은 거요. 그 안에는 이해와 상상이 담겨 있습니다. 동물은 비교할 수 없는 것이죠. 애정의 경우에는, 본래는 양성 간의 욕망의 관계지요. 하지만 얼마나 복잡한가요! 이건 인간만이 가질 수 있는 겁니다. 하지만 이런 것들을 하이데거의 '두려움' '번민'과 연결 짓는 것은 아무래도 과학과 철학을 뒤섞는 것이죠. (하이데거죠 말한) '두려움'과 '번민' 그리고 제가 말하는 '아낌'은 단지 심리 정감이 아니라 현시대의 인간의 존재 상황, 즉 본체이지요.

　류_____ 선생님께서 방금 필링과 이모션을 말씀하시면서 감感
과 정의 두 층위를 구분하셨는데요. 다섯 가지의 기본 정감은 '감'
이라고 할 수 있을 뿐 '정'이라고는 할 수 없을 것 같군요. 벨린스키
가 이렇게 말했지요. "감정과 감성의 다른 점은 여기에 있다. 감성
은 모종의 물질 대상이 유기체 가운데서 야기하는 육체적 감각이
다. 감정 역시 일종의 육체적인 감각이지만 이것은 사상에 의해 야
기되는 것이다. (…) 사상은 있으나 감정이 없다면 그 작품이 시詩
일 수 있겠는가?"**9** 벨린스키는 시가 사상을 말하려 해서는 안 된다
고 여겼는데요. 감정 안에 이미 사상이 포함되어 있기 때문이지요.

　리_____ 저는 벨린스키에 근거해서, 1950년대에 사상과 주제를
강조하는 문예비평가들에게 반대했습니다. 그런데 이성 자체도 매
우 복잡하지요. 감정에 대한 이성의 관여에도 여러 방식과 여러 층
위가 있어요. 때로는 굉장히 복잡하게 얽혀있고 은폐되어 있어서
스스로도 전혀 감지하지 못하고 인정하고자 하지도 않지요. 파악
하기가 아주 어려운 것입니다. 이理와 정情의 관계에 대해서 철학은
시각을 제공할 수 있을 뿐이지 그것에 대한 구체적인 연구는 미래
의 경험과학 즉 뇌과학의 일입니다. 그리고 뇌과학·신경생리학과
심리학 간에도 큰 논쟁거리가 존재하지요. 심리학의 존재에 관한
문제는 결국 심신일원이냐 심신이원이냐의 철학 문제로 귀결되는
데요. 저는 거친 환원론(즉 일체의 심리를 죄다 생리로 환원하는 것)
에 반대하지만 심신이원론에는 더더욱 찬성하지 않습니다. 데카르
트로부터 시작된 이 문제는 지금까지도 답이 없습니다. 이미 정밀
하게 발전하긴 했지요. 예를 들면 오늘날의 심리철학처럼요. 여기

서는 더 말하지 않겠습니다.

아무튼 현대 심리학은 기본적으로 동물 심리학의 수준에 여전히 머물러 있어요. 인간의 심리를 이해하기에는 아직 멀었지요. 여전히 갓난아이 단계baby stage에 머물러 있다고 말할 수 있어요. 현재로서는 심리학 연구가 가장 많이 이루어진 부분은 아무래도 감각과 지각이고, 상상·이해·정감에 대한 연구는 상당히 초보적이에요. 기껏해야 모종의 현상에 대한 묘사지요.

류_____ 프로이트의 심리학은 인간의 복잡한 심리를 연구한 것이죠. 하지만 엄격히 말하자면 그것은 여전히 일종의 추측이지요.

리_____ 맞습니다. 엄격한 경험과학의 지지가 결여되어 있어요. 과학으로 삼기는 어렵지요. 그의 많은 이론이 저로서는 근본적으로 믿을 만하지 않다고 생각해요. 그리고 내내 인정하지도 않았고요. 꿈에 대한 프로이트의 연구는 성에 대한 문명의 억압을 설명하는데, 이건 꽤 설득력이 있어요. 하지만 그의 심리분석 치료법은 일찍이 굉장히 유행했고 현대적인 이론과 실천이었지만 지금은 쇠퇴했어요. 극히 복잡한 분석 치료 과정이 현대 의학의 알약 몇 개의 약효를 당해내지 못하니까요. 이것 역시 심신이 결코 이원이 아니라는 것을 증명하지요.

3장

능   히

포 용 하 고

학 습 하 고

흡 수 하 고

소 화 할 수

있   다

논리적 가능성과
현실적 가능성

류_____ "미로써 진을 연다"는 것에 대해서 좀 더 말씀해주십시오. 창조의 문제와도 관련되어 있으니까요. 인류의 생존과 발전은 바로 끊임없는 창조 속에서 실현되는 것이지요.

리_____ 사실은 "언어에서 벗어난다"는 문제와도 관련되어 있어요. 창조에 대해서는 아인슈타인이 말하길, 논리의 연역이나 경험의 귀납이 아닌 직관적인 자유로운 상상이라고 했지요. 대체 무엇이 그러한 상상인지는 그가 말하지 않았습니다. 그 안에는 영감, 깨달음, 동형성 연상 등이 모두 포함될 겁니다. 심미의 특징을 지니고 있지요. 어떤 사람은 평생 열심히 해도 뭔가를 이루지 못하는 반면에 어떤 사람은 굉장히 젊은데도 중대한 발견을 하지요. 그 이치를 설명하기가 어려울 겁니다. 그건 감성적 직관이지, 인력을 쏟는다고 해서 획득할 수 있는 게 아니지요. 과학자는 어떤 것을 느끼고 상상하게 되었을 때 그것을 꽉 틀어쥔 다음에 추리·상상(선험 상상), 개념·사색, 논리·논증을 충분히 동원하여 경험적 실험을 함으로써 성공합니다. 어떤 사람은 감성적 직관과 감각이 있는데도 배후에 있는 거대한 새로운 의미를 생각하지 못하고 틀어쥐지 못한 채 지나쳐버리기도 하지요. 모리스 디랙Paul Adrien Maurice Dirac과 양전닝楊振寧 모두 미감의 중요성에 대해 말한 적이 있습니다. 상상(비논리) 추리에도 미감이 있지요. 바로 제가 말한 "미로써 진을 연다"는 거예요.

첸쉐썬錢學森 선생 이야기를 해야겠군요. 1980년대에 첸쉐썬 선생이 저를 찾아와서 함께 사진도 찍었고, 저 역시 첸쉐썬 선생이 주관하는 토론회에 참가했지요. 이 사진과 편지들은 여태 아무에게도 보여주지 않았는데, 이렇게 보여드리는 건 오늘이 처음이에요. 첸쉐썬 선생은 아주 엄밀한 분이었죠. 말씀하는 것도 치밀했고요. 이 편지를 보세요. 조금도 빈틈이 없게 썼어요. 그분이 저더러 "공을 세웠다"고 했는데, 그렇게 말했던 사람이 없기 때문에 감히 다른 이에게 보여주지 못했습니다.

사실은 1982년에 제가 『문회보文匯報』에 글을 쓴 적이 있는데, 꼭 짚어서 누구라고는 하지 않았지만 첸쉐썬 선생에게 반대하는 글이었지요. 「과학은 진정한 이론적 사유여야 한다」[1]는 글이었는데요. 첸쉐썬 선생은 기공과 초감각적 지각을 지지했는데, 저는 그런 것에 지나친 정력을 쓰는 것에 찬성하지 않았습니다. 특히 염력이라든가 귀로 글자를 인지하는 것에는 더더욱 반대했어요. 그 글에는 저의 실명까지 적었지요. 하지만 첸쉐썬 선생은 전혀 염두에 두지 않았던 것 같아요. 형상사유를 논한 저의 글을 본 뒤에 저를 찾아왔거든요. 저더러 자신이 조직한 영감사유에 관한 토론에 참여하라고 했지요. 당시에 그분은 『사유과학思惟科學』이라는 잡지를 내고 있었는데, 매번 저에게 보내줬습니다. 제가 원고를 써주길 바랐지만 저는 쓰지 않았어요. 써낼 수가 없었거든요. 진정한 과학은 단

1985년 첸쉐썬이 리쩌허우의 집을 찾아왔을 때 촬영한 사진. 첸쉐썬(가운데)과 리쩌허우 부부.

지 직관·깨달음·영감에만 기대서는 안 되고 눈으로 직접 본 것에만 근거해서도 안 되고, 반드시 엄밀한 논리적 사유를 거치고 경험을 통해 거듭해서 검증해야 한다고 생각했지요. 물론 첸쉐썬 선생은 저의 이런 견해에 동의했습니다.

"미로써 진을 연다"는 것 역시 한번 '여는 것啟'일 뿐이에요. 그것이 진리의 방향을 계시할 수는 있지만, 진리에 도달하는 길은 진정한 이론적 사유로 파악하고 경험으로 증명해야 하지요. 이 '진정한 이론적 사유'에는 제가 인식론에 대해 말할 때 강조한 '수數'가 포함되어 있습니다. '도度'와 '수', 이 양자를 결합해야만 해요. 중국 사유의 커다란 우세는 '도'에 있어요. 즉 현실적 가능성을 중시하고 파악하는 데 있지요.

'도'에는 커다란 직관성과 감수성이 있습니다. 도는 개체의 경험·느낌·깨달음·영감과 직간접적으로 관계가 있어요. 늘 언어를 초월하지요. 기존의 언어·어휘·개념으로 표현하거나 포착할 수 있는

李泽厚同志：

　　昨天收到《中国社会科学》1985年1期，得拜读尊著《漫述庄禅》，深受启迪，非常高兴！

　　有来西方国家继承西腊一派传统，只强调抽象思维，说什么思维就只有抽象思维，语言是思维的基础。而我国却有另一派"庄禅派"，强调又一个极端，只有形象思维，甚至排斥语言文字。为了批评前者，举出后者，什为我国先哲对人类文明的贡献是大为必要的。望立了功！

　　我们现在搞思维科学要综合两者。

　　我现在正为上海人民出版社搞《思维科学文辑》，拟将《漫述庄禅》收入。诸您默许。您如不同意，再告我。　　　　此致

敬礼！

　　　　　　　　　　　　钱学森
　　　　　　　　　　　　1985.1.25

1985년 1월 25일에 첸쉐썬이 리쩌허우에게 보낸 편지. "리쩌허우 동지에게: 어제 『중국사회과학』 1985년 1기를 받아 이 선생의 「만술장선」을 읽었어요. 많은 깨우침을 받아서 정말 기쁩니다! 보아하니 서방 국가는 그리스 전통을 계승해서 추상사유만을 강조하며, 무슨 사유든 오직 추상사유만 있고 언어가 사유의 기초라고 말합니다. 그런데 우리나라의 '장선파莊禪派'는 또 다른 극단을 강조하면서 오로지 형상사유만을 주장하며 심지어는 언어문자를 배척하지요. 전자를 비평하기 위해서 후자를 제기해, 그것을 인류 문명에 대한 중국 선현의 공헌으로 간주한 건 매우 필요한 일이에요. 선생이 공을 세웠어요! 우리는 이제 사유과학을 하는 데 있어서 양자를 종합해야 합니다. 상하이인민출판사의 『사유과학문집』에 「만술장선」을 수록할 계획이에요. 허락해주길 바랍니다. 만약 동의하지 않는다면 알려주세요. 감사하며 이만 줄입니다! 첸쉐썬. 1985. 1. 25."

게 아닙니다. 인간에 대한 기계의 지배는 항상 디지털 언어에 기대어 실현되지요. 인간의 독창성, 미로써 진을 여는 것, 자유로운 직관은 어떠한 언어로도 한정할 수 없어요. 개체의 심리와 느낌은 공공언어보다 큽니다.

1985년에 발표한 「만술장선漫述莊禪」2에서 "중국사유는 특수하고 구체적인 직관의 깨달음 속에서 진리를 파악하는 데 보다 역점을 둔다"고 하면서 이렇게 말했지요.

(선禪의 격렬한 예봉機鋒은) 해결할 수 없는 문제에 끝까지 매달리는 논리의 속박을 끊어버리고 인식과 지식의 고정화를 부정하는 데 있어서 (계발과 일깨움의 작용을 한다. 그것은) 논리적으로 모순을 일으키거나 일반적 지식 혹은 과학의 관점에서는 황당무계하고 불가능한 것처럼 보이는 것에 있어서 사람들이 모종의 중요한 진실성과 가능성에 주의를 기울이도록 한다. 그리고 이 모든 것은 공학孔學에서부터 시작된, 심리 총체(예를 들면 정감 원칙)를 중시하며 사유를 그저 추리기계로만 취급하지 않는 중국의 기본 정신과 일맥상통한다. 단지 논리에만 기대지 않고 전체 마음의 각종 기능에 기대어 세계를 인식하고 발견하고 파악하는 것이다. 이것은 개체성의 독특한 체험과 깨달음(이는 각 개체의 선천적 소질 및 후천적 경험과 각기 서로 다른 관계가 있다)을 특별히 중시한다. 나는 이것이 (오늘날의) 사유과학3에 중요한 참고할 만한 의의를 지닌다고 생각한다. 비분석적이고 비귀납적인 이러한 창조적 직관 내지 형상사유가 바로 인간이 기계와 다른 점이며 인간이 진정한 과학 발견을 할 수 있는 중요한 심리 방식이기 때문이다.4

이것은 언어에 의해 한정되지 않는 직관적인 파악이지요. 첸쉐썬 선생이 저의 그 글을 중시했던 것도 아마 이런 견해 때문일 겁니다.

이제 논리와 현실이라는 두 가지 가능성에 대해 이야기해야겠군요. 그때 첸쉐썬 선생은 광합성 작용을 가지고 1묘畝당 식량이 몇 만근 정도 생산되는지 추론했는데, 그것은 단일한 항목만을 고려한 물리학의 논리적 가능성일 뿐이에요. 이것이 생물체의 생장과 생산으로 이어지려면, 생물체 내외의 많은 기타 요소와 조건과 구조가 이루어져야만 비로소 현실적 가능성을 지니게 되지요. 두 가지 가능성의 간격은 굉장히 크지만 양자 모두 아주 중요하지요. 첸쉐썬 선생은 아마도 나중에 논리적 가능성 및 서양의 이성사유가 추리와 인식에 부족한 점이 있다는 것에 주의를 기울이고 관심을 가졌을 겁니다. 그리고 직관으로써 현실적 가능성을 파악하는 중국사유의 특징을 중시했을 거예요. 그분이 기공 등에 큰 흥미를 가졌던 것도 이것과 관계가 있겠지요.

중국은 과학이 발달하지 못했지만 기예가 발달했어요. 기예는 경험을 기초로 한 직관적 발명으로, 논리적 사변과는 무관할 수 있습니다. 인체 특히 대뇌를 포함한 인간의 사유와 심리는, 아직 파악되지 않고 발굴되지 않은 비밀이 아주 많아요. 첸쉐썬 선생이 이것을 파악해서 글을 썼던 것[5] 역시 중국사유의 장점에 굉장히 주의를 기울였던 거라고 할 수 있겠지요. 중국은 늘 깨달음·직관 등을 즐겨 이야기하지요. 하지만 중국사유에도 부족한 점이 있습니다. 바로 '수'에 있어서요. '수'는 수학과 논리뿐만 아니라 신이나 우주에 대한 추상사유도 포함하지요. 천인커陳寅恪가 말한 것처럼 중국은 "정미한 생각이 본래 결핍되어" 있어요. 특히 기하학과 논리를 범례로 삼는 '수'는 서양의 사변적 지혜의 우세를 보여주지요.

서양철학이 강조하는 것은 바로 '수'예요. 기하학이지요. 피타고라스는 정말 대단해요. 그 역시 수와 우주의 조화를 한데 연결했는데, 중국보다도 훨씬 깊이 있게 이야기했지요. 서양철학에는 엄격한 논리 훈련과 논증이 있는데, 그 자체로도 가치가 아주 큽니다. 그것은 추상적 사변으로, 중국에는 굉장히 부족한 것이지요. 중국에는 '도度'와 '감성적 직관'이 있고 경험도 있지만, 추상적 사변의 과학 이론으로는 상승하지 못했어요. 중국의 음양오행 도식은 일종의 유비적 상상이지 논리가 아니에요. 유비는 정감을 포함한 심리 활동이지요. 논리보다는 훨씬 광범하고 자유롭지만 추상성과 엄밀성은 부족해요. 서양의 학자들이 중국에는 철학이 없다고 말하는 까닭이 무엇일까요? 중요한 원인은 논리가 결핍되어 있기 때문이죠. 후설과 듀이의 '논리 연구'[6]는 모두 철학 저작이에요. 서양에서 철학과 논리는 나눌 수가 없습니다. 물론 마이클 폴라니M. Polanyi가 '묵시적 지식'[7]을 말하긴 했지만 결국 주류는 아니었어요.

저는 이상의 두 가지 지혜가 각기 장점과 결점을 지니고 있으며, 양자의 우열을 나누지 말고 상호 보충할 것을 늘 강조합니다. 특히 중국의 생존 지혜가 서양의 사변적 지혜를 진지하게 열심히 배워야 한다고 강조하지요. 자신의 뛰어난 점이라 할지라도 사변 이성을 통해서 명확히 해야만 진정 새로운 발전을 이룰 수 있습니다. 이건 또 다른 논의 주제이기도 하네요.

류_____ 정말 그렇습니다. 사변 이성을 통해서 '명확히 하는 것'은 바로 '국학을 정리'하는 것이겠지요. 중국은 좋은 것들이 너무 많이 유실되고 과학이 되지 못한 채 그저 선조의 전설이 되거나 우연성으로 충만한 지혜의 이야기가 되어 버렸습니다. 어떤 것은 미신으로 전락하기도 했고요.

리_____ 선진先秦 시대 명가名家와 묵자墨子에게 논리 사변적 요소가 있었지만 아리스토텔레스에 미치지는 못하지요. 기본적으로 유실되었어요. 과학의 창조에는 "미로써 진을 여는 것"이 필요하고 엄격한 이론적 사유도 있어야 합니다.

문자가 언어를
제어하게 된 원인

리_____ 중국의 문자는 구두어를 그대로 옮긴 것이 아니라고 제가 늘 강조하는데요. 언어가 문자를 제어한 게 아니라 문자가 언어를 제어했지요. 그럴 수 있었던 원인은, 제 생각엔 2000년 중앙집권 아래에서의 문관제文官制 및 군현제郡縣制와 관련이 있는 것 같습니다. '문언文言'이 각급 관리를 비롯해 사대부와 지식인이 교류하는 일상 구두어가 되었지요. 지식인이 문언을 사용하자 윗사람이 하는 대로 아랫사람이 따라하면서, 문언이 사방으로 통하게 되고 결국 전제 제국이 각지의 구어와 방언을 통일하는 데 중요한 통치도구이자 지배력이 되었습니다.

문자가 어떻게 구체적으로 언어와 결합했는지, 예를 들면 상고시대에 상형象形의 기초 위에 많은 형성자形聲字가 어떻게 생겨났는지, 왜 형부形符를 위주로 분류하게 되었는지 등을 연구하는 것은 언어문자학자의 일이고요. 여기서는 앞에서 했던 이야기와 연결해서 문자와 언어의 관계에 대해 더 말씀드리지요. 중국의 문자와 언어에는 엄밀성과 추상성이 부족해요. 어휘 역시 대부분 경험적인 것이지요. 꽃이 붉고 눈이 희다花紅雪白는 것만 있지, 홍성紅性, redness과 백성白性, whiteness은 없어요. 중국인은 "한 장의 종이" "한 권의 책" "한 명의 사람"이라고 말하지, "한 장의 사람" "한 개의 책"이라고 하지 않아요. 감성이 굉장히 구체적이지요. 외국인이 중국어를 배울 때 대체로 이것을 가장 어려워하는데요. 그들은 'a(하나의)'로 모두 통하지요. 그런데 다른 한편으로, 중국의 시문詩文은 굉장히 느슨하고 모호합니다. '송풍松風'이 반드시 "소나무들 사이를 스쳐 부는 바람wind through the pine trees"인 것만은 아니고, 반드시 "소나무들 사이에서 부는 바람wind in the pine trees"인 것도 아니지요. 그런데 또 양자를 포함하기도 합니다. "선생의 풍風(덕성·품성)은 산보다 높고 강보다 길도다!"[8]에서 '풍'은 바람이라고 하기 어렵지요. 문언문에서는 하나의 책一書, 하나의 종이一紙라고만 해도 괜찮아요. 한 권의 책一本書, 한 장의 종이一張紙라고 할 필요가 없지요. 아주 흥미롭지 않습니까? 중국의 언어 문자에는 계사繫辭가 없고 시제가 없어요. 또 단문과 복문의 구별보다는 동사의 순서를 중시하지요. 정확하진 않지만 굉장히 실용적이에요. 중국의 시문에는 허사虛辭가 많아요. 그리고 음운의 기세를 중시해서 심지어는 문장의 구절을 끊어 읽을 때 어법보다는 음운이 기준이 됩니다. 이것 역시 정감적 실용이성의 특징이지요.

하지만 저는 실용이성 역시 '논리' 체계를 갖출 수 있다고 생각해요. 헤겔처럼 말이지요. 실용이성의 '논리'를 헤겔 변증 논리의 이성적 추론에 잠복해 있는 역사감과 비교해보면, '인간이 이 세상에서 살아간다'는 점이 훨씬 더 두드러집니다. 이것은 사유방식에 있어서 '정감 이성情理'이 '순수 이성純理'과 다른 것이기도 하지요. 실용이성의 '논리'의 주요 범주는 '도度' '중용中庸' '음양오행' '경經과 권權' '화和와 동同' '역力과 명命' '기제旣濟와 미제未濟' 등이지요. 음양의 범주는 굉장히 복잡 다변한데, 음양이 상호보완하고 음 가운데 양이 있고 양 가운데 음이 있어요. 음기가 넓게 퍼지면 양이 되고, 양기가 응집하면 음이 되지요. 운동 과정에서 음양이 서로 스며들고 전환합니다. 중의에서는 "차가움寒이 극에 달하면 뜨거움熱이 생겨나고 뜨거움이 극에 달하면 차가움이 생겨난다"[9]고 하지요. 오행 역시 굉장히 복잡합니다. "물은 적시며 아래로 내려가고, 불은 타면서 위로 올라가며, 나무는 굽고도 곧으며, 쇠는 주조하여 형태를 바꿀 수 있고, 흙은 그 위에서 파종하고 수확한다"[10]는 것은 실체로부터 성질과 기능을 뽑아내서 '오행'을 정의한 거죠. '적시며 아래로 내려가는 물'이라는 것은, "음양이라는 것은 헤아리면 열이 될 수 있고 미루어 생각하면 백이 될 수 있다"[11]는 것과 마찬가지로 보편적인 인식 범주가 되었고 인간의 생존·생활과도 직간접적으로 관계가 있습니다. "물과 불은 백성이 음식을 만드는 데 쓰이고, 쇠와 나무는 백성이 집짓고 일하는 데 쓰이며, 흙은 만물이 자라나는 데 쓰인다. 이는 사람에게 쓰임이 된다"[12]고 했어요. 이러한 모순 전화轉化의 논리 체계는 헤겔에 비해 훨씬 더 인간의 생존 및 생활과 가깝지요. 그래서 실용이성의 논리라고 하는 거예요. 그리스와 인도에는 땅·물·불·바람의 4대 요소만 있는데, 중국에는 '쇠'도 있어요. "쇠가 나무를 이기고金克木"(벌목), "쇠가 물을 낳는金生水"(제련) 것 모두가 인간의 행위·행동·역량을 두드러지게 하지요. 음양은 대체로 동정動靜에서 비롯되는데요. 마지막은 '기미幾'입니다. (『주역』「계사전繫辭傳」에서는) "음양의 헤아릴 수 없음을 신神이라고 한다"[13] "기미를 아는 이가 신이로다"[14]라고 했지요. 류짜이푸가 저를 대신해서 '기미'에 대해 많은 이야기를 했으니, 여기서는 말하지 않겠습니다.

이어서 '경經'과 '권權'에 대한 저의 해석을 말씀드리지요. 경은 바로 원칙성이고, 권은 융통성이에요. 융통성 안에는 바로 '정'이 있습니다. 고대에, "이치상으로는 용서할 게 없다理無可恕"는 게 '경'이고 "정리상으로는 용서할 만한 점이 있다情有可原"는 게 '권'이에요. 그래서 죄인을 풀어주었던 거죠. 아주 재밌지요? 융통성 안에는 많은 권술權術이 있습니다. 중국인의 권술은 최고 수준이지요. 이것 역시 생존경쟁이에요. 특히 군사와 정치투쟁의 산물이지요. 노자와 같은 중국의 변증법은 행동의 변증법이지 그리스의 언어 논변술이 아니라고 예전에 말한 적이 있습니다. 중국의 변증법은 손자로부터 비롯된 거예요. 저의 이런 견해는 대사학자 허빙디何炳棣 선생으로부터 아주 높은 평가를 받았어요. 그분이 글까지 쓰셨지요. 저는 굉장히 기뻤습니다. 국내에서는 주목한 사람이 거의 없었고 리링李零이 이따금 언급했을 뿐이거든요. 저는 중국 최초의 사상가는 병가兵家라고 생각해요.

거듭 말씀드리는데, 철학은 두 종류의 가능성을 중시하고 설명해야 합니다. 하나는 '논리적 가능성'이고 또 하나는 '현실적 가능성'이에요. 칸트가 역점을 두고 말하긴 했지만 후대 사람들은 주의를 기울이지 않았습니다. 전자는 '수'이고 후자는 바로 '도度'이지요. 물론 '도' 역시 일종의 '수'입니다. 예를 들면 비율 같은 것이지요.

하지만 '도'는 실천과 활동과 직관 속에서 파악하고 포착할 수 있는 것이지, 논리적 연역이나 귀납으로 얻을 수 있는 게 아니에요. 그것은 일반적인 언어로 완벽하게 명확히 표현할 수 있는 게 아닙니다. 오로지 논리적 가능성에만 주의를 기울이는 사람들이 있는데, 추리하는 것들 모두가 이치에 들어맞지만 현실에서는 머리가 깨져 피를 흘립니다. 한편, 중국의 실용이성은 현실적 가능성을 굉장히 중시하는 반면에 논리적 가능성을 너무 홀시하지요. 그래서 자연과학이 오래도록 기예의 측면에 머무른 채 유클리드, 뉴턴, 갈릴레이, 아인슈타인이 나올 수가 없었어요. 이것은 특별히 주의를 환기해야만 하는 중요한 문제입니다.

저는 여태껏 중국 전통이 완전무결하다고 생각한 적이 없어요. 사유의 약점을 비롯한 중국의 문제를 명백히 앞에 펼쳐 놓고서 이 모든 것을 직시해야만 비로소 전통을 제대로 이해할 수 있고 진정으로 전통을 계승·발전시킬 수 있습니다.

고대 그리스의 철학자들이 오래도록 심사숙고해서 생각해낸 게 당장은 아무 쓸데도 없는 것들이었어요. 그저 흥미가 있어서 생각했던 것인데, 갑자기 어느 날 그것이 쓰이게 되었지요. 하지만 애초에는 무슨 쓸모가 있으리라고는 전혀 몰랐던 거죠. 이러한 사유는 중국에서 존재하기가 굉장히 어렵지요. 중국은 이론이 지나치게 실제와 연관되어 있어요. 이건 잘못된 거예요. 이것이 중요한 착오라고 제가 수십 년 내내 강조했습니다.

류_____ 그것은 중국의 생존 지혜 내지 생존에 대한 우려와도 관계가 있을 텐데요. 생존을 위해 모두가 일하며 실제 문제를 해결하는 것이죠. 한두 사람이 무리에서 벗어나 생각에 잠긴 채 아무 일도 하지 않는다면 노동하는 집단의 정서에 영향을 미치기 때문에 저지하고 억압했을 겁니다. 이것이 악성 순환하게 된 것이고요. 물론 생존이라는 측면에서 보자면 양성 순환이라고도 할 수 있겠지만요.

리____ 어떤 사물이든 긍정적인 면과 부정적인 면, 그리고 이해利害가 병존하지요. 생존을 중시하는 중국의 실용이성의 가장 큰 결점과 약점은 바로 '논리적 가능성'을 너무 경시하고 '무용無用'의 추상사유를 지나치게 얕잡아 보는 데 있습니다.

전에 여러 번 말했지만, 맹자의 웅변 역시 형식논리를 위반하고 오로지 기세와 정감으로 압도한 경우가 많아요. 냉철한 순자 역시 명가가 실용적 가치가 없다며 명가에 반대했지요. 도가가 강조한 것은 역설적인 변증 관념이었어요. 한비韓非가 중시한 것은 현실적 기능을 지닌 논리였지요. 공자부터 시작해서 옛사람들은 '명名(개념)'과 '실實(현실)'의 관계를 많이 중시했습니다. "반드시 명분을 바로 잡는正名"15 것이었지 '명'의 독립적인 발전은 아니었어요. 이로 인해 중국인의 사고와 언어가 인간사의 경험 및 현실의 성패에 장기간 빠져 있었습니다.

서양의 경우 그리스에서부터 시작된 존재Being에 대한 추구, '무엇인가what is'에 대한 탐구는 모종의 정확성을 추구하는 것이지요. 논리적 가능성을 충분히 전개시킴으로써 만물의 근원에 대한 추상적 사변을 통해 천지의 오묘함을 더한층 깊이 궁구하는 것이지요. 이렇게 현대 과학기술과 사회와 인생을 위한 견실한 기초를 다짐으로써 사람들이 '초인'의 힘을 획득하도록 했습니다.

물론 본질적으로는 '사변적 지혜' 역시 인간의 생존을 위한 것이지요.

류_____ 모든 것이 당장 유용해야 한다는 것은 앞을 내다보는 안목이 결여된 표현이지요. 한 민족이 그저 현재의 생존만을 추구해서는 안 되고, 당장은 수익이 보이지 않더라도 먼 미래를 위해 좋은 씨앗을 뿌려야 합니다. 이 문제는 현재로서는 해결할 수가 없네요. 지금 중국인은 더더욱 눈앞의 성공과 이익에만 급급한 것 같아요.

리_____ 또 언급하고 넘어갈 게 있는데요. 전에도 말한 적이 있는데, 이론가는 실천가와 분리되어야 합니다. 철학가와 사상가는 혁명가나 정치가와 분리되어야 하지요. 이 양자가 한데 뒤섞여서는 안 됩니다. 철학가는 '철인왕Philosopher King'이 되어서는 안 되고 '제왕의 스승帝王師'이 되고자 해도 안 되지요. 그래야만 비로소 이론이 독립적으로 발전할 수 있어요. 혁명가와 정치가는 사회 변화의 직접적인 실천자이고 지도자예요. 그들이 필요로 하는 것은 군중을 지배하고 군중에게 영향을 미치는 열정으로, 이론가의 열정과는 다르지요. 또한 양자의 사유방식과 방법 역시 같을 수가 없어요. 따라서 이론가·사상가·철학가는 혁명가·정치가 및 각종 집단의 우두머리와 역할이 명확히 구분되어야 합니다. 이론은 다양할 수 있어요. 각자 자기의 주장을 펴고 논쟁할 수 있지요. 하지만 혁명가·정치가·우두머리는 의지의 집중과 행동의 통일을 요구하지요. 현실의 형세, 이해利害 관계, 전술적 고려에 근거해서 결정하고 행동을 취해야 하지요. 이 과정에서 이론에 대한 선택과 절충이 있을 수 있지만 흔히 한 가지만 허용됩니다. 이론가들은 눈앞의 이해만을 따지지 않고 비교적 장기적인 거시적 관점에서 파악하고 사색하고 논쟁할 수 있지요. 물론 이론가와 혁명가와 정치가에도 각종 층위와 종류가 있고 상호 갈마드는 여러 상황이 있지요. 지금 저는 '이상적'으로 구분한 것이고요.

"철학은 지금까지 세계를 해석했을 뿐이다. 그러나 문제는 세계를 변혁시키는 것"[16]이라고 마르크스가 말했는데, 이러한 철학적 시각은 본질을 꿰뚫는 것이에요. 하지만 세계를 변혁하는 이론과 이 변혁의 실천을 이끄는 일은 서로 다른 사람이 담당할 수 있습니다. 만약 동일한 사람이 양자의 상호 침투와 영향을 받게 된다면, 두 방면에서 모두 잘못된 길로 이끄는 결과가 초래될 거예요. 이론은 장기간의 토론과 거듭된 논쟁을 필요로 하는 것이지요. 하지만 혁명이나 정치적 결정은 비록 격렬히 논쟁한다 하더라도 반드시 되도록 빨리 계획을 확정하고 실행을 격려해야 하지요. 혁명·정치·군사·경제의 일시적 성취를 이론의 영원한 정확함으로 간주했다가는 거대한 실책을 초래하게 됩니다. 특히 인격과 사상에 있어서, 이론이 혁명이나 정치와 하나로 합쳐지면 상황이 더 엉망이 되지요. 레닌·스탈린·마오쩌둥이 그런 경우예요.

그런데 예로부터 지금까지 많은 학자가 '제왕의 부름에 응하여' 제왕의 스승이 되고 싶어했지요. 펑유란馮友蘭 선생도 허린賀麟 선생도 그랬어요. 허린 선생이 장제스蔣介石를 만났던 일을 저한테 이야기해준 기억이 나네요. 장제스가 자신의 등을 두드렸을 때 흥분되었다더군요. 그들은 모두 굉장히 우수한 일류 학자인데도 "배워서 뛰어나면 벼슬을 한다"[17]는 재상 심리를 갖고 있었어요. 그 당시에는 그게 굉장히 이상했는데, 지금 생각해보면 그것도 바로 공자의 전통이에요. 서재에서 담담하게 일생을 보내는 걸 달가워하지 않는 거죠. 사실, 지금 시대에 독립적인 학자로 있는 건 굉장히 좋은 겁니다. 왜 군이 "문예와 무예를 익혀 제왕에게 팔고자"**18** 하나요? '제왕'이 당신의 이론과 학설을 채택하고자 하면 물론 좋지만 그렇지 않아도 나름대로 그 가치가 있습니다. 그리고 채택된다 하더라도 다른 사람이 담당하게 할 수 있어요. 학문을 하는 것과 관료가 되는 것은 서로 다른 능력을 필요로 하지요. 두 가지를 동시에 하고 싶고 또 할 수 있는 사람도 물론 있지만, 현대 학자로서의 모범과 방향이 되는 것은 아니에요. 여전히 여러 선택이 있으니 스스로 결정해야지요. 정치와 학문, 정치가와 학자의 관계는 그 자체로 연구할 만한 가치가 있는 중요한 과제입니다. 분명히 여러 가지 다른 견해와 의견이 있을 거예요. 그런데 안타깝게도 지금 중국에는 이렇게 가치 있는 좋은 테마를 연구하는 이가 없어요. 저는 가치와 사실事實을 양분하는 견해에는 결코 찬성하지 않아요. 정치와 완전히 무관한 인문학은 없지요. 하지만 무엇보다 경계해야 하는 것은, 이데올로기가 학문의 외피를 걸치고서 자신과 다른 모든 견해를 배척하고 특정 학문만 받드는 것입니다.

'지혜'는
배울 수 있는 것이다

리_____ '논리적 가능성'은 아주 중요합니다. 양전닝은 『주역』이 중국 과학의 발전에 영향을 주었다고 했는데, 많은 이가 그를 비난하는 글을 썼지요. 하지만 저는 그의 견해에 찬성합니다. 앞에서 말했던 건데, 중국학자들은 논리적 가능성을 중시하지 않아요.

이론 자체의 독립적 발전이 지닌 의의와 가치를 중시하지 않지요. 수학의 무리수 같은 가장 기본적인 개념을 중국의 옛사람들은 아예 생각해 내지 못했어요. 중국에 구장산법九章算法은 있지만 기하공리幾何公理는 없지요. 그런데 근현대의 과학기술은 쓸모없어 보이는 사변적 추리에 기대고 있습니다.

하지만 이런 '사변적 지혜'는 중국인이 배울 수 있는 거예요. 실용이성의 생존 지혜는 사변적 지혜를 포용할 수 있습니다. 사변적 지혜는 '쓸모 있음'을 증명하고, 실용이성은 그것을 충분히 받아들일 수 있어요. 외국에서 과학에 종사하는 중국인이 큰 성공을 거두잖아요? 철학에 있어서 그리고 사상 이론에 있어서, 서양인을 하늘처럼 보던 시대는 이미 지나갔다고 제가 최근에 말했는데요. 지금 어떤 사람들은 서양의 이삼류 심지어는 등급에도 끼지 못하는 철학자들을 들여와서 높이 떠받들고 몹시도 좋아하면서 권위와 경전으로 삼아서 인용하는데, 저는 그럴 필요가 없다고 생각해요. 레비나스, 보드리야르, 들뢰즈, 그렇게 대단하지 않은 이들이에요. 데리다, 푸코 역시 마르크스보다 못합니다. 5년 전에 제가 이렇게 말한 적이 있지요. 그들을 너무 대단하게 볼 필요가 없어요. 서양과 같은 '철학'이 중국에 없다고 해도 큰일 날 건 없어요. '초험' 혹은 '형이상形而上의 궁극의 품격' 같은 인위적인 것을 왜 반드시 추구하려 하지요? 'Being'이 없다고 해서 중국이 왜소해졌나요? 물론 이건 서양을 배척하는 게 아닙니다. 지금 '국학'을 부르짖으면서 서양 학문을 배척하는데 그건 잘못이에요. 중국문화는 잘 포용하고, 기꺼이 배우고, 흡수할 수 있고, 소화할 수 있습니다. 이 네 가지를 얕보면 안 돼요. 이 안에는 중국의 지혜가 깊이 감춰져 있어요. 바로 "변하면 통하고 통하면 오래 간다"[19] "생生하고 생生하는 것을 역易이라고 한다"는 말의 함의이자 실현이지요. 중화민족은 이것으로써 생존하고 지속해왔습니다.

　중국인은 사변적 지혜라는 능력이 없는 것이 아니라 은폐되어 있는 거예요. 일단 배양하기만 하면 즉시 따라잡을 수 있어요. 중국인이 자연과학을 배우는 데 있어서는 종교의 속박이 없지요. 예를 들면 다윈의 진화론을 받아들이는 데 있어서 아무 장애가 없어요. 서양에 비해서 훨씬 쉽지요. 진정으로 연구에 종사하려면 자신의 결점을 명확히 알아야 해요. 실용이성을 지닌 중국인은 틀에 더 얽매이지 않을 수 있습니다. 물론 이것 역시 하루 이틀 사이에 할 수 있는 게 아니지요. 기술에 있어서 우리가 서양을 따라잡는 것은 어렵지 않지만 과학은 그다지 쉽지 않아요. 게다가 천재를 자유롭게 발전하도록 할 수 있는지와 관련된 교육제도의 문제가 있습니다. 현재의 제도에서는 천재뿐만 아니라 인재 역시 압살당하고 말죠.

　류_____ 천재가 나오는 데는 매우 큰 우연성이 작동하는데요. 소중히 아끼지 않고 꽉 잡지 않는다면 모든 게 사라져버리지요.

　리_____ 물론이에요. 과학의 발견을 포함해서 모든 것에 우연성이 존재합니다.

개체를 홀시하는 것은
일종의 전쟁 사유다

　류_____ 발견은 개체로부터 시작되게 마련이라고 아까 하신 말씀이 생각나는데요. 발견은 개인의 우연적이고 감성적인 체험으로부터 시작되지요. 그런데 중국에서는 오랫동안 집체集體 창작과 집체 연구를 내내 강조하면서 집단의 역량에 의지하려 하고 개인의 천재성을 믿지 않았는데요. 이것이 '실용이성'과 관계가 있을까요?

리＿＿＿ 그건 주로 혁명 전통 때문이겠죠. 물론 문화 전통과도 관계가 있고요. 특히 혁명과 전쟁의 시기에는 한 사람에게 의지해서는 안 되지요. 작전을 지휘하는 사람이 확실히 중요하긴 하지만요. 그런 시기에는 병사 한 명은 물론이고 한 부대 역시 그저 나사에 불과하지요. 전쟁에서의 개체는 숫자에 불과하다는 스탈린의 말[20]을 인용한 적이 있는데요. 중국은 "신기료장수 셋이면 제갈량諸葛亮보다 낫다"[21]고 늘 말해왔습니다. 마오쩌둥은 혁명 시기에 이것을 '군중 노선'으로 삼아서 최대한 발전시켰지요.[22] 군중 노선에서 군중의 지혜로까지 발전시켰습니다.

평화로운 시대가 되어서도 여전히 그랬지요. 그래서 1950~1960년대는 죄다 집체 편찬이었어요. 외국에도 집체 편찬이 있지만 그건 각자 한 장章 혹은 여러 장을 단독으로 쓰는 것이죠. 하지만 중국은 그렇지 않아요. 모두가 쓰고, 한 장을 쓰고 나면 다 함께 토론하고 수정하지요. 결국 개인의 의견은 죄다 사라지고 창조성과 새로운 의견은 전혀 없는 최대공약수로 변하고 맙니다. 이게 마치 '집단 지혜'를 발양하는 것인 양 그 당시의 규범적인 집필 방식이었어요. 제도뿐 아니라 사상의 측면에서도 이것이 '정형화된 방식'이 되었지요. 군중과 집단이 반드시 개인보다 낫다는 거였어요. 육체노동이나 전쟁의 경우에는 집체 합작이 어느 정도 일리가 있지만 지식 창조 방면에 응용하는 건 말이 안 되지요. 1949년 이후 중국의 가장 큰 특징은 바로 군대의 형식, 전략의 경험, 군사상의 것들을 사회에 그대로 이식하는 거였습니다. 어떤 의미에서는 굉장히 대단한 것이죠. 마오쩌둥이 제기한 "중대中隊 위에 지부支部를 건립한다"[23]는 것은 굉장히 중요했어요. 이것을 사회로 확대해서 주민위원회가 모든 사람의 모든 것에 관여하게 되었지요. 이것은 그 어떤 사회에서도 하지 못한 일이에요. 스탈린도 하지 못한 일이지요. 모든 개인이 조직 안에서 존재했습니다. '문혁文革(문화대혁명)' 때에는 '오칠 간부학교五七幹校'[24]가 군사 편제로 바뀌었고, 사회과학원 철학연구소는 제2중대가 되었고 학부는 연대와 대대로 변했지요. 우리 제2중대는 3개의 소대로 나뉘고 소대는 또 분대로 나뉘었습니다. 완전히 군대 편제였지요. 그런데 이런 변화가 아주 자연스러웠어요. 다들 '아주 자연스럽게' 받아들였습니다. 건국 이후의 많은 사상과 제도가 전쟁시대와 군사생활에서 비롯된 것이에요. "국민의 편의를 위한 고시便民告示"라는 문구를 자주 볼 수 있는데, 본래 군대 언어였던 것이 곳곳에 사용되고 있지요.

이것은 1949년 이후 중국의 커다란 특징이에요. 그런데 모두가 주의를 기울이고 있는 건 아닙니다. 군대의 것들이 전 사회로 확대되어서, 조직의 엄밀성과 전체 사회의 통제라는 측면에서 효력을 발휘한 것은 전대미문의 일이지요. 그 당시에는 연애, 결혼, 부부의 불화 등 모든 개인적인 일을 조직이 해결하도록 했어요. 사상과 정감까지요. 부부가 싸웠을 때도 당지부黨支部가 나서서 문제를 해결했습니다. 이건 정당의 일이 결코 아니잖아요. 하지만 군대에서는 조직이 개인의 모든 것에 관여하지요. 한 병사의 정서에 만약 문제가 생긴다면 전투를 잘 수행할 수 없기 때문에 정치위원政治委員이

나서서 사상 문제를 해결하고 개인의 문제를 해결해야 하지요. 다들 알듯이, 전에는 집도 조직에서 할당해주었어요. 모든 것을요. 개인의 모든 것에 관여했지요. 프라이버시라는 건 전혀 없었어요. 그게 바로 마르크스·레닌의 집산주의集産主義라고 생각했습니다.

마르크스는 노동에 따른 분배와 수요에 따른 분배를 말했지요. 그건 유토피아예요. 실현할 수 없어요. 마르크스는 파리 코뮌에서는 관료가 교대로 바뀌고 평민과 동일한 임금을 받는다고 했는데, 이것 역시 장기간은 실행할 수 없는 유토피아예요. 레닌은 더 나아갔습니다. 레닌은 『국가와 혁명』 그리고 「4월 테제」를 썼는데, 프롤레타리아 혁명이 승리한 뒤에는 관료·경찰·군대가 없고, 관료와 노동자가 동일한 임금을 받으며, 교대로 돌아가면서 관료가 되고 고정적인 관료는 근본적으로 필요하지 않다고 보았어요. 물론 굉장히 좋은 것이지요. 평등하니까요.

마오쩌둥이 '문혁'을 일으키고 '자산계급 법권法權'에 반대한 데는 확실히 이러한 마르크스·레닌 이론의 기초가 있었습니다. 거기에다 홍군紅軍 공급제供給制[25]와 장교와 사병의 평등을 실천했어요. 마오는 8급 임금제[26]를 없애고 일률적으로 동일한 임금제를 시행하고 싶어했습니다. 그는 우리 홍군 시대는 어땠다는 말을 늘 입에 달고 살았지요. 그래서 나중에 린뱌오林彪가 군대의 계급을 없앴고, 죄다 별 하나였어요.[27] 이것은 농민혁명의 포퓰리즘으로 앞에서 말씀드린 마르크스·레닌의 유토피아를 받아들여 실천한 거예요. 마오의 개성이라는 측면에서 보자면, 그는 정권을 장악한 뒤에도 조반造反을 추구했지요. "도척盜跖과 장교莊蹻가 명성을 남긴 뒤로 진왕陳王이 떨쳐 일어나 황월黃鉞을 휘둘렀다"[28]는 것처럼 마오가 소련 수정주의와 미 제국주의에 반대했던 것은 그의 반역적인 성격의 그림자입니다. 이것이 사상과 결합해서 그 에너지가 더욱 커진 것이지요. 따라서 '문혁'을 단순히 권력투쟁으로 간주하는 것은 굉장히 얕은 견해예요. 그는 당당하게 자신의 혁명 이상을 견지하고자 했어요. 누군가 반대한다면, 설령 그 사람이 친밀한 전우라 하더라도 그저 과거의 동반자일 뿐이라 간주하고 내쳤지요. 장궈타오張國燾도 마오가 '문혁'을 일으킨 데는 이상적인 요소가 있다고 말했습니다. 그 당시에 사르트르에서부터 푸코에 이르는 외국의 좌파가 죄다 마오를 높이 평가했던 원인이 바로 여기에 있지요. 마오가 장춘차오張春橋를 후계자로 고려했던 원인 역시 여기에 있고요. 사상에 있어서 이러한 '거듭된 오류'가 '문혁'의 근원이자 핵심이에요. 권력이 과도하게 집중된 독재적인 지도자의 사상의 오류는 극히 해로운 결과를 초래할 수 있습니다. 이것은 마오가 가장 즐겨하던 말, "정신이 물질을 변화시킨다"는 것을 실증하지요.

차이이蔡儀는 핵심을 움켜쥘 수 있었다

류_____ 1960년대, 왕자오원王朝聞 선생이 주관하여 편찬했던 『미학개론美學概論』29 역시 집체 집필이었지요?

리_____ 그랬지요. 당시에 저의 관점을 제시하고 다함께 토론했습니다. 많은 사람이 저의 의견에 동의하지 않았는데, 마지막엔 다들 머리를 끄덕이더군요. 하지만 저의 논점이 그 책의 주도적 사상이 되지는 않았습니다. 저는 의도적으로 '미의 본질'이라는 장을 쓰지 않았어요. 논쟁이 되었던 게 바로 미의 본질이었기 때문이지요. 저는 '심미 의식'이라는 장을 썼는데, 심미 의식에 대해서는 다들 이의가 없었어요. 심미 의식은 미감에 관한 것인데, 제가 갖고 있던 기본적인 관점들을 제가 맡은 장 안에 싣지는 않았습니다. 그것은 저 개인의 의견이었기 때문이죠. 예를 들면 '미감美感의 이중성'인데요. 그 책에는 없습니다. 이건 제가 1956년에 처음으로 썼던 미학 관련 글에서 가장 중요한 논점이었는데 말이죠.

차이이蔡儀에 대해서 말씀드려야겠군요. 차이이는 철학을 했던 만큼, 1990년대 초에 저에 대한 비판이 있었을 때 단번에 비판의 핵심을 움켜쥐더군요. 그가 말하길, 리쩌허우의 심각한 문제는 1956년에 제기한 '미감의 이중성'에서 비롯되었다고 했지요. 맞는 말이라고 생각했습니다. '미감의 이중성'은 종교(교회·사원 등)·윤리(조소·회화 등)·정치(문이재도文以載道 등)와 같은 사회적 공리성이 반드시 개체의 직관성(형식감의 규칙)을 거쳐야만 비로소 심미 대상의 예술이 될 수 있다는 것이죠. 형식감의 규칙의 근원은 자연의 인간화이고요. 『미학사강美學四講』의 여러 관점은 바로 '미감의 이중성'에서 발전한 것입니다. 미감의 이중성을 이야기하면서 저는 헤겔의 『소논리학』을 직접적으로 인용했어요. 차이이는 저를 비판한 많은 사람보다 훨씬 뛰어났어요. 저는 미감의 이중성에 관한 글[30]에서 마르크스 초기 수고手稿[31]를 운용했는데, 차이이는 그것이 마르크스주의가 성숙했을 때의 작품이 아니기 때문에 마르크스주의라고 할 수 없다고 여겼지요.[32] 미감의 이중성은 마르크스의 수고에 나오는 자연의 인간화와 관계가 있는데, 차이이는 그것에 찬성하지 않았어요. 아주 정확하게 짚은 거죠.

1990년대에 저를 비판하는 글에는 여러 종류가 있었습니다. 첫째는 이치를 따지면서 학술적으로 판단하는 거였어요. 그리고 둘째는 교조주의적인 것이었는데, 권위 있는 기존의 저작을 끌어다가 거기에 부합하지 않으니 문제가 있다는 식이었죠. 세 번째 종류는 '대자보체大字報體'였어요. 오로지 정치적인 관점에서 이치는 따지지 않고 정치적인 딱지를 붙였습니다. 류 선생은 문체에 관심이 많지요? 방금 말씀드린 게 세 종류의 문체예요.

요즘에는 또 다른 문체가 있는데, 저는 그것을 '회삽체晦澁體'라고 부릅니다. 바로 외국에서 들여온 포스트모던 풍격의 문체지요. 워낙 에둘러서 한참을 읽어도 대체 무슨 말을 하려는 건지 이해할 수가 없어요. 최근에 또 다른 문체를 발견했는데요. 인터넷상에 많고 지면에도 보이는데, 멋대로 몇 마디 조롱하고 비아냥거리는 말을 하면서 자신이 잘난 것을 드러내고 상대를 깔아뭉개지요. 두보杜甫의 시에 이런 구절이 나옵니다. "왕王·양楊·노盧·낙駱의 당시의 문체當時體에 대하여, 경박함으로 글을 짓는다는 비웃음이 그치지 않았다네."[33] "경박함으로 글을 짓는다"는 말을 이해할 수 없었는데 이제야 알겠더군요. 요즘 유행하는 문체를 저는 '경박체'라고 부릅니다. 그런데 한탄스럽게도 이 시의 뒤 구절에서는 이렇게 말했지요. "당신들은 몸과 명예가 모두 사라지나 (네 사람의 문장은) 사라지지 않고 강물처럼 만고토록 흘러가리라."[34]

필요한 여사

류_____ 아까 말씀하신 전쟁 사유는 인간의 개성을 홀시하지요. 남과 다른 점을 없애버리니 가장 원초적인 창조들이 나올 수 없는 게 당연한데요. 분명 심각한 교훈입니다. 개인의 창조성을 중시하지 않는 이러한 사유가 본래의 이론적 사유의 빈약함에 더해짐으로써 수십 년 동안 중국의 과학·문예·학술이 제대로 발전하지 못한 채 정체 상태에 놓여 있었고요. 정말 가슴 아픈 일이에요.

리_____ 진정한 창조적 발전은 모두 개체로부터 완성되는 것이지요. 심미는 개인의 체험이고, 개체로부터 시작해 집단에 이르는 것입니다. 도구의 제작 역시 처음에는 개체의 발견과 발명이었고, 그 뒤에 다른 이들이 모방했지요. 모방은 아주 중요한 본능이에요. 모방은 원숭이도 할 줄 아는데, 집단 속에서의 모방을 통해 널리 퍼지는 것이지요.

그러니까 집단 합작에는 두 가지 상황이 있습니다. 하나는 개체를 말살하는 것이지요. 사람이 많으면 역량도 커진다고 여기는 건데, 이건 어리석은 거예요. 다른 하나는 창조적인 발견이 있은 뒤에 집단적으로 검증하거나 전개해 나가는 것이지요. 여러 방면에서의 협동 작업이 바로 이렇습니다. 지금은 과학 프로젝트도 혼자서 완성할 수 있는 게 아니에요. 아주 세밀하게 분업화되어 있어서 각 개인은 아주 작은 일부만 담당할 수밖에 없어요. 이런 의미에서 보자면 이 역시 집단 합작인데, 이것은 필요하고 의미 있는 겁니다.

우리가 앞에서 이야기했듯이 음악대학의 양 교수가 적전설을 음악에 운용하고, 또 만약에 미술대학의 몇몇 교수가 회화사의 각도에서 적전설을 연구하게 된다면 얼마나 좋겠어요. 그렇게 한다면 심화되겠지요. 그건 저 혼자서 할 수 있는 게 아니에요.

2008년 11월 『독서讀書』에 딩윈丁耘의 글35이 게재되었는데, 그 글에 나오는 다섯 글자가 특별히 마음에 들었습니다. "필요한 여사 必要的餘事"라는 표현이에요. 그 글에서 말하길, 제가 일종의 철학을 제기했는데 현상학적인 여러 기술을 하지 않았고 자세한 분석 작업도 하지 않았다고 하더군요. 정곡을 찌른 말이에요. 철학적으로 해야 할 작업이 확실히 많은데 제가 하지 않았거든요. 딩윈은 굉장히 호의적으로 이렇게 말했어요. "진정한 철학의 발단이라는 측면에서 말하자면, 이어지는 작업은 아마도 '필요한 여사'에 불과할 것이다." '필요'하긴 하지만 결국은 '여사'지요. 그래도 굉장히 부끄럽긴 합니다. '필요하다'는 점을 중요하게 생각하니까요. 그런데 이제는 힘이 부치네요.

류_____ 그 말씀을 전에도 하셨던 게 기억나네요. '정 본체'에 관한 이야기를 할 때 말씀하셨지요. 그때 저는 양해를 구한다는 말씀을 듣고 회심의 미소를 지었는데요. 리 선생님께서 '여사'를 후인들에게 미루시는구나 하고요. 하지만 선생님께서는 지금 활기차게 사유하시고 힘도 왕성하세요. 여전히 저는 선생님께서 '정 본체' 철학을 더 심화하고 구체화하시길 바랍니다. 솔직히 말씀드리자면, 그것이 대략적인 논강에 그치는 것만으로는 정말로 만족할 수 없거든요.

리_____ 정말 죄송하지만 다시 더 하지는 않을 것 같네요. 할 수도 없고요. 이 늙은이를 이해해주시길 바랍니다. 이미 전력을 다한 것 같습니다.

4장

이 성 의

신 비 와

종 교 경 험

종교와 감성의
신비 경험

류_____ 최근에 제가 듣기로, 선생님의 '정 본체'에 대한 가장 큰 의혹은 그것이 결국 종교를 대신할 수 있는지에 관한 거였는데요. 정융鄭湧은 신앙에 여지를 주어야 한다고 했는데, 이건 칸트가 말한 것이죠. 1994년 이탈리아의 작은 섬에서 데리다와 가다머가 주관한 철학 회의에서 다수의 철학자들이 종교는 우리가 지금 모르거나 알 수 없는 문제를 연구하는 것이고 지식은 우리가 알거나 알 수 있는 문제를 연구하는 것이며 두 가지 모두 존재의 이유가 있다고 했는데요.

리_____ 불가지의 문제를 토론하고 연구하는 것이니만큼 종교 문제는 과학에 속하는 게 아니라 현재 인류의 곤경과 관계가 있다는 걸 알 수 있지요. 서점에 있는 책 중에서 소설·의료·음식·수영 등 실용서 외에는 종교와 정치 서적이 가장 많지요. 과학이 오늘날까지 발전하면서, 전쟁과 공포가 끊임없이 습격했고 불안을 가져왔어요. 인간이 대체 어떻게 사느냐가 가장 큰 문제가 되었지요. 많은 곳에서 종교가 강화되고 있어요. 중국에서 종교를 믿는 이들의 비율 역시 증가하고 있습니다. 인간은 영혼이 의탁하고 의지할 데가 있기를 바라지요. 여러 번 말한 적이 있는데, 이전에는 장사하는 사람들이 관상을 보거나 신에게 비는 일에 열중했는데 장사에는 우연성이 크기 때문이지요. 지금은 인류 전체와 거의 모든 개체의 우연성이 죄다 커졌어요. 당장 내일 어떻게 될지조차 모르잖아요. 중국은 최근 20년 동안 급속히 발전했기 때문에 문제가 보다 많고 우연성도 보다 크지요. 서양이 200-300년 동안 걸어온 길을 우리는 30년 만에 지나왔어요. 온갖 급격한 변화와 선택 속에서 인간의 운명은 더더욱 파악하기 어려워졌습니다. 인간은 자신이 너무 미미하다고 느끼며 인생의 의의가 어디에 있는지 모른 채 신이 인도해주길 바라지요. 이것은 종교가 영원히 존재하는 원인이기도 합니다.

종교의 심리적 기초는 종종 신비 경험인데요. 신비 경험을 바탕으로 견고한 신앙을 형성하지요. 장래에 신비 경험은 뇌과학의 발전에 따라 그 원인을 찾아낼 수 있을 겁니다. 그때가 되면 특정 신비 경험을 복제할 수 있을 것이고, 그렇게 되면 더 이상 신비함을 느끼게 되지 않겠지요. 지금으로서는 불가능하고 아직은 너무 이르지요. 그래서 "미육美育으로 종교를 대신하는 것", 혹은 중국 전통을 기초로 삼은 '정 본체'로 종교를 대신하는 것은 아주 머나먼 일입니다. 그건 단지 가능한 청사진을 철학적으로 제시해본 거예요. 윌리엄 제임스의 『종교적 경험의 다양성The Varieties of Religious Experience』을 다들 한번 읽어보세요. 상무인서관商務印書館의 '한역漢譯 세계 학술 명저'로 중국어 번역본이 나왔는데, 베이징대 탕웨唐鉞 교수가 번역했지요. 이 책에서는 종교의 각종 신비 경험을 서술했는데, 백여 년 전에 쓴 것인데도 지금도 굉장히 읽을 만합니다. '9

·11' 이후에 미국에서 다시 찍어내 많은 부수를 발행했지요. 저는 신비 경험을 믿지만 사람들이 신비 경험으로 신의 존재를 증명하려는 것은 믿지 않습니다.

제가 '이성의 신비'를 제기한 것은 그런 신비 경험과 구별하기 위해서예요. 이성의 신비는 우주가 존재하는 이유 같은 것이죠. 이런 문제는 인간의 이성 인식으로는 해결하거나 해석할 수 없는 거예요. 제가 말한 '물자체'의 불가지이기도 합니다. 그것 자체는 결코 신비 경험이 아니지요. 하지만 사람마다 문화적 배경·개성·기질·경력 등이 다름에도, 이성의 한계를 인지함으로써 비롯된 정감 체험 혹은 감정·마음이 감성적 신비 경험을 낳을 수(하지만 반드시 그런 것은 아니다) 있지요. 펑유란 선생은 천지경지天地境界1를 이성적 논증에 의한 인지認知로 잘못 귀결했어요. 사실 그것은 인식할 수 없으나 생겨나는 정감을 인식하는 것인데, 여기서 정감과 인지는 결코 같은 게 아니에요. 비록 이 정감이 인지를 전제로 하거나 인지를 그 내용으로 한다 하더라도 말이죠.

저녁에 별이 총총한 하늘을 바라보노라면 종교에 비길 만한 느낌이나 감정이 생겨날 겁니다. 이러한 '이성의 신비'야말로 진정 우리가 '모르거나 알 수 없는 문제'지요.2 이것이 야기하는 정감이야말로 숭배와 경외로 충만한 종교 내지 준準종교적인 정감일 겁니다. 일본인이 일출을 보는 것을 예로 든 적이 있는데요.3 종교를 대신하는 데 있어서 이러한 '이성의 신비'가 불러일으키는 감정과 마음이야말로, 장래에 과학이 진보하면서 자리가 점점 축소되는 경험성의 신비를 대체할 겁니다. 그때가 되면 "미육으로 종교를 대신한다"는 차이위안페이蔡元培의 말이 가능해지는 것이지요. 지난번 대담에서 형식감과 관련된 문제를 언급했는데 지금 또 이야기하게 될 것 같군요. 물론 진정으로 미육으로 종교를 대신하려는 건 아직 시기상조예요. 아마도 소수의 집단에서만 가능할 겁니다. 모종의 인격신을 믿는 대다수의 종교 신앙은 아마도 아주 오랫동안 바뀌기 어려울 거예요. 반드시 바뀔 필요도 없고요. 그래서 저는 많은 이가 하느님을 믿거나 부처를 믿는 것에 조금도 반대하지 않습니다. 사회와 개인에게 모두 좋은 점이 있어요.

'이성의 신비'가 불러일으키는 감정과 마음이 종교 경험과 비슷하거나 통하는 부분이 있을 수 있는 건 '불가지'의 외재적 실체에 대한 경외의 정감과 체험 때문입니다.

개체 창조성의 원천

류_____ 작년에 '정 본체'에 대해 이야기를 나눌 때 선생님께서 신성과 경외에 관한 화제를 언급하셔서 조금 놀라고 의아했습니다. 왜냐면 그때 저는 '하나의 세계, 하나의 생활'에서 기원한 중국 전통의 '정 본체'라면 마땅히 가장 평안하고 친밀하고 원융圓融하다고 생각했거든요. 나중에 말씀하시길 '천지국친사天地國親師'가 사람을 경외하게 만든다고 하셨지요. 그리고 후에 원고를 교정하시면서 인류 자신의 실존과 우주의 협동 공존에 대한 말을 덧붙이셨는데 자세한 말씀은 하지 않으셨어요. 지금 좀더 깊이 말씀해주시겠습니까?

리_____ 「실용이성과 낙감문화를 논하다」라는 글에서 이미 역점을 두고 말했는데요. 인간은 도구를 사용하고 제작하는 과정에서, '도度'를 파악하고 이해함으로써 속도·분량·강도·무게·예둔銳鈍 등 재료 자체의 관계·구조·특징 및 재료와 재료 간의, 재료와 주체 간의, 재료와 목적 간의 관계·구조·특징을 발견했지요. 그리고 그 안에 깃든 항구성·전후성·중복성·연속성·단순성·대비성·관여성·대칭·균형·비례·리듬 등의 질서를 발견했습니다. 이러한 갖가지 형식 및 이것들에 대한 인간의 느낌이, 한편으로는 인간의 생존·생활·생명을 유지하는 것과 관계가 있는데 이것이 바로 제가 말하는 '인류 자신의 실존'이에요. 또 한편으로는 자연계 및 우주 전체가 지니고 있는 물질적 성능과 관계가 있는데, 인류는 이런 갖가지 형식 역량과 형식감을 통해서 우주와 공생공존하지요. 이것이 바로 제가 말하는 '협동 공존', 천일합일입니다.

듀이는 『경험으로서의 예술』에서 자연만물 및 인간 생활과 연관된 많은 리듬에 대해 말했지요. 조수의 간만, 달이 기울고 차는 것, 사계의 순환, 생로병사, 잠들고 깨어나는 것, 배고픔과 배부름, 일과 휴식 등에 대해서요. 제 생각에 여기서 가장 핵심은 아무래도 생산 노동의 실천을 통해 우주 전체와 자연의 물질 존재의 형식관계를 발견하는 거예요. 주의해야 할 것은 이런 갖가지 관계가 관념이나 사변이 아니고 언어나 텍스트도 아니라는 겁니다. 서로 다른 시대와 사회의 언어·사상·텍스트는 모두 상대적이지만, 물질 조작의 장구한 역사 속에서 누적된 갖가지 형식감과 형식 역량은 보다 근원적이고 근본적이지요. 전체 우주 자연의 존재와 직접적으로 관계가 있기 때문에 거대한 보편성과 절대성을 지니고 있어요. 그것은 각종 공예기술과 생활질서 속에 관철되어 있습니다.

갖가지 형식감에 대한 체험과 깨달음과 자유로운 운용이 바로 '도度'에서 '미'에 이르는 과정이에요. 이것은 인류 개체의 감성 능력과 직접적으로 관계가 있는 '미로써 진을 여는 것'과 '자유 직관'에 의지하지요. 이것은 개체 생명의 생동하는 동작과 느낌이에요. 우연성과 자발성으로 충만한 생동하는 생명이 인간 및 우주와 소통하고 있는 것이지요. 이러한 소통은 바로 개체 창조성의 원천이기도 합니다.

류_____ 인간이 우주와 소통하는 가운데 획득한 형식감은 선생님께서 말씀하신 것처럼 각 시대와 사회를 초월한 것이고 보다 근원적인 것이며 거대한 보편성과 절대성을 지닙니다. 그런데 그것이 고정불변의 것인지요? 영원히 그런 것인가요?

리_____ 아니에요. 그것은 오랫동안 도구를 사용–제작하는 인간의 생활 속에서 생겨난 것이니만큼 특정 시대와 사회의 속박을 반드시 받게 마련입니다. 따라서 개인과 우주자연이 협동 공존하는 '추상적'인 형식감 역시 제약과 영향을 받지 않을 수 없지요. 시대와 사회의 변화, 재료와 수단의 변화에 따라서 인류의 형식감과 형식 역량 역시 변화하게 마련이에요. 갖가지 균형·대칭·비례·리듬 등의 구체적 형태도 모두 변하고, 형식과 느낌도 모두 새로워지지요. 현대 추상예술과 포스트모던 건축의 출현은 바로 하나의 예증입니다.

말씀드린 적이 있는지 모르겠는데요. 제가 어렸을 때 이런 상상을 했습니다. 미래에는 집의 대문이 지붕에 있고 다들 비행기를 타고 다닐 거라고 말이지요. 얼마나 자유롭고 후련한 '행行'인가요! '주住' 역시 변할 거고 자연과 친밀한 산림에서 거주하는 게 아무 문제없을 거라고도 생각했습니다. 육칠십 년이 지났는데, 저의 몽상은 전혀 실현되지 않았어요. 하지만 저는 언젠가는 인류가 해낼 거라고 굳게 믿습니다. 그때의 형식감은 또 다른 신천지겠지요. 인간의 생활·정감·마음은 장차 또 얼마나 많이 변하겠어요!

과학기술이 발전하면서 새로운 형식감에 대한 깨달음으로 인해 인간과 우주의 협동 공존에 대한 새로운 개척이 촉진되었는데요. 이것은 인류 자신의 눈앞의 생존에 대한 돌파이자 창조예요. 형식감에 대한 자유로운 운용의 끊임없는 개척은, 인간과 우주의 협동 공존에 있어서의 부합성과 동형구조성을 깊이 있게 보여주지요. 형식감 속의 인간의 각종 심리 기능(감지·추상·이해·정감)의 이동·조합·침투·융합은, 생명의 역량과 인생의 의의를 깊이 있게 보여줍니다. 이렇게 안팎의 두 측면에서, 인간 특유의 미적 자유가 우주-자연 존재의 신비와 일체가 되면 이것을 '천인합일'이라 할 수 있지요. "기예가 도로 나아간다技進乎道"는 것은 바로 이것을 말하는 거예요.

이 모든 것은 생동하는 개체로서의 인간이 체험하고 깨닫고 창조하는 데 의지하고 있습니다.

우주-자연은 내가
유일하게 신봉하는 신이다

류_____ 개인적이고 구체적인 체험과 깨달음이라면 왜 그것을 '이성의 신비'라고 하시는지요?

리＿＿＿ '이성의 신비'를 제기한 것은 '정 본체' 철학이 '인류와 우주의 협동 공존'을 일종의 형이상학적 '물자체'로 가정하고 있기 때문입니다. 이런 형이상학적 가정이 없다면 감성 경험은 그 근원이 없어요. 형식 역량과 형식감 역시 생겨날 길이 없지요.

'물자체'는 칸트의 개념입니다. 불가지의 개념이지요. 우주는 대체 어떻게 존재하는 것일까요? 알 수 없어요. 우주는 왜 존재하는 걸까요? 알 수 없지요. 전체로서의 우주의 원인은 물을 수 없다고 러셀이 말했는데요.[4] 제가 전에 말한 적이 있는데, 그건 언어와 관념을 오용했기 때문이에요. 이 세계에서 생겨난 인과관계를 우주 자체에 오용한 거예요. 중국 전통의 말에 의하면 "도는 자연을 본받는다道法自然"고 했는데, 자연이 바로 우주이고 '도'는 자연의 아래에 있습니다. 이것은 규율성을 개괄적으로 파악한 것이기도 하지요. 우주자연의 질서정연한 각종 구체적인 규율성은 실제로 인류의 실천과 관계가 있습니다. 하지만 그것의 존재성(본체성)이 인간과 관계가 있는 것일까요? 이것은 대답할 방법이 없어요. 그래서 저는 규율성은 논할 수 있지만 존재성은 수수께끼라고 봐요.

류＿＿＿ 칸트는 이원론자입니다. 그는 불가지의 세계를 한쪽에 놓고 있어요. 하지만 '정 본체' 철학의 출발점은 "하나의 세계, 하나의 생활"이고, 우리의 평범한 일상생활 그리고 우리 자신의 생존에 관심을 기울이지요. 그런데 여기서 '물자체'를 제기하는 게 말이 되는 건지요?

리＿＿＿ 그것은 여전히 하나의 세계예요. 두 개의 세계를 말한 게 아니에요. 무엇보다도 동물적 존재로서 생물성과 물질성을 지닌 인간은 외재적 세계인 우주와 혼연일체가 되어 서로 구별이 없

습니다. 인간은 도구를 사용하고 제작하는 실천을 통해서, 우주자
연을 체험·인식·파악·해석하며 주체와 객체를 구분했지요. 인간
이 끊임없이 우주를 이해하고 있는 중이라 하더라도 우주는 여전
히 이해할 수 없습니다. 하지만 인간은 여전히 우주의 일부이고 인
간은 여전히 우주와 협동 공존하지요. 따라서 이 '물자체'는 칸트
와 같으면서도 다릅니다. 같은 점은 그것이 불가지라는 것이고, 다
른 점은 그것이 우리의 세계 바깥에 있는 것이 아니라 우리의 이
세계에 존재한다는 것이지요. 우리의 평범한 인생은 우주와 협동
공존합니다. 여기에는 칸트가 말한 본체와 현상계의 뚜렷한 분리
가 존재하지 않아요. 본체가 바로 현상계에 존재하지요. 이것은 슝
스리가 강조한 것이기도 한데요. 바다와 물결의 관계지요. 바다는
물결 바깥이나 위에서 존재할 수 없어요. 서학西學으로는 우주와
인생을 하나로 융합하여 생활 속에서 우주를 체득할 수 없다고 슝
스리가 말했지요. 중국철학은 서양철학보다 "더 맛이 있다"는 펑유
란 선생의 말이 기억나네요. 송명이학에서 말한 '공안낙처' 역시
정감상 우주와 협동 공존하는 깨달음과 느낌이겠지요? 하지만 그
들에게는 현대과학의 인식의 기초가 있을 수 없었지요. 오늘 제가
말씀드리는 '이성의 신비'라는 우주 정감은 전통의 '공안낙처'와는
물론 다르지만 그것의 준종교적 경험의 계승과 발전이에요 여기서
주의해야 할 것은, 경험에 의거하여 사상이 추론한 존재(우주)는
사상 속의 존재와 결코 같지 않다는 겁니다. 후인들이 칸트의 '물
자체'의 물질성을 폐기한 것은 바로 이러한 단서를 따른 것이지요.
그런데 '이성의 신비'는 우주의 물질적 존재를 승인하는 데서 비롯
되지요. 그래서 '공안낙처'와는 결코 같지 않아요.

'정 본체' 철학이 가정하고 있는 전제는, "우주-자연과 인간은 물질성을 지니고 협동 공존"한다는 겁니다. 앞에서 말한 "미학은 제1철학이다"[5] 역시 이로써 성립될 수 있지요. "미학은 제1철학이다"는 중국 전통의 생존 지혜를 충분히 체현합니다. 생존은 어떻게 가능한가('도度'의 예술)와 생존의 최고 경지(미육美育으로 종교를 대신한다)가 거기에 포함되어 있지요.

류____ 선생님께서는 무신론자이신 걸로 알고 있는데요. 아마도 마르크스와 공자의 영향을 받으신 거겠지요. 하지만 누구나 신비함에 대한 심리적 요구를 갖게 마련인데요. 지금 선생님께서는 '인간과 우주의 협동 공존'을 통해서, '정 본체'를 위해 일련의 신앙 및 경외 체계를 설정하셨는데요. 이것이 물론 정 본체의 철학 체계를 보다 풍부하게 만들어주지요. 그런데 여기에는 종교적 색채가 있는 게 아닌가요? 이것을 일종의 종교적 정감이라고 할 수 있을까요?

리____ 맞습니다. 거기엔 확실히 종교적 색채가 있지요. 저는 무신론자예요. 무엇이 신인지 굳이 말해야 한다면, 그게 바로 신이에요. 그것이 바로 제가 유일하게 신봉하는 신입니다. 신은 당연히 신비하고 알 수 없는 것이지요. '이성의 신비'도 경외와 숭배라는 '종교' 신앙과 감정을 이끌어낼 수 있습니다. 『주역』에 이런 말이 나오지요. "(무릇 대인은) 천지와 더불어 그 덕이 부합하고, 일월과 더불어 그 밝음이 부합하고, 사시와 더불어 그 차례가 부합하고, 귀신과 더불어 그 길흉이 부합한다. 하늘보다 앞서 행해도 하늘이 어기지 않으며, 하늘보다 늦게 행해도 천시天時를 받든다."[6] 이것은 여러 종교의 감성 경험[7]에서 비롯된 신비가 아니라 '이성의 신비'에서 나온 준準종교적(실제로는 심미적 '기쁨') 경지와 마음입니다. 저는 물론 귀신을 믿지 않아요. "하늘보다 앞서 행해도 하늘이 어기지 않으니" 얼마나 좋은가요. 인간과 우주의 협동 공존에는 명령을 내리며 인간을 주재하는 그 어떤 신도 필요하지 않습니다. '경외'하는 것은 오로지 '하늘' 역시 감히 어기지 않는 우주의 합규율적인 운행의 신묘함이지요.

발견은
모두 발명이다

리＿＿＿ 우주는 왜 존재하는가, 이 문제는 이성의 범위를 벗어난 것이지요. 해결할 수 없어요. 우주의 존재 자체에 대해서는, 그것이 규율성을 지니고 있음을 가정할 뿐이지요. 온갖 구체적 규율은 모두 인간이 '찾아낸' 발명이에요. 『철학강요』의 인식론에 관한 문답에 나오는 '발견과 발명' 부분이 이와 관련해서 아주 중요합니다. 「미육으로 종교를 대신하다美育代宗教」의 속편이지요. 책으로 나오기 전에는 발표한 적이 없어요. 사람들의 주목을 끌고 싶지 않았거든요. 아마도 성격 탓이겠지요. 저의 많은 글이 조용히 발표되었습니다. 지난번 대담에서 언급했던 주체성에 관한 첫 번째 논강도 그랬지요. 「실용이성과 낙감문화를 논하다」 역시 중요한 글이에요. 하지만 책에 수록하기 전에는 발표한 적이 없어요.

　모든 발견은 사실 모두 발명입니다. 지구가 태양을 돌고 있다고 말할 수 있고, 태양이 지구를 돌고 있다고 말할 수도 있어요. 이것은 서로 다른 시각이고 서로 다른 모형이지요. 당대의 뛰어난 수학자 아티야M. Atiyah가 말하길, 수학은 모두 발명이라고 했지요. 그렇다면 지금 과학기술 영역에서는 수학을 사용하지 않을 수 없는데, 그것이 '발견'이라고 그 누가 말할 수 있겠어요? 스티븐 호킹이 말하길 "우주는 나의 모형에 의존해 존재한다"[8]고 했지요. 우주에 대한 여러 모형이 모두 발명이에요. 저는 호킹의 견해에 동의하지 않아요. 우주는 결코 어떤 모형에 기대어 존재하는 게 아니에요. 그래서 그것을 '물자체'라고 하는 것이지요. 그것은 본래 존재하는 것이고 불가지의 것이지요. 결국 인간의 온갖 해석도 모두 발명입니다. 끊임없는 발명이지요. 어떤 '발명'이 보다 주도면밀하게 설명할 수 있고 포용력이 보다 큰가를 보는 거예요. 구체적인 규율은 인간의 발명이고, 우주가 왜 규율적으로 존재하는가는 아주 신비롭고 해결할 수 없는 것이지요. 이러한 신비는 여러 종교에서 말하는 신비 경험과 근본적으로 다르기 때문에 저는 그것을 '이성의 신비'라고 합니다.

그것은 인간의 이해 범위를 벗어난 것이죠. 이성으로는 해석할 수 없어요. 우러러보며 두려워하지 않을 수 없지요. '시詩적인 거주'는 이러한 경외가 있어야만 보다 완정해지고, 이러한 경외야말로 인간이 "하늘의 뜻에 기꺼워하며 운명에 만족樂天知命"하는 것을 추구하도록 합니다. 그래서 저는 펑유란 선생이 말한 '천지경지'의 '하늘과 하나가 되는 것同天'[9]에 동의하지 않아요. 거기에는 두려움이 없거든요. 이것은 송명이학과 현대 송명이학(현대 신유학)의 이론상의 아주 큰 문제입니다. 마르틴 부버Martin Buber에 따르자면, 그건 아마도 '자성自聖'[10]에 속하겠지요. 공자에게는 이것이 없었고, 맹자가 그 서막을 열었습니다.

류_____ 전에 누군가 '이성의 신비'를 언급한 적이 있는지요?

리_____ '이성의 신비'는 아무도 말한 적이 없는 것 같은데요. 이토록 명확히 제기한 사람은 없었어요. 혹시 유럽의 중세 교부철학 가운데 비슷한 견해가 있을까요? 제가 학식이 얕아서 대답할 수가 없군요. 스피노자의 '신'은 저의 '이성의 신비'와 비슷한 점이 있어요.

중국인은 부귀하다 하더라도 대청 가운데에 커다란 산수화를 즐겨 걸어 놓지요. 두보의 시에 이런 구절이 나와요. "대청은 단풍나무 자라기에 적합하지 않거늘, 괴이하게도 강산에서 연무가 피어오르네."**11** 이를 두고 어떤 이가 평가하길, "매우 뛰어나다. 그림을 진짜인 것으로 삼으니 구상이 참으로 기발하다"고 했습니다. 『미의 역정美的歷程』『화하미학華夏美學』에서 말했듯이, 이건 전원에 대한 그리움으로 "몸은 비록 묘당廟堂 위에 있어도 마음은 산림 가운데에 있는 것과 다를 바가 없다"**12**는 것이지요. 또한 천지·자연의 준종교성에 대한 귀의이자 '협동 공존'입니다. 중국의 산수화는 서양의 십자가처럼 어디서나 볼 수 있지요. 하지만 양자가 지향하는 것은 서로 다른 '초월'이에요. 이렇게 말하고 보니 흥미롭지 않은가요? 중국의 신은 명령을 내리지 않고, 구체적 요구를 할 리도 없지요. 이러한 신 앞에서 인간은 굉장히 미미합니다. 이 신이 인간에게 주는 것은 일종의 정감과 마음, 인생 태도, 그리고 인간세상의 범속함을 초월한 초월감이지요. 이것은 일종의 준종교적인 정감이고 '정 본체'의 최고 형식입니다.

온갖 감성적 신비 경험이 장래에는 신비롭지 않게 변할 거예요. 하지만 '이성의 신비'가 불러일으키는 정감과 마음은 오히려 영원

할 거예요. 각종 서로 다른 문화·종교·개성을 지닌 사람들이 각자
자신의 정감으로 이성의 신비에 회답할 겁니다.

5장

무사 전통의

정 감 - 이 성

구   조

전통을 연구하는 데
관념과 텍스트를 출발점으로 삼지 않았다

리_____ '이성의 신비'는 중국 무사巫史 전통의 연속이라고 할 수 있습니다. 무사 전통이 구축한 '하나의 세계'를 발양한 것이지요.

류_____ '무사 전통'은 선생님의 학설에서 굉장히 중요한데요. 그것은 중국의 '생존의 지혜'와 '정 본체'에 그 원천을 찾아주었습니다. 중국과 서양의 문화에 왜 이처럼 커다란 차이가 생겨나게 되었는지, 선생님께서는 상고시대 '무巫'를 바탕으로 분석하셨지요.

리_____ 그건 제 연구의 근거 내지 출발점과 관계가 있습니다. 딩윈이 『독서』에 발표한 글의 두 가지 점 때문에 제가 감동했는데요. 하나는 앞에서 말씀드린, "필요한 역사"라는 다섯 글자이고요. 다른 하나는 "리쩌허우는 유학을 포함한 중국 고전사상을 해석하는 데 많이 공헌했다"는 말이었습니다. 사실 저는 『중국고대사상사론』이라는 책을 한 권 내고 단지 몇 편의 글을 발표했을 뿐이에요. 『논어금독』도 있긴 하지요. 그래도 전체적으로는 많지 않아요. 제가 추측하기로는, '중국 고전사상'에 대한 저의 해석이 지금 '국학'을 하는 이들이나 다른 여러 논저와는 다르다는 점에 그가 주목한 것 같아요. 저는 다른 이들처럼 '예禮' '인仁' '덕德' '도道' '이理' 기

氣' 등 고대 문헌과 범주를 출발점으로 삼지 않았습니다. "자왈 시운子曰詩云"[1]을 출발점으로 삼지 않았고, 이 민족이 생존·지속하며 지금처럼 이렇게 거대한 '시공 실체'로 발전하는 것이 어떻게 가능한가와 이 역사와 현실에서 문제가 어디에 있는가를 출발점으로 삼았습니다. 이런 관점에서 '중국 고전사상'을 탐구했고, 공자·맹자·노자·장자·순자·한韓·정程·주朱·육陸·왕王[2]을 살폈지요. 제가 중시한 것은 유학의 '신神'이지 '형形'이 아니에요. 이건 제가 여러 번 말한 적이 있습니다. 텍스트·관념·범주·인물을 출발점으로 삼지 않고 무엇보다도 민족의 생존과 발전에 기초했지요. 이것이 아마도 제가 '국학파'와 다른 점일 거예요. 물론 아무 근거 없이 이론을 내세운 게 아니라 문헌과 고고학적 근거가 있습니다.

무사 전통은 제가 중국 전통을 해석하는 요점인데, 사실은 지금까지도 추측과 가설일 뿐이에요. 저는 중국 상고시대의 북극성·제帝·천天·자연신에 대한 숭배와 경외가 모두 무술巫術 의례를 통해 이루어졌다고 생각해요. 공자나 노자 같은 고대 철학자들이 물에 감탄하고 찬양했던 것도 상고시대 무술 의례의 흔적입니다. "태일太一이 물을 낳고"[3], 물이 천지만물을 낳았지요. 생명은 신성하고, 인생도 신성하지요. 「무사 전통을 말하다」에서 저는, 중국의 '도道'는 운행 중인 신명神明이라고 했어요. 그것은 어렴풋하여 헤아릴 수 없지요. 구체적이고 확정적인 것, 즉 규범화할 수 있는 그 어떤 행동이나 표현할 수 있는 그 어떤 언어도 "음양의 헤아릴 수 없음을 신神이라고 한다"의 '신명' 혹은 '도'가 아니에요. 중국은 여호와·예수·마호메트의 언어가 아닌 천상天象·재화災禍·비·바람·우레·번개 등의 '행동'을 신명의 인도와 경고로 간주하지요.

중국의 '무巫'는 후에 현실의 병가와 결합했습니다.[4] "운용의 묘는 마음에 달려 있다"[5]는 말이 있는데, 『손자병법』에서는 "병법에는 고정된 형세가 없고 물에는 일정한 형상이 없으니, 적에 따라 변화해 승리를 거두는 것을 일러 신묘하다고 한다"[6]라고 했지요.

결국 무巫는, "말할 수 있는 도道는 상도常道가 아니다"[7]라는 노자의 '도'가 되었습니다. 도가 이처럼 신령스러운 까닭은 그것이 그 어떤 구체적 행위가 아니기 때문이지요. 물론 그 어떤 구체적인 언어도 아니고요. 무군巫君 합일이 여기서 커다란 관건이었는데, 무(종교)가 왕(정치)에게 굴복한 것은 무엇보다도 왕이 군사 우두머리였기 때문입니다. 상고시대에는 병형兵刑이 합일되어 있었어요. 병은 대외적인 경우를 가리키고 형은 대내적인 경우를 가리키는데, 모두 사람을 죽이는 것이지요. 군사 우두머리와 정치 우두머리는 동일했습니다. 저는 중국의 상고시대에 전쟁이 매우 빈번하고 잔혹했다고 생각해요. 『미의 역정』에서 인용한 『노사路史』의 문장[8]처럼 말이지요. "어느 날인들 전쟁이 없었던 적이 있는가?"[9]라고 했는데, 이로 인해 현실상 전제 군권이 최고의 자리를 차지하게 되었지요. 그리고 종교에 있어서는 조상 숭배[10]가 모든 것을 압도하면서 무사 전통이 이성화되었어요. 이와 동시에 반전애민反戰愛民의 유가와 묵가 사상을 불러일으켰습니다. 전에 이미 여러 번 말한 내용이라 여기서는 그만 말하도록 하지요.

중국의 무사巫史는 후에 '예', 즉 예교禮教와 예제禮制로 변했습니다. 이것은 종교·윤리·정치 셋이 하나로 합해져 모든 외래 종교에 성공적으로 맞섰지요. 유대교와 기독교가 중국에 전해졌지만 받아들여지지는 않았어요. 카이펑開封·양저우揚州 등지에서 유태인의 후예를 찾을 수 있는데, 유대교는 가장 소화되기 어려웠지요. 전 세계에 유대교가 보존될 수 있었지만 중국에서는 사라졌어요. 정말 대단한 거죠. 외래문화가 중국문화에 융합되는 데는 강요나 개조가 없었어요. 아무 흔적도 없이 소화되었던 거죠. 이건 굉장히 재밌는 일이에요.

무술 의례에 담긴 '정 본체'의 단서

류_____ '무사 전통'안에 있는 중요한 단서들을 좀 더 구체적으로 말씀해주실 수 있는지요?

리_____ 제가 20세기 말에 명확히 말한 게 있는데요. 전에는 '실용이성' '낙감문화' '유가와 도가의 상호 보충儒道互補' '하나의 세계' 등으로 중국문화를 설명했고 이제는 '무사 전통'의 개념으로 그것들을 통섭하고자 하는데, 그것들의 모든 문화적 특징의 근원이 바로 '무사 전통'에 있기 때문이라는 거였죠. 1980년대에 썼던 세 권의 '사상사론'에서는 공자부터 마오쩌둥까지 다뤘는데,「무사 전통을 말하다」에서는 주로 공자 이전에 대해 말했지요. 공자 이전에 유구한 무사 전통이 있었어요.「무사 전통을 말하다」이전에 『미의 역정』에서 '무사 문화'를 언급한 적이 있고,「공자 재평가」에서는 '무술 의례'를 언급했지요.

몇 가지 주요 단서를 말씀드리자면, 일단은 상고시대 중국의 조상 숭배가 상제上帝 숭배나 자연신 숭배와 다르다는 겁니다. 각 민족에게 조상 숭배가 있지만 중국의 조상 숭배는 후에 다른 모든 숭배를 압도했지요. 그 원인에 대해서는 전에 말한 적이 있습니다. 그런 현상이 지금까지도 내내 이어져왔지요. 중국의 신 역시 나중에는 대부분 인간으로부터 비롯되었는데요. 관공關公과 마조媽祖는 말할 것도 없고, 자연신 역시 대부분 의인화되었지요. 조상이 부각된 것은 인간의 부각이기도 하지요. 이것이 바로 무사 전통의 특징이에요. 친구인 자진화賈晉華가 최근에 알려주길, '신神'이라는 글자는 원래 천둥 번개에서 비롯되었다더군요. 천둥 번개 같은 자연사물에 대한 인간의 공포·경외·숭배는 어느 민족에게나 있는 것이죠. 그런데 중국에서는 천둥 번개가 뇌공雷公과 전모電母로 격하되었고 조상신보다 중요성이 훨씬 떨어졌지요. 인간이 신이 된 것보다 급이 낮았던 거죠. 이건 깊게 생각해볼 거리입니다. 중국에서 인간과 신은 하나의 세계입니다. 굴원屈原의 자살은 조상의 집으로 돌아간 것이지요. 중국에서 신을 모실 때는 온갖 음식을 공양하는데, "죽은 이 섬기기를 산 사람 섬기듯이 한다"[11]는 거예요. 인간과 신은 이질적이지 않아요. 최고신 역시 그렇습니다. '절대적 타자the Wholly Other'가 아니에요.

요堯·순舜·우禹·탕왕湯王·문왕文王·무왕武王·주공周公·이윤伊尹·하계夏啓, 그리고 주공의 아들까지 죄다 대무大巫 겸 정치 우두머리였어요. 그들은 지도력과 군센 성격을 갖추어야 할 뿐만 아니라 초인적인 지혜를 지녀야 하지요. 그래야 집단을 이끌고 행동을 호령할 수 있으니까요. 지금은 무巫라고 하면 소小전통의 무당을 떠올리게 마련인데요. 무의 지위는 후에 확실히 격하되었어요. 그런데 격하의 원인은, 하늘과 통하는通天 대무가 점차 '왕'에게 예속되었기 때문이지요. 대大전통에서의 왕은 무의 능력과 품격(반드시 신분인 것은 아니다)을 지녔고 '천도天道'를 장악하여 '천자天子'가 되었지요. 이것이 바로 '무군巫君 합일'이에요.

1999년에 「무사 전통을 말하다」에서 '무술 의례'의 특징을 몇 가지 언급했는데요.

첫째, 무술 의례는 집단의 인간사를 위해 행해지는 것으로 굉장히 구체적이고 실용적입니다. 예를 들면 비를 내리게 하고 재앙을 없애고 복을 빌고 병을 낫게 하는 것이지요. 무술 의례는 개체의 정신적 요구나 영혼의 위안 등을 위한 것이 아닙니다. 이것을 통해서 다른 많은 종교와의 차이를 알 수가 있어요. 중국은 인간의 신체 즉 물질 생명을 중시하고, 식물의 생장과 쇠락을 각종 인간사에 자주 비교하고 비유하지요. 이 모든 것이 '생生'을 중시하는 특징을 보여줍니다. 무와 의醫는 시작부터 함께 연결되어 있었어요.

둘째, 무술 의례는 매우 복잡하고 규범적인 일련의 언어·동작·순서로 이루어져 있고 씨족 집단 전체가 참가해야 하는데 이를 어기면 안 됩니다. 그랬다가는 재난이 닥칠 테니까요. 이것이 나중에 중국문화에서, 행위·거동·언어·태도에 대한 매우 엄밀하고 상세한 일련의 규범을 형성하게 되었지요. 특히 '악樂'은 인간의 몸과 마음에 직접적으로 작용하고 심신을 규범화하는 춤과 음악이 결합한 것으로, 바로 제가 강조하는 '무술 의례'지요. 『상서』에서 "기夔가 말했다. '네! 제가 석경을 두드리고 어루만지면서 백수百獸가 잇따라 춤추도록 하겠습니다'"[12]라고 했는데요. '기'는 바로 『예기』「중니연거仲尼燕居」에서 말한, "악에 통달했으나 예에는 통달하지 못한"[13] "옛 사람"[14]이지요. 이것도 일찍이 말한 적이 있어요. 이 역시 무에서 예로, 무술에서 예제와 예교로의 변화입니다.

셋째, 가장 중요한 점인데 인간이 무술 의례를 통해 천지 귀신을 불러내고 영향을 미치고 강박하고 심지어는 제어하고 주재한다는 것이지요. 인간이 주동적인 거예요. 인간의 무술 활동은 '신명神明'이 출현하는 전제가 되지요. 중국의 '신'에게는 독립적이고 자족적인 초험과 통재統宰의 성질이 없어요. 중국문화에서 인간의 주동적이고 우세한 지위의 단서를 바로 여기서 찾아볼 수 있습니다.

넷째, 무술 의례에서는 정감 요소가 극히 중요합니다. 무사巫師와 모든 참가자는 종종 광적 상태에 빠져드는데, 그 과정에는 엄격한 규범이 있지요. 광적인 정서는 이지적인 억제력에 의해 제어됨으로써 상상·이해·인지 등의 여러 요소를 포용한 정감 상태로 발전합니다. 공포·애증·경아驚訝·흠모·경모·용기·자아희생 등을 포함한 그것은 고급의 복잡한 정감이죠. 어제 이理와 정, 동물적 정감과 인간의 정감의 구별에 대해 이야기했지요? 「무사 전통을 말하다」에서 이렇게 말했습니다. "그것15은 동물과 구별되며 인류만이 지니는 다양한 심리기능의 복합물이 최초로 나타난 것이다. 따라서 동물의 심리와는 다른 '인성'을 빚어내는 데 있어서 무술 의례는 결정적 작용을 했다." '중국 전통'은 늘 정과 이理를 모두 중시합니다. 오늘날에도 여전히 정과 이에 부합하고合情合理, 정과 이에 통하고通情達理, 도리에 맞아 마음이 편안하고心安理得, 정과 이가 조화로울 것을 강조하지요. 이성만을 중시하거나 정욕을 방임하지 않습니다. 이 모든 게 바로 여기서 그 문화적 원천을 찾을 수 있지요.

류_____ 말씀하신 네 가지가 굉장히 중요하군요. 처음에 제가 「무사 전통을 말하다」를 읽었을 때 굉장히 감동했는데요. 바로 이

네 가지에서, 중국문화의 형성에 관한 오랜 단서를 볼 수가 있고, 상고시대 무술 의례에 담긴 '정 본체'의 단서를 볼 수도 있습니다. 게다가 오늘날의 생활에서도 그 모든 것들의 그림자를 찾을 수가 있고요. 이것은 우리들 생활의 일부분이고, 결코 개념과 책에만 있는 게 아니지요. '무사 전통'에 대한 선생님의 글에는 뛰어난 부분이 많아요. 그래서 저는 그것을 '카덴차^{cadenza}'라고 부릅니다.

리_____ 그렇게 칭찬해주시니 감사하군요. 그 글을 좋아한다고 여러 번 말씀하셨는데, 사실 저의 개괄은 굉장히 개략적이에요. 그 글의 목적은 중국의 '무'의 특징을 제기하고자 했던 겁니다. 바로 동태적이고 정감적이고 인본적이며 인간과 신이 나뉘지 않고 정과 이가 융합된 '하나의 세계'지요. 이건 다른 많은 종교와 다릅니다. 종교는 보다 정태적이고 이성적이며 인간과 신이 분리되고 정과 이가 분열되고 정신과 육체가 분리된 '두 개의 세계'에 속하지요. 물론 이건 굉장히 정확하지 않고 상당히 거친 비교예요. 간단명료하게 말했을 뿐입니다.

서양의 '무'는 나중에 과학(무술의 기예로부터 발전한 인지)과 종교(무술의 정감으로부터 전환된 정감)로 나아갔고, 두 길이 분화되었다고 지난번에 말씀드렸지요. 중국의 경우에는 '무'에서 '사巫'로 나아갔고, '예'(인문)와 '인仁'(인성)이라는 이성화의 길로 바로 이행했지요. 그리고 역사와 교육과 경험을 중시했습니다.

'예'의
신성성과 신비성

류_____ 무에서 사史로 나아가는 과정에서 점이 큰 역할을 했지요?

리_____ 그 과정은 굉장히 복잡합니다. 지금 우리가 말하는 것 대부분은 그저 추측일 뿐이지요. 고고 발굴을 통해 점치는 데 사용된 소와 양과 사슴의 뼈가 많이 발견되었는데, 바로 '골복骨卜'이에요. 또 '귀복龜卜'도 발견되었지요. 거북점卜과 시초점筮은, 집단의 동태적 활동이 심화되어 개체의 정태적 숫자 연산이 된 거예요. 하지만 앞에서 말씀드린 '무술 의례'의 네 가지 특징은 본질적으로 변화가 없었습니다. 그래서 「무사 전통을 말하다」에서 이렇게 말했지요.

> 요컨대 본래 무술 의례에서 매개 혹은 도구였던 자연대상과 각종 활동은 모두 이 이성화 과정에서 기호적 체계 및 체계적 조작으로 변화되었다. 그것은 나날이 대상화·객관화·서사화敍事化 되었지만, 두려움·공경·충성·성실 등 강렬한 정감과 신앙이 여전히 그 안에 포함되어 있었다. 주의를 기울일 만한 점은, 무술 활동이 숫자 연산의 기호 활동으로 변화되는 중에서도 독자적이고 지고지상의 인격신 관념이 여전히 나타나지 않았다는 것이다. 이와 반대로 명백히 드러난 점은, 신비한 연산 속에서의 인간의 주도권과 능동성이다.

중국이 나중에도 여전히 종교가 없었던 까닭을 이로부터 알 수가 있습니다. 천명자陳夢家는 은대殷代의 많은 복사卜辭가 '왕실의 문서'라고 여겼는데요. '사史'는 바로 그 문서를 기록하고 관리하던 사람이자 천문天文과 역법曆法을 장악했던 사람, 소위 '천상天象을 알고' '천도를 인식한' 사람이었어요. 천지·정치·인간사·귀신이 전부 점의 숫자와 관련되어 그것에 제약되었고, 최종적으로는 왕이 그것을 장악했지요. '하늘을 아는 것'은 인간을 다스리기 위해서였고, 하늘과 인간은 일체로 통합되었어요. 여전히 '하나의 세계'였습니다.

'예'는 본래 '의儀'예요. 무무巫舞에서 비롯되었고 그 뒤에 대상화된 것이 바로 청동기예요. 나라를 세우는 것과 같은 인간세상의 공적을, 정鼎을 주조해서 표현한 것이지요. 그래서 청동기에는 "자손을 영원히 보우한다子孫永保"는 식의 명문銘文이 많습니다. "기器는 예가 보관되어 있는 곳"[16]이라고 완원阮元이 말했는데요. 나라를 멸망시키면 그 나라의 중기重器 즉 청동기를 다른 곳으로 옮겼지요. 그것을 약탈함으로써 그 신성성을 제거하는 것이지요. 이것이 바로 제가 말한 무사 전통의 표징입니다. 종교·윤리·정치가 하나로 결합된 것이지요.

류_____ 무사 전통이 형성되는 과정에서 가장 핵심이 되는 게 무엇이었는지요?

리_____ '무에서 예로 나아간 것', 이것이 관건이에요. 많은 연구자가 가장 중요한 이것을 중시하지 않았습니다. 그리고 예의 신성성과 신비성에 대해서도 충분히 강조하지 않았지요. 예는 인간세상의 인간관계의 규범이지만 인간세상을 초월한 것입니다. 그것은 천지와 귀신을 다스리는 우주법칙, '불변의 진리天經地義'지요. 이것이 어디서 비롯되었을까요? 바로 무사 전통의 '신명'의 산물입니다.

중국의 예교는 무술 활동에서 말미암은 것이지요. "예는 이履"[17]라고 했어요. 예는 무엇보다도 인간의 등급질서를 규범화하는 행위 규범으로, 행동 중의 신명이에요. 그래서 저는, 중국의 신명은 '생각想'(정관靜觀적인 사변)에서 나온 것이 아니라 '뜀跳'(껑충껑충 뛰는 무무巫舞 활동)에서 나온 것이라고 늘 말합니다. 「공자 재평가」에서 저는 무술과 의례를 한데 놓고 말했지요. '무술 의례'는 후에 인간의 행위·거동·언어·용모를 규범화하는 일련의 제도가 되었는데, 이 제도는 세상을 초월한 신성성을 지니고 있되 그 신성성 역시 바로 이 세계 가운데에 있지요. 그래서 그것은 '두 개의 세계'가 아닌 '하나의 세계'입니다. 중국은 신과 동물 사이에 하나의 중간점을 취했는데, 그것이 바로 인간이지요. 앞에서 말씀드렸듯이, 이건 서양과 다른 점입니다. 서양에서는 신이 인간을 만들었다며 신을 중심에 놓지요. 사회생물학에서는 인간이 바로 동물이라고 하고요. 그래서 현대생활에서 인간은 동물성에 가까워지거나 혹은 그것과 반대로 신에게 다시 돌아가거나 하면서 양자 사이에서 동요하지요. 이런 상황에서 중국문화는 근본적으로 다른 방향에서 이러한 문제에 답합니다.

주공이 '예악을 만든 것制禮作樂'이 바로 핵심적 전환점이에요. 중국역사에서 주공의 중요성은 오로지 공자만이 비교할 수 있을 정도지요. 한漢·당唐 시대에 모두 주공과 공자를 병칭했지, 공자와 맹자를 병칭하지 않았습니다. 그래서 저는 예악론禮樂論의 원전原典 유학으로 돌아가야 한다고 봐요. 한대의 유학을 말살하고 원전을 위반하며 오로지 심성心性만 이야기하는 현대 송명이학, 즉 머우쫑 싼을 비롯한 이들이 말하는 유학 3기설에 저는 반대합니다.[18] 제가 말하는 '회귀'는 '복고'가 아니에요. 오히려 반대로, 집단이 개체를 주재하고 제어하던 '예악'을 뒤집어서 개체를 위주로 하여 이성과 욕망을 조율하자는 겁니다.

주공이 예악을 만든 것은 내·외 두 측면, '경敬'과 '예'로 나눌 수 있습니다. 경은 바로 외경畏敬이에요. 이것은 공포·숭배·경모 등의 심리 정감을 포함하지요. 주周나라 초는 '경덕敬德' '명덕明德'으로 잘 알려져 있지요. 예는 바로 덕의 외재적 측면이에요. 군신·부자 등의 서로 다른 등급에 대한 엄격한 규범이지요. "고대의 예는 상복喪服을 가장 중시했다"[19]고 하지요. 상제喪祭가 안(슬픔의 음악哀樂)과 밖(복식·순서)의 규범을 통해서 인간의 심리 정감 및 등급 제도를 형성한다고 제가 말한 적이 있는데요. 우청스吳承仕는 삼강오상三綱五常이 모두 상복의 예에서 비롯되었다고 했어요.

'덕' '경' '예'를 강조한 것과 더불어서 주나라 초에는 비인격신의 주재 역량인 '천명天命' '천도'의 관념이 두드러졌는데, 이 역시 무사 전통으로부터 발전해 나온 것입니다.

'천도'는
'인도' 가운데 있다

류_____ 주나라 초의 '천명'과 '천도'의 특징에 대해 선생님께서 말씀하신 적이 있는데요. 행동과 변화 속에서 영원히 존재하고, 군왕의 덕정德政과 예제 가운데 존재하고, '생생불식生生不息'의 커다란 흐름 가운데 존재하고, "하늘의 운행은 강건하니, 군자는 스스로 강건해지기 위해 쉼이 없어야 한다"는 인생의 분투 속에서 존재한다고 하셨지요. 그것은 인간의 생존·생명·활동·행위과 연결되어 있는데요. 이렇게 본다면 '천도'에는 정이 있는 거군요.

리_____ 맞습니다. 그게 바로 제가 『철학탐심록哲學探尋錄』에서 언급한 중국 전통의 '유정有情 우주관'이에요. 사실은 1985년의 『중국고대사상사론』에서 이미 상세히 말한 적이 있습니다. 중국의 '천도'와 '인도'는 동일한 '도道'예요. 천도는 늘 인도 가운데에 존재하지요. 궈뎬 죽간에 "도는 정에서 비롯된다"[20]고 아주 명확히 언급되어 있어서 특별히 기뻤습니다. 이것이 바로 중국철학이에요. 중국 원전 예악론의 핵심이죠.

중국 상고시대의 가장 중요한 개념은 바로 '천도'입니다. '천주天主'가 아니지요. 천주는 하나님이고 성경이고 말씀이에요. 하나님이 그토록 많은 말을 아주 구체적으로 말한 것이죠. 그래서 서양의 근본주의에서는 예수의 말은 구구절절 모두가 진리이고 한 구절도 바꿀 수 없다고 여기지요. 중국에는 그런 게 없어요. 중국에서는 천도와 천의天意를 말하지요. 천의가 뭔가요? "천의는 여태껏 높아서 분명하게 묻기가 어렵다"[21]는 말처럼 그다지 명백하지 않고 엄격하지도 않고 모호하지요, 하하하. 천의는 인의人意에서 발전한 것이에요. 이것이 바로 근본적인 차이입니다. 저의 다음 말도 이것과 관계가 있지요.

중화의 문화·심리·신앙은, 명확하고 구체적인 '천주God'가 아닌

이 모호한 '천도'를 주재자로 삼는다는 점이 극히 중요하다. '천주'는 유일신이다. 인간의 외재적 형상을 지니고 있지 않다고 강조하지만 아무튼 인간과 같은 의지·언어·교의教義를 갖고 있다. 천주는 전지전능하고, 명령을 내리고, 세계를 창조하고, 경험을 초월하고, 모든 것을 통치한다. 천주는 인류의 경험을 초월한 실체 내지 본질적인 존재다. '천도'는 그렇지 않다. 천도는 예측할 수 없고 거스를 수 없는 능력과 신력을 지니고 있으면서도 이제껏 인간세상의 경험과 역사 사건에서 벗어난 적이 없으며, 모종의 객관 논리이면서도 인류의 정감으로 가득한 율령의 주재자다. 전지전능하고 지고무상하며 인격성을 지닌 유일신으로서의 '천주God' 신앙으로 발전하거나 그것을 받아들인 적이 시종일관 없으면서도 규칙성·율령성·이세성理勢性의 의미를 내포한 '천도' 관념을 낳고 유지해온 것, 이것이야말로 중화의 문화 사상사에 있어서 최초의 가장 중요하고도 가장 근본적인 심리 성과라고 하지 않을 수 없다. 그 원인은 바로 무사 전통에 있다.

따라서 비록 예가 "천지를 다스리고" 천도와 천의를 체현한다 하더라도, 예는 정에서 비롯되고 "예는 사람의 정에 근거하여 이루어지며"[22] '정 본체'와 관련되어 있습니다. '정'과 '욕欲' 역시 한데 연결되어 있지요. 욕망의 상당 부분은 생물적 욕망이에요. 중국 전통은 인간의 이러한 생물적 욕망을 중시하지요. 이학가理學家들도 이렇게 말했습니다. "매번 스스로 모든 욕망을 점검하는데 오직 색근色根은 끊기 어렵다. 일찍이 인간의 감정을 두루 겪어보았는데, 오직 호색好色만이 가장 참되다."[23] "참으로 욕망이 없는 자는 죽은 사람뿐이다."**24** 하지만 그것들을 '예'(이禮)의 지배와 제어 아래 두고 최후에는 이성으로써 정욕을 주재하고 만족시켰지요.

중국의 무사 전통의 요점은 '생'과 '욕'을 긍정하는 겁니다. 죽간과 『논어』와 『주역』, 그리고 거의 모든 유가 원전에서는 "낳고 낳는 것生生"이 좋은 것이라고 하지요. "천지의 커다란 덕을 생生이라고 한다" "식욕과 색욕은 본성이다"**25** "하늘이 명한 것天命을 일러 성性이라고 한다"**26**고 했어요. 중국 전통에서는, 인간은 나면서부터 죄를 지닌 존재가 아니에요. 성욕을 포함한 마음의 욕망은 결코 죄악이 아니지요. 중국인더러 자신이 나면서부터 죄인임을 인정하라고 하는 건 굉장히 어려워요. 중국인에게는 '원죄original sin' 관념이 있을 리가 없지만, 서양 기독교에서는 이것이 근본적이고 기초적인 관념이지요.

'생'을 중시하는 것은 일종의 자연적 욕구예요. 다른 생물종과 마찬가지입니다. 다윈의 진화론에 의하면 모든 생물은 자기 종족의 지속을 위해 분투하지요. "불효에는 세 가지가 있는데, 자손 없는 것이 제일 큰 불효다" "다복, 장수, 많은 자손" 등과 같은 중국의 관념은 바로 종족의 생존과 번식을 수호하려는 자연적이고 본능적인 요구예요. 생물계에도 '도덕'이 있고 이타利他가 있고 자아를 희생하여 집단을 수호하는 일도 있지요. 하지만 인류는 생물적 본능을 이성화했습니다. 이 이성화는 바로 인간이 다른 생물종과 구별되는 점이지요. 즉 인간은 내재적인 이성적·규범적 심리형식을 빚어냈고 동물과는 달라요. 이것을 경시할 수는 없습니다. 따라서 사회생물학자들이 인류의 도덕에 특별할 게 없고 다른 생물과 똑같다고 하는 게 그른 것이지요.

서양 신학에서는 성애를 포함한 개체의 생리적 욕망을 죄악시합니다. 중국 유학은 남녀와 부부가 있은 연후에 부자와 군신이 있음을 강조하지요. 또한 자각적 의식을 통해서 이러한 자연스런 생물적 본성을 이해하고 규범화하고 제어하고 주재하지요. 이것은 무사전통의 요점이기도 합니다. 그것은 초험적인 신의 명령 혹은 순수 이성의 초험적 원칙을 가지고 영혼과 육신의 투쟁과 분열을 조성하지 않아요. 글에도 쓴 적이 있는데, 기독교에서 사랑을 말하지만 그 사랑은 하나님의 이성 명령이지요. 하나님이 아브라함에게 아들을 죽이라고 한 것은 실제로 이성의 명령에 복종함으로써 생물적인 기본적 마음속 본능을 때려 부순 거예요. 부모와 자식의 사랑은 본능이지요. 어미닭도 병아리를 아껴요. 서양과 달리 중국은 동물적 본능을 매우 긍정합니다. 하지만 그것을 승화시켜서 이성화했지요. 즉 부모는 자애롭고 자식은 효성스러우며 형은 아우에게 우애로워야 하고 아우는 형에게 공경해야 할 것을 요구하지요.

제가 놀랍고도 의아하게 여기는 점이 있는데요. 고대 그리스의 유명한 '4대 덕목'은 절제·정의·지혜·용기인데, 여기에 인애仁愛가 없다는 겁니다. 그러니까 정감적인 요소가 없는 거예요. 용기 외의 나머지 셋은 모두 이성적인 것이지요. 매킨타이어의 『덕을 찾아서』 27에서도 덕의 핵심은 지혜라고 했지만 부각된 것은 여전히 이성과 이지적 판단이에요. 이성주의 전통이 이처럼 지속적이고 완강한 게 중국인이 보기에는 좀 이상하지요? 물론 그리스 역시 에로스eros를 말했지만 그것을 지혜의 근원으로 여겼어요. 기독교에서 아가페agape를 말하지만 그것은 중국과 같이 부모와 자식의 생물적 기초 위에 이성화가 더해진 인仁·자慈·효·애는 아니지요. 중국인이 말하는 덕성 혹은 미덕은 모두 정감성이 굉장히 두드러지면서도 인지와 이지가 포함되어 있어요. '우충愚忠'과 '우효愚孝'에는 반대했습니다.

'지智·인仁·용勇', 때와 장소를 막론하고 마땅히 지켜야 할 세 가지 달덕達德 가운데 인이 가장 근본적인 것이지요. 이론적으로도 줄곧 그랬습니다. 저는 『예기』 「단궁檀弓」에서 공자가 죽은 자에 대한 '예'를 말한 부분이 마음에 들어요. 만약 그를 죽은 사람으로 간주하면 '어질지 않고' 만약 그를 산 사람으로 간주하면 '지혜롭지 않기' 때문에, 부장품은 진짜 기물이 아닌 '명기明器'를 사용해야 한다는 겁니다. 얼마나 재미있습니까! 인과 지를 모두 갖춤으로써 여러 층위의 다양한 정감-이성 구조의 심리형식이 형성되었어요. 그래서 중국은 정과 즐거움을 중시합니다. 낙감문화의 '낙樂'은 음악의 '악'으로 읽을 수도 있고 즐거움의 '락'으로 읽을 수도 있어요. "음악樂이란 즐거움樂"28으로, 음악은 즐거움을 체현하지요. 하지만 다른 한편으로 음악은 즐거움을 절제합니다. 「악기樂記」에서는 그러한 절제에 대해 말하고 있지요. 정감의 지나친 방임과 과도한 즐거움은 도리어 즐거움이 아니에요. "즐거움이 극에 달하면 슬픔이 생겨난다"29고 하지요. 어떤 사람은 너무 기쁜 나머지 심장병이 발작해서 죽기도 하는데, 중의에서는 "분노는 간을 상하게 하고 기쁨은 심장을 상하게 한다"30고 하지요. 확실히 그렇습니다.

류_____ 어떤 일본 친구가 말하길, 여러 해 전에 일본인들이 중국 영화 「부용진芙蓉鎭」을 봤다고 합니다. '문혁' 중에 박해받는 인물들이 반드시 살아가야 한다고 어떠한 고난이 있더라도 반드시 살아가야 한다고 서로 격려하는 것을 보고서 큰 감동을 받았다더군요. 그 말을 듣고서 저는 일본문화와 중국문화의 차이점이 어디에 있는지 문득 깨닫게 되었는데요. '살아가려는' 노력은 중국인 특유의 것인 듯합니다. 일본인은 쉽게 자살하고 죽음을 아름답다고 여기잖아요.

리＿＿＿ 중국인은 강인함을 중시하고 꾹 참으며 견디지요. 날이 추워진 뒤에야 소나무와 잣나무가 늦게 시든다는 것을 아는 법이지요. 중국인은 불운이 극에 달하면 행운이 온다는 것을 믿어요. 이것은 중국 민족이 생존해온 중요한 원인입니다. 정감 가운데 이지가 있는 거예요. 중국인은 생존의 지속을 중시하지요. 살아가는 것을 가장 꿋꿋하게 추구합니다. 중국인은 "생을 중시하고 죽음을 편안히 여기며", 일본인은 "생을 아끼고 죽음을 숭상한다"[31]고 제가 말한 적이 있지요.

러시아의 그리스 정교회에는 고통이 즐거움이고 암흑 자체가 바로 광명이라는 관념이 있어요. 하나님이 부여한 징계이기 때문에 순종하고 자신을 낮추고 견디며 순순히 고난을 기쁘게 영접해야 하지요. 하지만 중국인이 보기에, 고통은 고통이지 즐거움이 아니에요. 괴로움 가운데 즐거움이 있을 수는 있지만 괴로움 자체가 결코 즐거움은 아니지요. 이에 대해서는 송대 유학자들이 분명하게 설명했는데요. 안회顏回는 결코 대그릇에 담긴 밥과 표주박에 담긴 물을 마시는 것을 즐거움으로 삼은 게 아니라, "그 즐거움을 바꾸지 않은"[32] 겁니다. 괴로움을 즐거움으로 삼은 게 아니라 설령 괴로움 가운데 있을지라도 모종의 정신적 추구의 즐거움을 바꾸지 않은 것이지요. 암흑은 암흑이지 광명이 아니에요. 암흑 속에 광명이 있을 수는 있지만 암흑 자체가 빛은 아니지요. 암흑을 거쳐 광명에 도달하도록 힘을 내야 하는데, 여기에 '반反이분법' 같은 건 쓸 수 없어요. 불운이 극에 달하면 행운이 오지만 '불운' 자체가 '행운'인 것은 아니지요.

어떤 종교는 고통을 즐거움으로 여기는데, 예를 들면 육신의 생존 자체가 바로 죄이기에 자신의 육체를 모질게 채찍질함으로써 영혼이 구원되는 정신적 즐거움을 얻고자 합니다. 아우구스티누스의 『참회록』에서 인용한 『성경』33에서는 "내가 죄악 중에서 출생하였음이여, 어머니가 죄 중에서 나를 잉태하였나이다"라고 했어요. 육신에 죄가 있다, 영혼에 죄가 있다, 자유의지free will에 죄가 있다 등등 여러 설명이 있긴 하지만 결국은 나면서부터 죄가 있는 것이지요.

이것과 반대로 중국은 "천지의 커다란 덕을 생"이라고 하지요. 육체를 포함한 '생'은 좋은 것이고, "부모의 몸이니 상하게 해서는 안 되는"34 것이지요. 나의 생존은 다만 자신을 위한 것이 아니라 부모를 위한 것이기도 하지요. 이것이 바로 '효'이고요. 제가 미국에서 강의할 때 중국의 옛 책에 나오는 이야기를 해주었는데요. 부모님이 작은 몽둥이로 때리면 맞고 큰 몽둥이로 때리면 도망쳐야 하는데, 자신을 위해서 도망치는 게 아니라 부모님을 위해서 도망쳐야 한다고 했지요. 맞아서 다치게 되면 부모님이 견디기 힘들고 명성에도 누가 되기 때문이라고 했습니다. 그래야 진짜 효도라고 했더니 미국 학생들이 크게 웃더군요. 정말 좋은 이야기라고 생각했던 거죠. 이것을 두고 바로 정과 이에 모두 부합하는 거라고 하지요. 이건 『부생논학浮生論學』35에서 말한 적이 있습니다.

6장

‘ 본 체 ’

‘ 본 체 론 ’

‘철학’등의

용 어 를

사 용 해 야

하 는 가

펑유란은 왜
'서체중용'에 찬성했나

류_____ 지난번 담화록이 출간된 뒤에 어떤 사람이 그러더군요. '정 본체'는 중국철학이면서 서양의 개념을 사용한 것인데, 그렇다면 '중체서용中體西用'이지 '서체중용西體中用'이라고 할 수 있느냐고요.

리_____ 그 문제는 간단하면서도 복잡합니다. 펑유란 선생 이야기부터 해야겠군요. 지난번에 펑유란 선생이 저에게 보내준 대련에 대해 말씀드렸지요. "서학西學을 체體로 삼고 중학中學을 용用으로 삼으라. 홀숫날에는 역사를 읽고 짝숫날에는 경전을 읽으라."1 이건 전통적인 언설을 뒤집은 거예요. 본래는 "중학을 체로 삼고 서학을 용으로 삼으라"2 "홀숫날에는 경전을 읽고 짝숫날에는 역사를 읽으라"3이지요. 앞의 것은 장지동張之洞의 학설이고, 뒤의 것은 증국번曾國藩4이 한 말 같은데요. '경전'은 13경이에요. 유가 경전은 가장 중요하기 때문에 달이 시작되는 첫날에 읽기 시작하는 것이지요.

이 대련은 펑유란 선생이 자발적으로 쓴 겁니다. 그분의 딸 쭝푸宗璞5가 저에게 전화를 했지요. 아버지가 당신한테 주려고 대련을 쓰셨는데 원하느냐고 묻더군요. 저야 당연히 원한다고 했지요! 제가 펑유란 선생과 이 문제를 놓고 토론한 적은 없지만, 당연히 저의 '서체중용'에 관한 견해를 보고 찬성했기 때문에 기뻐서 쓴 것이겠지요. 제가 류 선생한테 그분의 '정원육서貞元六書'6 가운데 하나인 『신사론新事論』을 읽어보라고 했지요? 『신사론』에서는 민국시기 사람들과 청말 사람들의 차이에 대해 말했는데, 청말 사람들이 입으로는 '중체서용'을 외쳤지만 실제로는 '양무洋務'에 힘쓰면서 서양의 과학기술을 적극적으로 도입했습니다. 자신도 모르게 '서체'를 수입한 거예요. 그런데 후스胡適 같은 민국 초의 사람들은 자유·평등·박애를 부르짖으면서 오로지 서양의 '정신문명'을 강조했지요. 이런 점에서 펑유란 선생은 청말 사람들 쪽에 서 있었던 거죠.

제가 '서체중용'을 제기한 지 이미 30년이 지났는데 지금까지도 오해가 끊이지 않아요. 관건은 바로 '서체'라는 두 글자에 있지요. 사실 이 두 글자가 가리키는 것은 현대화된 인민대중의 일상 현실 생활, 특히 물질생활입니다. 서양에서 들어온 과학기술을 기초로 삼은 현대화 덕분에 사람들이 여름에는 에어컨을 틀고 겨울에는 히터를 틀고 비행기와 자동차를 타고 다니며 배불리 먹고 따뜻하게 입으면서 굶주리거나 헐벗지 않으며 인간의 수명이 연장된 것이지요. 저는 이것을 '체'라고 보았습니다. 아주 중요한 것이지요.

류_____ 나중에 『신사론』을 찾아서 읽어봤는데, 확실히 아주 재미있더군요. 펑유란 선생의 견해가 사실은 선생님 견해와 비슷하더라고요. 그 책 마지막 편인 「찬중화讚中華」에 나오는 말인데요. 청말 사람들이 "중학을 체로 삼고 서학을 용으로 삼으라"고 한 말은 한편으로는 통하지 않는 것이고 다른 한편으로는 가능한 것이라고 했어요. 만약 "오경五經과 사서四書를 체로 삼고 총포를 용으로 삼는 다"는 말이라면, 이것은 통하지 않는다는 거죠. 사서오경을 읽는 것으로는 총포를 읽어낼 수 없기 때문이지요. 하지만 "사회를 조직 하는 도덕은 중국인에게 본래 있는 것이고 지금 첨가해야 하는 것이 서양의 지식·기술·공업이다"라는 말이라면, 이것은 통한다는 거죠. 『신사론』 역시 이런 관점이고요. 청말 사람들이 "바꿀 필요 가 없는 것들이 있다고 생각했던 것"을 펑유란 선생은 발견했던 겁 니다. 그것들을 '체'라고 할지 '용'이라고 할지는 결코 중요하지 않 았던 것이죠. 그것들이 가리키는 것이 무엇인지야말로 가장 중요한 것이지요. 그래서 펑유란 선생은 이렇게 강조했습니다. "청말부터 지금까지 중국에 결핍된 것은 특정 문화의 지식·기술·공업이고, 중국에 있는 것은 사회를 조직하는 도덕이다. 중국의 최근 50년 동 안의 활동을 전체적으로 놓고 보자면, 도덕 방면에서는 계승이고 지식·기술·공업 방면에서는 개척이었다. 이것은 매우 분명한 사실 이다."

리＿＿＿＿ 저는 꽤 오래 전에 『신사론』을 읽은 적이 있는데, 대련 을 받은 다음에 그 책이 생각났지요. 펑유란 선생은 제 견해에 찬 성했습니다.

그런데 사실상 문제는 여전히 복잡합니다. 제가 말한 것은 '서체 중용'이지, 서학을 체로 삼은 게 아니거든요. '체'는 '학'이 아니에 요. 제가 말한 서체는 바로 현대화, 현대생활, 도구 본체, '밥 먹는 철학'입니다. 이것들이야말로 '체'이지요. 이것들을 들여와서 '중국 이 사용하자'는 거예요. 물론 '서체'를 '서학'이라고도 할 수 있지 요. 현대생활 안에는 과학이 포함되어 있고, 과학은 서학이며 서양에서 전해진 것이니까요. 지금 초등학교부터 대학교까지 수학·물리·화학을 배우는데 그게 바로 서학 아닙니까? 그리고 자동차·가전제품·컴퓨터·휴대전화는 오늘날의 현실생활과 떨어질 수 없는 도구 본체인데, 이것도 서학 아닙니까? 과학이 이미 우리의 생활 속으로 들어와서 우리들 생활에서 없어서는 안 되는 일부분이 되었지요. 전등을 켜고 텔레비전을 보고 인터넷을 하고 휴대전화를 사용하는 것, 이 모두가 과학과 관련이 있어요. 이런 의미에서 서학이라고 하든 서체라고 하든, 다 괜찮아요. 과학기술은 제1의 생산력이고 도구 본체지요.

류_____ 만약 '정 본체'가 '서체중용'이라고 한다면, 이는 '도구 본체'의 기초 위에서 '정 본체'를 논한 것이고 도구 본체는 바로 '서체'이겠군요.

리_____ 제가 '두 가지의 본체'에 대해 말한 적이 있는데요. '체용體用'에 관한 첸중수錢鍾書의 말을 특별히 인용했지요. 체용은 바로 '형용形用'인데, 형은 실체가 있는 거라는 겁니다. 제가 말한 '체'는 실체가 있는 거예요. 물질성을 지닌 것이지요. 정감은 실체가 없는 거예요. 가장 중요한 것은 13억의 신체라는 존재, 바로 앞에서 말했던 '시공 실체'지요. 실제로는 이 사회라는 존재예요. 많은 사람이 '체'를 일종의 정신적이고 의식적인 존재 및 윤리도덕·문화전통·정치의지 등으로 해석하지요. '서체'라는 말만 하면, 마치 온몸이 외국인화되는 것인 양 바로 눈살을 찌푸리는데요. 사실 최근 100년, 특히 요 근래 20~30년 동안 중국의 사회생활이라는 실체가 바로 그렇게 세계 속으로 들어서지 않았나요? 검은 머리카락과 황색 피부는 변할 리가 없지요. 머릿속과 생활의 많은(전부는 아니

다) 습관·전통·신앙·마음·성격 역시 변할 리가 없지요. 하지만 서양의 현대 과학기술이 더해지면서 각 개인의 생활과 생산방식을 포함해 사회가 전체적으로 변했어요. 이것이 바로 현대화로 인한 변화이자 '서체중용'으로 인한 변화입니다. 어느 누구도 이것을 막을 수 없어요. 이것은 '밥 먹는 철학'의 구성 요소입니다.

심리형식과 '추상계승법'

류_____ 미국에서 중국철학을 가르치는 친구가 선생님의 책을 읽고 아주 좋아하더군요. 그런데 좀 이상한 게 있다고 했어요. 왜 선생님께서 하이데거와 흄과 중국 전통을 계승했다고 하지 않고 마르크스와 칸트와 중국 전통을 계승했다고 하는지 말이에요. 선생님의 철학에는 하이데거와 흄의 정감론의 그림자가 아주 뚜렷한데요.

리_____ 흄의 정감론은 비교적 표면적인 경험의 묘사예요. 경험심리학이지요. 제가 말하는 것은 그런 심리학이 아니라 '선험심리학'입니다. '형식 구조'를 말하는 것이지요. 이것은 펑유란 선생의 '추상계승법抽象繼承法'의 연장입니다. 펑유란 선생은 추상계승을 말하면서 자세히 설명하진 않았는데, 사실은 심리형식의 계승이지요. 이 계승은 결코 추상이 아니에요. 선험도 아니고 천성적인 것도 아니지요. 학습을 필요로 하는 것입니다. 어린애가 걸음마를 배우고 옹알옹알하며 말을 배우는 데는 어른의 도움과 스스로의 학습이 필요하지요. 인간의 인식·도덕·심미의 심리형식 구조 역시 이렇게 완성되는 겁니다. 그래서 "배우는 것이 가장 중요하다"고 하는 것이지요. 이것은 일종의 철학적 가정이에요. 흄이 말한 구체 경험이 아닙니다. 흄을 계승했다고 하는 건 겉만 본 것이에요. 이것은 칸트를 계승한 것인데, 칸트의 '선험'을 심리형식으로 바꾼 것이지요. 즉 경험(내용)이 누적-침전되어 선험(형식)이 된다는 겁니다. 이건 여러 번 말했지요. 그런데 이렇게 칸트를 해석한 사람은 아무도 없었던 것 같아요. 칸트 자신도 심리형식(예를 들면 도덕의 자율)과 사회내용(예를 들면 목적으로서의 인간)을 자주 한데 섞는 바람에 후대 사람들이 더욱 확실히 분간할 수 없게 되었지요.

류_____ 하하하, 그 친구는 호의를 갖고 한 말인 것 같습니다. 현대 서양인은 이해하기 어려운 칸트보다는 하이데거와 흄을 보다 잘 알고 더 친밀감을 느끼니까요. 하이데거·흄과 연결 지으면 받아들이는 사람들도 더 많을 테고요.

리_____ 좀 더 보충할 게 있습니다. 바로 『논어금독』에서 말했던 건데요. 역사의 기이함은, '서체중용'이 장지동과 같은 '중체서용'을 통해서 실현되었다는 데 있지요. 지금도 이런 상황에 있기 때문에 그 방향을 중시해야 해요.

또 하나 보충할 게 있습니다. 왜 펑유란 선생이 저의 견해에 찬성했고, 왜 '청말 사람들'과 '민국 초 사람들'을 구분하면서 경제건설(양무)을 우선시하는 입장에 섰을까요? 저는 그 당시에 그분이 역사 유물론의 영향을 받았던 것과 관계가 있다고 생각해요. 펑유란 선생은 미국에서 돌아온 뒤 소련에 간 적이 있는데, 이 일로 국민당에 의해 감금되었지요. 그분을 위험인물로 간주했던 거죠. 그분은 마르크스주의 서적을 공부한 적이 있습니다. 수십 년 동안 중국 전통철학을 말하던 대학자가 뜻밖에도 저의 '서체중용'에 찬성했으니, 이건 아마 지금까지도 많은 사람에게 의외이고 심지어는 납득할 수 없는 일이겠지요? 아무튼 그분은 철학자이니만큼 단번에 핵심을 틀어쥐었어요. 젊은이들을 포함한 다른 많은 사람보다 확실히 뛰어났습니다. 대다수 사람은 '서체중용'에 대해 거의 고개를 젓는데 말이지요. 최근에 자료를 살피다가 발견했는데, 숭멍페이熊夢飛·리주黎澍·황런위黃仁宇가 "서학을 체로 삼고 중학을 용으로 삼으라"고 잇달아 말했더군요. 하지만 제가 말한 것과는 달라요. 흥미가 있는 분들은 한번 비교해보시면 좋겠네요.

'철학이 중국에 있다'와 '중국의 철학'

리_____ 그런데 철학에 있어서, 저와 펑유란 선생 간에는 큰 차이가 있습니다. 이상하게도 다들 주의를 기울이지 않은 듯한 게 있는데, 바로 펑유란 선생이 두 권의 『중국철학사』를 쓸 때 시작 부분에서 한 말이지요. "지금 중국철학사를 이야기하고자 하는데, 주요 작업 가운데 하나는 바로 중국역사상 각종 학문 중에서 서양에서 소위 철학이라고 이름할 수 있는 것들을 골라내 그것을 서술할 것이다." 아주 명백하게 밝혔지요. 서양철학을 틀로 삼아서 중국 학문 가운데 소위 관련 있는 내용들을 그 안에 맞추어 넣겠다고 말이지요. 어떻게 '고르느냐', 그 기준은 바로 "서양에서 소위 철학이라고 이름할 수 있는 것"이에요. 후스와 펑유란이 채택한 이런 서양철학의 모델이 오늘날까지 모든 철학 연구를 내내 지배해왔어요. 몇 년 전에야 비로소 "중국에 철학이 있느냐 없느냐", 즉 서양과 같은 철학(Being의 존재론과 형이상학 등에 대한 연구)이 있느냐 없느냐에 관한 논쟁이 일어났지요. 그런데 깊이 있게 맞붙지도 못한 채 바로 조용히 가라앉아 버렸습니다.

류_____ 그렇게 보자면, 후스와 펑유란의 중국철학 연구는 '철학이 중국에 있다'는 것이지 '중국의 철학'이 아니군요.

리_____ 그렇지요. 마이푸馬一浮는 펑유란 선생과 반대의 경우인데요. 그도 미국에 간 적이 있고 서양철학을 알았지만, 중국의 개념과 도道·기氣·이理와 같은 어휘를 견지했고 서양의 명사·개념·모델로 중국의 것을 설명하길 단호히 거부했습니다. 미국의 중국학 연구자인 로저 에임스는 중국의 많은 개념을 서양철학의 어휘로는 해석할 수 없다고 보는데요. 예를 들면 '천天'을 헤븐heaven으로 번역할 수는 없지요. '천'에는 스카이sky의 의미가 있으니까요. 확실히 그렇습니다. 그는 인仁·예·도道·성誠 등의 기본 개념은 죄다 번역하기가 굉장히 어렵다고 봅니다. 하지만 마이푸와 같은 '중국철학'의 길이 통할까요?

철학이라는 단어는 일본으로부터 들여온 것으로, 중국의 '국정國情'과 '전통'에 반드시 부합하는 건 아니에요. 그렇지만 오늘날 그것을 사용하지 않을 수 있나요? 그래서 저는 후스와 펑유란이 서양철학의 틀·개념·사상으로 중국의 것을 정리한 공로를 우선 인정해야 한다고 봐요. 적어도 논리성이 부족하고 상당히 모호하고 두루뭉술한 전통 사상('철학'이라고 하지 않아도 좋다)을 단정히 정리해서 사람들이 알 수 있게 해주었으니까요. 이 작업은 계속적으로 할 필요가 있어요. 그런데 지금은 그들의 정리가 초래한 문제와 결함에도 주의를 기울여야 해요. 그건 바로 중국 본래의 사유 특징을 지키기가 굉장히 어렵다는 겁니다. 서양과는 다르면서도 진정으로 창조적인 중국의 것들을 상실했다는 거예요. 예를 들면, 서양의 개념들은 그들의 이성주의적 사고 맥락 안에 있는 것이라서 '정 본체'는 그 안에서 지위나 위치가 없어요. 그래서 펑유란 선생을 두고 '철학이 중국에 있다'는 것을 말한 것이지, '중국의 철학'이라는 큰 문제는 제기하지 않았고 해결하지 못했다고 하는 겁니다.

이어서 '정 본체'의 개념에 대해 더 말씀드리도록 하지요. 이것은 중국철학이지만 그 개념은 서양의 것이지요. '본체' '철학' 같은 개념과 단어는 모두 중국에 없는 거예요. 중국에 없다고 해서 이 어휘가 필요하지 않은 걸까요? 그래도 될까요? 저는 안 된다고 생각해요. 그러한 개념과 단어를 사용해서 중국의 내용을 설명해야 하지요. 서양의 본체noumenon라는 단어는 칸트로부터 비롯되었는데, 현상과 양분된 것이고 초험적인 거예요. '존재론ontology'은 그리스에서 'Being'과 관련하여 전개된 형이상학 토론인데, 나중에 신·초험과 연관되었지요. 이것은 그들의 언어 즉 계사繫辭 being에서 생겨난 거예요. 중국 언어에는 계사가 없어요.7 Being이라는 초험적 존재론8 문제가 애초에 없었던 거죠. 그런 서양철학의 주제와는 전혀 관계가 없었습니다. 중국 전통은 "자신에게 의지하지 타인에게 의지하지 않는다"9 "검증할 수 없는 말은 하지 않는다"10는 장타이옌의 말은 상당히 정확합니다. 서양에서는 '본체론'이 존재론ontology으로, 본체noumenon라는 용어와는 전혀 관계가 없어요. 하지만 중국인은 늘 양자를 한데 연결하지요. '본체론'은 '본체'를 설명하는 철학이 되었습니다. 이 역시 일종의 '서어중용西語中用'(서양의 언어를 중국이 사용한다)인 것 같은데요. 안 될 건 없지만 분명히 설명해둘 필요는 있지요. 이러한 오독과 오용에는 두터운 문화적 토대가 있습니다. 분명히 설명하기만 한다면 안 될 게 없지요. 앞으로 말씀드리겠지만 다윈을 오독하고 오용했던 것처럼 '천'을 헤븐heaven로 번역할 수 있어요. 다만 그것에 어떤 다른 점이 있는지를 설명하기만 하면 되지요. '기' 역시 여러 가지로 변역할 수 있습니다. 때로는 그것이 가리키는 게 '물질적 역량' '생명력'이고 때로는 '정신적 역량'을 가리킨다는 걸 설명하기만 하면 되지요. 그래서 앞에서 설명하길, 제가 말하는 '본체'는 칸트 원래의 의미가 결코 아니라고 했던 겁니다. 제가 가리키는 것은 '최후의 실재', 본원本源, 근원의 의미예요. 본체, 본체론(존재론), 철학, 초험transzendent, 선험transzendental 등의 외래 어휘와 개념을 사용해도 괜찮지만 서양의 본래 뜻과 다른 부분을 분명히 설명해야만 하는 겁니다. 그것들을 전혀 사용하지 않고 배척하는 것은, 같은 지구에서 사는 이상 오늘날에는 불가능합니다.

마이푸는 일련의 전통 어휘로 육경六經을 논했는데 논의가 분명하지 않아요. 저는 중국인이고 게다가 사상사 전공인데도 그가 무슨 말을 한 건지 지금도 잘 모르겠어요. 제가 이에 대해서 천라이陳來에게 물어본 적이 있는데요. 천라이는 중국사상사 전문가인데다가 마이푸에 대한 글도 쓴 적이 있잖아요? 마이푸가 대체 뭘 말했고 뭘 제기한 것인지 천라이에게 물었더니 그 역시 시원스럽게 설명하지 못하더군요. 송명이학을 다시 중복한 것이라고만 하더군요.

마이푸는 육예六藝를 설명하면서 육예가 바로 육경이라고 여겼어요. 즉 『시경』 『서경』 『예기』 『악기』 『역경』 『춘추』 말이에요. 저는 찬성하지 않아요. 그건 공학孔學의 원래 뜻에 어긋나지요. 육예는 분명 예禮·악樂·사射·어御·서書·수數11예요. 활쏘기와 말 타기도 포함되어 있지요. 육예는 생활 범주 전반에 걸친 훈련입니다. 육경은 책하고만 관계가 있고 그저 문약한 서생을 길러낼 수 있을 뿐이지요. 이게 어떻게 공자의 참된 가르침일 수 있겠어요? 물론 한대에는 육예를 육경이라 했고 오경박사五經博士도 설치했지요. 하지만 마이푸가 현대에도 그런 식으로 해석하며 "육예가 모든 학술을 포괄한다"고 하면서 육경으로 동서고금과 현대 과학기술을 개괄하고 통솔하고자 한 것은 그야말로 불가사의한 일이에요. 어떻게 '육경'으로 영자역학과 우주 대폭발과 아이패드ipad를 포괄할 수 있는지 저는 모르겠어요.

마이푸는 불가佛家의 신비한 안개 속에 빠져, 본래 뚜렷했던 문제를 공허한 초시공적 전前현대의 추상과 혼돈의 논의로 만들었어요. 이건 옌푸嚴復·량치차오梁啓超·왕궈웨이王國維·후스·펑유란이라는 현대화의 길에서 완전히 거꾸로 되돌아간 거예요. 저는 마이푸의 시는 읽고 싶지만, 현대의 어휘와 개념을 완전히 배척하는 그의 '육예론'은 정말 마음에 들지 않고 찬성하지 않아요. 제가 이런 말을 하는 이유는 지금 젊은 학자들 중에도 이런 경향이 있는 것 같아서입니다. 마이푸와 마찬가지로 실제로는 근본주의의 길을 걷는 것이지요. 저는 국학을 하는 데 왕궈웨이의 길과 마이푸의 길이라는 다른 길이 있다고 봅니다. 왕궈웨이가 100여 년 전에 쓴 「국학총간 서문國學叢刊序」을 읽어보세요. 지금 사람들보다 훨씬 더 깨어 있었습니다. 왕궈웨이는 후스와 마이푸보다 훨씬 앞서 갔지만 국학이라는 동일한 노선이었지요.

후성은 결국 학자였다

리____ '서체중용' 이야기가 나왔으니 후성胡繩 선생에 관해 말씀드리도록 하겠습니다. 앞에서 비교적 난해한 이야기를 했으니 좀 가볍게 말씀드리지요.

후성 선생은 중국사회과학원 원장이었어요.**12** 처음 그를 만난 건 1950, 1951년 즈음이었지요. 사탄沙灘 베이징 대학의 대운동장에서 그가 연설을 했어요. 건국 초기였지요. "공산당은 '공산共産 공처共妻'**13**(재산과 아내를 공유한다)가 아니라 '공동 생산'입니다. 다 함께 노동합시다!"라고 말하더군요. 아주 인상 깊었습니다. 당시에 그는 정말 젊었어요. 겨우 서른이었지요. 1956년에 제가 후성 선생의 사무실에 갔는데, 그때 그는 중공中共중앙정책연구실에서 주임인가를 맡고 있었어요. 무슨 말을 나눴는지는 죄다 잊어버렸는데, 가장 인상 깊은 것은 그의 책상이 유난히 컸다는 겁니다. 침대보다도 컸어요. 정말 부러웠지요. 나중에 그의 집에 간 적도 있습니다. 그는 원래 스자후통史家胡同에 살았는데 나중에 안딩먼安定門 안쪽으로 이사했고, 무시디木樨地로 다시 이사했지요. 집도 아주 크더군요. 서재도 여러 칸 있었지요. 정말 책으로 가득하더군요. 마오쩌둥이 직접 쓴 글이 여러 개 걸려 있던 게 기억나네요. 밖에서는 보이지 않았지요. 제가 알기로는 후성 선생은 톈자잉田家英**14**과 잘 아는 사이였어요. '두 개의 무릇兩個凡是'에 대한 반대가 있은 뒤에 입장이 바뀌기도 했고요.15 후성 선생은 저한테 줄곧 잘해주었습니다.

류_____ 후성 선생은 선생님을 굉장히 중시했지요. 류짜이푸 선생이 『사우기사師友紀事』에 쓴 이야기인데요. '문혁' 후기에 덩샤오핑鄧小平이 일을 주관하면서 후성이 자유롭게 되자 '사인방四人幫'이 틀어쥐고 있던 『홍기紅旗』에 도전할 작정으로 학부에서 간행물을 내려고 했다더군요. 편집부가 원고를 의뢰할 명단을 작성했는데, 거기에는 린지위任繼愈·탕타오唐弢 같은 명망 높은 이들이 있었는데도 후성이 보고는 일류 저자가 너무 적다며 불만스러워 했다더군요. 그래서 누구를 보태면 좋을지 물어봤더니, 첸중수·허치팡何其芳·리쩌허우한테 원고를 부탁하라고 했답니다!

리_____ 하하, 저를 너무 띄우시는군요. 어떻게 제가 그 두 분에 비할 수 있나요? 아무튼 1990년대 초에 저에 대한 비판이 있었을 때, 후성 선생이 직접 우리 집을 찾아온 적이 있습니다. 엘리베이터가 없어서 5층까지 걸어 올라와서 노크하고 들어왔지요. 자기비판을 하라고 찾아왔는데 하지 않아도 괜찮다고 하더군요. 그냥 입장만 밝히면 된다고 했는데 제가 대답하지 않았습니다. 그가 나중에 고개를 들더니 벽에 있는 펑유란 선생의 대련을 보았지요. 그는 대련의 내용에 동의하지 않더군요. 그는 항일전쟁 시기에 펑유란 선생을 비판하는 상당히 비중 있는 글을 쓴 적이 있지요. 후성 선생과 저는 토론을 시작했는데 두 시간이 넘도록 논쟁이 끝나지 않았습니다. 그는 저를 설득하지 못했고 저도 그를 설득하지 못했지요. 자기비판에 관한 일은 더 이상 언급하지 않더군요. 아마도 잊었을 거예요. 그를 배웅하러 아래층으로 내려갔을 때 팡푸龐朴가 보고는 후성 선생이 왜 저를 찾아왔는지 놀라며 의아해 하더군요. 그 당시에 후성 선생은 원장이었고 저는 그저 일개 연구원인데다가 나이도 그보다 열 몇 살이나 적었거든요.

류＿＿＿＿ 재미있는 일화네요. 『세설신어世說新語』16에 수록해도 되겠어요. 후스의 이야기가 생각나네요. 그가 모임에 참가했는데, 도착하자마자 급한 일이 있어서 곧 가야 한다고 했지요. 그때 어떤 사람이 『수경주水經注』에 대해 이야기하기 시작했는데, 후스가 갑자기 흥분하더니 사람들과 토론을 벌였고 결국은 밥을 먹을 때까지도 떠나지 않았습니다.

리＿＿＿＿ 하하하, 비슷하군요. 1950년대 후스에 대한 비판이 있었을 때 후성 선생은 주요 비판자 가운데 한 명이었지요. 사실 모두가 학자잖아요. 후성 선생은 나중에 저한테 편지를 써서 관계를 끊지 말아 달라고 하더군요. 제가 어떻게 그와 관계를 끊을 수 있겠어요? 중국을 떠난 뒤에도 중국에 들어왔을 때 찾아간 적이 있습니다.

중국의 많은 당내 이론가는 비서秘書 출신이지요. 비서가 되면 무슨 문제가 있냐면, 바로 자신의 관점을 갖기가 어렵다는 거예요. 지도자를 따를 수밖에 없어요. 지도자가 오늘 이렇다고 하면 이런 것이고, 내일 저렇다고 하면 저런 것이죠. 그래서 뛰어난 재능이 있는 사람일지라도 관점을 갖기가 어려워요. 정국에 따라서 견해가 늘 바뀌는 거죠. 후성 선생은 그런 사람들과 달랐지만 그의 이론과 사학 연구 역시 1949년 이전과는 달리 정치의 거대한 영향을 받았어요. 이것은 '구舊지식인'과 '혁명 지식인'을 포함해서 중국의 몇 세대 인문 지식인들의 비극이기도 하지요. 얼마나 많은 이가 있었나요. 다들 엘리트였어요. 탕융퉁湯用彤이나 쭝바이화宗白華처럼 고상하고 뛰어난 학자들 역시 그 당시 마르크스주의 이론 앞에 충심으로 복종했지요. 원래부터 혁명을 했던 학자들은 더더욱 말할 것도 없고요. 이것은 지금까지도 충분히 연구되지 않은 중국 현대 사상사의 중요한 과제입니다. '충심'에 관건이 있는데요. 마르크스주의를 진심으로 받아들이고 믿고 복종했습니다. 이건 적어도 대표적 인물들에 대한 충분한 개별 연구가 이루어진 뒤에 종합적으로 귀납할 필요가 있어요. 전에도 몇 가지 말한 적이 있고 앞으로 또 말하게 되겠지만, 그저 직관적인 제기일 뿐이지 연구라고는 할 수 없지요. 이 문제를 연구하는 것은 중국 사대부 지식인의 문화심리와 정신구조를 이해하는 데 정말 유용할 겁니다.

중국은
어떤 철학을 받아들였나

리_____ 청말 사람들과 민국 초 사람들이 외래 사상을 받아들였던 것에 대해 아까 말씀드렸는데요. 사실 중국 지식인이 서학을 받아들인 건 자신의 선택이었습니다. 앞에서도 말씀드렸듯이 현장이 가져온 유식종은 중국에서 자리를 잡지 못하지 않았습니까? 여기에 바로 토양의 문제가 있습니다. 중국이 마르크스를 받아들인 것 역시 우연이 아니에요.

류_____ 그건 그 당시에 중국이 계속해서 약해지고 빈곤이 누적되었기 때문에 국가를 멸망으로부터 구하고 살길을 강구하고자 했던 것과 관계가 있겠지요?

리_____ 현실적 원인 외에도 사상 전통의 원인이 있습니다. 중국에는 예운 대동禮運大同17의 사상 전통이 있어요. 이 세상에 천국을 세우고자 하는 것이지요. 마르크스는 대동사상을 제기했고, 마오쩌둥은 캉유웨이의 『대동서大同書』를 여러 차례 언급하면서 인간 세상에 공산주의를 건립하고자 했습니다. 중국은 실천을 강조하는데, 마르크스 역시 실천을 강조했지요. 중국은 '윤리적 의무를 다할 것'을 중시하고 오륜의 관계 속에서 살아가지요. 이건 지난번에 말씀드렸어요. 나는 아버지의 아들이자 아들의 아버지예요. 마르크스는 '인간은 사회관계의 총화'라고 했지요. 양자가 비슷한 점이 있어요.

마르크스가 말한 투쟁은 본래 중국에서 가장 받아들이기 어려운 것이지만 결과적으로는 받아들였어요. 중국철학은 본래 조화를 강조하는데, 이게 중국의 '생존의 지혜'와 부합하지요. 하지만 다윈의 종種의 경쟁과 우승열패優勝劣敗 학설이 전파되자, '2000년 동안 없었던 비상사태' 속에서 '망국과 멸종'의 위험이라는 자극을 받아 모두가 그것을 받아들였어요. 이것 역시 생존을 도모한 것이지요. 소위 '구망도존救亡圖存'이지요. 종의 생존이 결국 우선순위였어요. 여기서부터 마르크스의 계급투쟁설의 수용까지는 자연스럽게 이루어졌습니다.

중국은 정감과 이성이 어우러지면서 외래사상을 받아들였다고 앞에서 말씀드렸지요? 근대를 놓고 보자면 진화론의 수용도 그랬고 마르크스·레닌의 수용 역시 그랬습니다. 주광첸朱光潛 선생이 1985년에 홍콩에 갔을 때, 자기는 공산당원은 아니지만 마르크스주의자라고 말했지요. 또 1982년에 펑유란 선생이 콜롬비아 대학에 가서 명예학위를 받을 때도 그랬습니다. 그렇게 말하라고 아무도 시키지 않았어요. 그건 그들의 정감과 사상의 충실함을 자각적으로 표명한 것이지요. 이것도 굉장히 재미있어요. 연구해볼 만해요. 중국 현대사상은 외래의 자극을 받아, 전통사상에서 다윈을 거쳐 마르크스에 이르고, '과학적 인생관'(후스·딩원장丁文江)에서 '혁명적 인생관'(천두슈陳獨秀와 공산당원)에 이르렀지요. 중국인은 정감을 지니고서 이 이론들을 받아들이고 실천하고 힘썼습니다. 이것은 "생生하고 생生하는 것을 역易이라고 한다"는 오랜 전통이라고 할 수 있지요. '국수國粹'를 부르짖던 보수파가 아닌 '5·4' 반反유가의 급진적 인물이야말로 유가정신의 진정한 계승자라고 제가 『중국현대사상사론中國現代思想史論』에서 말했던 것도 바로 이런 맥락입니다. 루쉰魯迅이 말하지 않았습니까. 중국인의 급선무는 첫째가 생존하는 것이고, 둘째가 배불리 먹고 따뜻하게 입는 것이며, 셋째가 발전해야 한다는 것이라고요. 이 앞길을 방해하는 것이 있다면 그게 무엇이든지 죄다 밟아 넘어뜨려야 한다고 했지요.[18] 개체가 천당으로 가는 영혼의 구원이나 심판이 아닌, 이 세계에서 동족의 생존과 지속인 '구망도존'이 그 당시 중국인의 마음에서 첫 번째 자리를 차지했습니다.

류_____ 그런데 다윈의 학설 가운데 '적자생존'은 자연의 기나긴 선택에 따라 약자가 점차 도태되는 것을 가리키는 것이지, 종 간의 능동적인 투쟁으로 싸워 이기거나 타인을 먹어 치우는 것을 가리키는 건 아니지요. 옌푸부터 시작해서 루쉰과 마오쩌둥에 이르기까지 사실은 모두가 오독한 거예요.

리_____ 그 당시에 받아들인 것은 결코 진정한 다윈이 아니었어요. 사회진화론이었지요. 영국 식민주의의 이론이었어요. 그런데 중국인은 이것을 역으로 읽어내서 자강自強과 생존을 추구했습니다. 그러니까 이러한 수용은 민족이라는 물질적 실체의 생존을 근본으로 한 것이지요. 민족도 그랬고 개인도 그랬어요. 자립·자강이라는 인명과 학교명이 전국 곳곳에 있었지요. "군자는 스스로 강건해지기 위해 쉼이 없어야 한다"는 전통이 외래사상을 흡수해서 새로운 의미를 갖게 되었습니다. 민족과 국가로서는 구망救亡이었고, 개체로서는 자립·자강·개인주의였지요.

문화 전파의 역사에 있어서 오독의 사례는 아주 많아요. 중국인의 특징은 자극을 받은 뒤에 분발하고자 하고 흥기하고자 하고 강해져 스스로 일어서고자 한다는 거죠. 그래서 앞에서 말씀드리길, 두터운 문화적 배경이 있는 '오독'은 안 될 것이 없다고 했던 겁니다. 그것은 일종의 현실적 근거가 있는 해석학적 기능을 보여주지요. 아카데미즘적인 정확한 해석이 물론 좋긴 하지만 그로 인해서 선현을 경시하다가 도리어 이해가 얕아질 수 있어요.

류_____ 중국 지식인 역시 헤겔을 받아들였지요?

리_____ 헤겔을 받아들인 주요 원인은 마르크스와의 관계 때문이지요. 특히 1949년 이후에 마르크스레닌주의를 힘써 선전했기 때문이에요. 마르크스는 직접적으로 헤겔로부터 비롯되었으니까요. 레닌이 헤겔을 독해한 '철학 노트'는 아주 중요하지요. 헤겔 역시 중국철학과 비슷한 점이 있는데, 바로 그에게 역사감이 있다는 겁니다.

류_____ 중국은 경험을 강조하는데, 왜 흄과 같은 영국의 경험론을 받아들이지 않았을까요?

리_____ 경험론에도 여러 유파가 있습니다. 경험을 묘사하기 때문에 지나치게 복잡하고 세밀하게 마련인데, 흄의 『인성론』이 그렇지요. 중국 전통은 경험적인 것이든 이성적인 것이든, 너무 복잡하고 자질구레한 묘사·설명·논증을 좋아하지 않아요. 현장이 가져온 유식종에 대해 앞에서 말씀드렸는데, 유식종은 만청晩淸 시기에 다시 한 번 타오르긴 했지만 결국 연기처럼 사라졌지요. 인명학因明學과 지금의 분석철학은 중국에서 발전하지 못했어요. 진웨린 선생의 『지식론』은 정말 두껍고 세밀한데, 저는 계속해서 볼 수가 없더군요. 그분은 펑유란 선생과 동시에 책을 썼지요. 그분의 세밀한 연구와 엄격한 분석이, 그다지 엄밀하지 않고 대략적인 펑유란 선생의 저서보다 영향력에서 훨씬 뒤집니다. 진웨린 선생의 『지식론』을 완독할 수 있는 사람이 몇 명이나 될까요? 중국인은 경험을 중시하되, 경험을 모종의 개괄적인 체계와 관념으로 끌어올리길 좋아하지요. 실용성을 갖춘 간단명료하고 요점을 찌르는 이성 체계 말이에요. 예를 들면 음양학설, 오행학설, 이기理氣학설, 심성학설, 경락經絡학설, 오운육기五運六氣19설 같은 거죠. 이에 대해서는 제가 「중일 문화심리 비교에 관한 시론」이라는 글에서 역점을 두고 논했습니다.

듀이의 실용주의 역시 중국 유학과 비교적 가까워요. 중국 지식인은 듀이의 학설을 대대적으로 받아들였지요. 특히 후스, 타오싱즈陶行知, 미국 유학생들이요. 하지만 듀이 역시 마르크스에 비할 바는 아닙니다.

류_____ 그건 왜지요?

리＿＿＿ 「유학 4기를 말하다說儒學四期」에서 말한 적이 있는데
요. 유학 전통과의 접점에 있어서 마르크스와 듀이는 공통점이 많
습니다. 예를 들면 양자 모두 사회 집단을 중시하고 '독립적 개인'
을 경시하지요. 또한 노력과 실천을 중시하고 논리와 현리玄理를 경
시하지요. 효용과 진리를 중시하고 집착과 도그마를 경시하지요.
현실의 경험을 중시하고 초험적 세계를 경시하지요. 하지만 마르크
스가 중국인의 마음을 더 잘 움직일 수 있었던 두 가지가 있습니
다. 첫째는 세계에 모종의 객관적 규율이 있음을 인정한 거예요. 바
로 '천도'인데 마르크스에게는 역사 발전의 필연성이지요. 둘째는
이로 인해 미래의 세계에 대해 모종의 유토피아인 대동세계의 이상
을 품고서 그것을 위해 분투하고 인생의 의미를 거기에 기탁한다
는 것이지요. 이 두 가지 점에서 마르크스가 듀이보다 중국 유학
전통에 보다 가까이 다가섰습니다. 특히 두 번째 것은 종교가 없는
중국인에게 준종교적인 정감적 기능을 했지요. 그래서 1920~1930
년대 중국 지식인은 듀이가 아닌 마르크스를 택했고 1940~1950
년대에는 사회발전사 학습에 열중하면서 사회주의 공산주의를 위
해 분투하고 헌신했는데, 이 모든 게 우연이 아닙니다. 다들 자발
적으로 노력하고 실천했는데, 거기에는 내재적인 문화심리적 원인
이 있어요.

　말이 나온 김에 타오싱즈에 대해 말씀드리지요. 듀이는 "학교가
바로 사회이고 교육이 바로 생활"이라고 했는데, 타오싱즈는 이를
뒤집어서 "사회가 바로 학교이고 생활이 바로 교육"이라고 했습니
다. 이는 한 걸음 더 나아간 것이지요. 듀이의 주장을 마르크스주
의화한 것 같아요. 사실 마르크스는 그런 말을 하지 않았지만요.

마오의 오칠 간부학교가 타오싱즈의 말과 비슷한데, 이론이나 체계적인 교육은 중요하지 않고 생활하기만 하면 된다는 거였어요. "농촌은 대학교다" "나라 전체가 해방군에게 배워야 한다"고 마오쩌둥이 말하면서 '문혁' 기간에는 학교의 수업이 중지되었지요. 노동자에게 배우고學工, 농민에게 배우고學農, 군대에게 배우는學軍 모든게 그런 방향에서 이루어진 겁니다.

듀이의 본의는, 학교 교육이 생활의 내용과 분위기에 녹아들어야 하며 교육이 생활과 떨어져서는 안 되고 주입식이 되어서도 안된다는 것이지요. 사실은 주입식에도 좋은 점이 있습니다. 체계적이고 강제적인 암기식 훈련도 반드시 필요해요. 역사·인문·과학등에 있어서 인류에게 가장 좋은 것들은 체계적 주입이 필요해요. 행위규범에 대한 훈련도 마찬가지입니다. 윤리학의 경우, 이러면 '안 된다' 저러면 '안 된다'는 유치원에서의 가르침부터 종교의 '십계명'에 이르기까지 모든 게 개체로서의 생물적인 욕구를 억제하고 부정할 것을 요구하지요. 이건 바로 '극기복례克己復禮'이기도 합니다. 언어의 명령이 전달하는 이성 규범이에요. 한 세대에서 다음세대로 전해지면서 인간의 심리형식을 구축하는 것이지요. 여기에는 윤리도덕을 비롯해 인식과 심미 등도 포함되어 있습니다. 이런교육은 반드시 필요하지요. 헤겔이 말하길, 기계성을 거쳐야 화학성에 이르고 그 뒤에야 비로소 목적성에 이를 수 있다고 했어요.[20] 확실히 탁월한 견해지요. 이성주의가 경험주의보다 뛰어난 점이기도 하고요. 헤겔은 「정신현상학 서문」에서 과거의 성인의 지식이 오늘날에는 아동의 연습이나 유희로 낮아졌다고 하면서 이렇게 말했지요. "이러한 과거의 자취는 이미 모두 보편정신이 획득한 자산이 되었다. (…) 개체의 형성은, 이미 갖추어진 자산들을 획득하고 그것의 객관적 실재를 소화하여 자신의 것으로 만드는 데 달려 있다." 그래서 저는 인간이 역사적 존재라는 점과 교육의 중요성을 늘 강조합니다.

앞에서 말씀드린 '낳고 낳는 것生生'과 '무사巫史'는 모두 '동動'의 측면을 중시하지요. 하지만 무巫의 춤이 시작되기 전에는 '정靜'의 과정이 있습니다. 어린아이의 교육 역시 마찬가지예요. 어린아이가 완전히 침착하게 집중력을 갖고서 각종 본능적 욕망 및 마음의 여러 생각과 동작을 억제하도록21 기르는 것은 매우 어려운 일이지요. 이것은 인간을 동물과 구별 짓는 인식능력의 시작이에요. 순자는 "마음을 비우고 한 가지에 집중하여 고요해져야虛一而靜" 비로소 외계外界를 인식할 수 있음을 강조했는데, 정말 뛰어난 견해지요. 듀이가 주장한 식의 아동 교육은 안 됩니다. 물론 지금의 중국 교육을 놓고 말하자면 이야기가 다르지요. 지나친 주입식과 과다한 시험과 과다한 경쟁이 많은 인재를 심각하게 해치고 있어요. 이건 제가 최근 몇 년 동안 거듭해서 말해온 겁니다.

7장

'정 본 체'의

외적 확장과

내적 확장

'정 본체'의 외적 확장은
정치철학이다

류_____ 딩윈이 「계몽 주체성과 30년 사상사」에서 이렇게 말했
는데요.

'유가와 법가의 호용儒法互用' 학설은 구상이 정교하고 의미가 깊
으며, 스트라우스1 이후 시대 정치사상에 관한 토론의 정곡을
찔렀다. 중화의 정치체제 혹은 중국 국가형태의 본질이 과연 무
엇인가? 더욱 귀한 것은 리쩌허우가 '정 본체'로부터 '윤리-정치'
차원을 끌어내고자 시도했다는 점이다. '총체성의 요구'가 소위
'정치철학'에 의해 그 권위를 박탈당한 오늘날, 이것은 유일무이
한 귀한 노력이다.

선생님께서 '정 본체'로부터 '윤리-정치' 차원을 끌어내고자 했
다는 딩윈의 말에 동의하시는지요?

리_____ '정 본체'의 내적 확장은 "심미로 종교를 대신한다"는
종교철학이고, 외적 확장은 "음악은 정치와 통한다" "조화가 정의보
다 낫다"는 정치철학입니다. 고대에는 '유가와 법가의 호용'으로 인

해, '정에서 비롯된 도道'인 '예'가 순전히 형식 이성에 의해 구축된 '형刑'과 '법'에 스며들어 이를 보충하고 희석했지요.

「유가와 법가의 호용을 말하다說儒法互用」에서 '예'와 '법'을 대비해서 표로 만들었는데, 대략 다음의 일곱 항목입니다.

예	법
성문화되지 않은 관습의 원칙(경經)	성문화된 규범 형식
상황과 조건을 중시하며 융통성·특수성·차이성이 보다 많다 (권權, 여기에는 '정'의 요소가 있다)	보편과 확정을 중시하며, 일정한 평등과 일치를 추구한다
개체의 자각과 능동을 요구한다	개체의 피동과 복종만을 요구한다
공덕公德(공공 행위)과 사덕私德 (마음의 수양)이 하나로 결합된다	행위가 공덕을 나타내길 추구할 뿐 내재적인 사덕에 대해서는 묻지 않는다
사회 여론의 제재와 견책을 기반으로 한다	주로 정부 측에서 제재하고 처리한다
목적성을 체현한다(그 자체가 목적이다)	도구성을 체현한다(그 자체가 수단이다)
정감적이다(인仁으로 귀결된다)	비정감적이다(인과 무관하다)

법가학설을 절대 지침으로 삼았던 강대한 진秦 왕조가 겨우 15년 만에 무너져 급속히 소멸되었기 때문에, 강대한 제국을 어떻게 오래도록 유지할 것인지가 한대 지식인과 통치자의 최대 난제가 되었습니다. 그래서 유학이 새롭게 환기되었고, 가의賈誼의 「과진론過秦論」, 동중서의 「천인삼책天人三策」과 『춘추번로春秋繁露』 등이 나왔지요. 이것들의 정신은 바로 예와 법의 융합 및 유가와 법가의 호용이었어요. 선진先秦 시기의 원전 유학을 법가의 정형政刑 체제體制에 이식함으로써 '전환적 창조'를 완성한 것이지요. 오늘날의 시대 역시 우리가 또 다른 '전환적 창조'를 찾아야만 하는 결정적 순간에 다다른 것 같습니다. 그래서 제가 '사회적 공덕公德'과 '종교적 사덕

私德'을 구분함으로써, '정치·윤리·종교'가 일체화되어 있는 전통 예교를 해체하자고 했던 거예요. 정치·윤리·종교, 이 '셋의 합일'은 사실 전통적인 '인치人治'지요. 지금 가장 먼저 해야 할 일은, 정감과 이성이 뒤섞여서 정에 얽매여 법을 어기는 상황이 재현되지 않도록 하는 겁니다. 인정²이 법치를 파괴하는 일이 또 다시 있어서는 안 되지요. 제가 말한 사회적 공덕은 롤스John Rawls의 '중첩적 합의'와 유사하지만 현대적 경제 기초를 보다 강조합니다.³ 두 종류의 도덕을 명확히 구분해야만 전통의 '종교적 사덕'이 '사회적 공덕'을 제대로 이끌어서 적절히 자리잡도록 할 수 있어요. 여기서 천지의 정과 인간세상의 따스함을 중시하는 '종교적 사덕'은 '정 본체'이기도 하지요.

류_____ 만청 시기의 상황도 약간 비슷한데요. 최근『동방조보東方早報』에 실린 량즈핑梁治平의 일련의 글들에 나오는 내용인데요. 만청 시기에 선자번沈家本이 입법立法을 추진하자 라오나이쉬안勞乃宣은 법이 예교에 영향을 줄 거라면서 수정과 삭제를 요구했고 유가와 법이 충돌을 일으켰지요.

리_____ 그건 바로 공공이성과 전통도덕의 충돌이에요. 공공이성은 개인을 단위로 삼고 평등한 계약의 원칙을 중히 여깁니다. 계약의 원칙을 강조하고 부모와 자식은 평등한 존재지요. "아버지와 아들은 친구"라고 담사동譚嗣同이 말했는데, 친구라면 당연히 평등한 존재지요. 그런데 중국에서는 그렇지 않았어요. 중국에는 등급이 있어서, 부자·군신·부부는 평등할 수 없었지요. 원전 유학은 임금과 신하가 의義로써 함께하며 임금은 임금답고 신하는 신하다울 것을 강조합니다. 임금이 임금답지 않으면 신하는 옷소매를 뿌리치고 떠나 거들떠보지 않는 거죠. 공자가 바로 그렇게 했습니다. 그런데 진시황秦始皇과 한漢 무제武帝를 거치며 군주 전제 제도가 확립된 뒤로는, 임금은 임금답지 않아도 괜찮지만 신하는 신하답지 않으면 안 되었지요. 허자오우가 적절한 말을 했는데요. '문혁'을 겪으면서 얻은 최대 이점은 '충군忠君'이 무슨 의미인지 다들 이해하게 되었다는 겁니다. 저우언라이周恩來는 마오가 틀렸다는 것을 분명히 알고 있었음에도 충성스럽게 집행했지요. 중국은 '충군'을 요구했어요. 이건 중국 전통이지요. 그런데 이것이 근대적 발전을 방해했어요. 우리가 현대화로 보다 잘 진입하는 것을 방해했지요.

그래서 지금으로서는 '정 본체'를 많이 강조하고 싶지 않습니다. 지금 우리에게 부족한 것은 공공이성이에요. 세밀한 제도 및 법률을 엄격히 집행하는 형식적 정의가 부족하지요. 사회적 도덕은 공공이성의 토대 위에 건립되어야 해요. 공공이성은 계몽이성이 강조하는, 개인을 단위로 하는 인권이기도 합니다. 사람은 모두 동일한 권리를 갖고 있어요. 이성적 측면에서는 평등해야 하지만 정감에 있어서는 다를 수 있지요. 밥을 먹을 때는 연장자가 상석에 앉도록 할 수 있지만 회의할 때는 그럴 필요가 없어요. 지금은 관본위官本位라 관권官權만 있으면 연장자도 안하무인격으로 대하지요. 푸이溥儀가 세 살이었어도 다들 머리를 조아리고 만세를 외쳐야만 했던 것처럼 말이에요. 이건 봉건주의로 후퇴한 거예요. 이것도 여러 번 말한 적이 있습니다. 이렇게 이 이야기가 중복되는 게 현실의 비애를 말해주는 거죠.

'양덕론'은
정치철학의 기초다

류_____ 지금 단계에서는 '정 본체'에 대해서 많이 말씀하고 싶지 않다고 하셨는데요. 지금 가장 먼저 해결해야 할 일은 공공이성을 건립하는 것이기 때문이라고 하셨지요. 선생님의 예감은 옳아요. 지난번 담화록이 출간된 뒤에, 책에서 '정 본체'를 많이 말한 게 중국의 발전을 추진하는 데 반드시 이롭지만은 않고 심지어는 해가 될 수도 있다고 여기는 사람이 있었거든요. 하지만 저는 오해가 있다는 생각이 드네요. 우리의 사유는 너무 일원화되어 있어요. 그래서 무엇을 읽든지 하나의 목표에만 기대지요. 루쉰이 1936년에 이야기[4]했던 건데요. 수박을 먹을 때에도 우리의 국토가 수박처럼 쪼개지는 것을 떠올려야 한다는 주장을 비판한 이야기입니다. 루쉰이 뭐라고 비판했냐면 말이지요. 전사가 수박을 먹는 것은 단지 목이 말라서 먹으려는 것인데 수박을 먹고 기운을 내서 전투하게 되면 갈증 났을 때와는 다르기 때문에 수박을 먹는 게 적과 싸우는 것과 확실히 관계가 있다. 하지만 수박을 먹을 때 국치國恥에 대한 강의를 늘어놓을 필요는 없다는 겁니다. 마찬가지 이치로, 철학의 궁극적인 관심을 이야기하고 심리 본체를 이야기하는 것은, 현재의 중국 문제를 어떻게 해결할 것인가와 서로 다른 측면이고 두 가지 다른 이론이지요. 관계가 있다 하더라도 하나로 뒤섞어서 논할 필요는 없지요. 양자는 병존하며 상호 보충할 수 있습니다. 각자의 가치가 있어요. 선생님께서 늘 하시는 말씀처럼, 조작 층위와 존재 층위에 있어서 서로 다르게 대응해야 하지요. 정치철학에 있어서는, 지금은 '정 본체'에 대한 말을 삼가는 게 괜찮습니다. 공공이성의 건립을 절실하게 호소하고 추진해야 하니까요. 하지만 철학본체론으로서의 '정 본체'에 대해서는 충분히 말씀하셔야 한다고 생각합니다. 당당하게 말씀하시고 국내외 곳곳에서 말씀하시면서 이 사상을 보다 멀리 전파하셔야지요.

리_____ 어떤 사람은 '정 본체'라고 하면 곧장 인정·인치·인간관계와 연결하면서, '정 본체'의 제기가 중국 문제를 제대로 보지 못한 채 개혁의 심화에 반대 논조를 부르짖는 거라고 생각합니다. '국학파'는 전통 예제를 하늘처럼 받들면서 그것으로 '중국 모델'을 만들 수 있다고 생각하고요. 제가 공자와 유학을 이야기하니까 어떤 사람들은 저를 '국학파'와 엮습니다. 그런데 이런 사람들은 이제껏 저의 책을 진지하게 읽어본 적이 없는 거죠. 류 선생이 말씀하신 것처럼 철학과 현실이 반드시 동일한 층위에 놓여 있는 건 아니에요. 철학은 보다 멀리 내다봐야 하지요.

류_____ 사실 정치철학에서의 선생님 관점은 굉장히 명확하지요. 그리고 이미 거듭해서 강조하셨고요. 두 종류의 도덕 즉 공덕과 사덕을 지금으로서는 반드시 명확히 구별해야 한다, 법치사회는 사회적 공덕과 관련이 있고 이것이 지금 중국의 사회 문제의 관건이라고 하셨지요. 이건 선생님의 '4가지 순서' 가운데 '사회 정의'의 문제이기도 하고, '유가와 법가의 호용' 가운데 '법'의 문제이기도 하고, 세계와 접속하는 데 있어서 보편가치의 문제이기도 하지요. 공덕과 사덕의 문제가 어느 정도 해결됨으로써(철저한 해결은 불가능하다) 정감과 이성이 뒤섞인 채 정에 얽매여 법을 어기는 상황이 곳곳에서 재현되지 않도록 하고, 인정에 얽힌 관계가 더 이상 그렇게 쉽게 법치를 파괴하지 않도록 해야지요. 공공여론 역시 두 종류의 도덕을 명확히 구분하도록 해야 하고요. 그래야 비로소 사덕으로서의 '정'이 사회적 공덕을 이끌면서 사회적 공덕에 스며드는 것에 대해 연구할 수 있지요. 또한 전통 예제에 담긴 생명 및 발굴 가능한 현대적 요소를 법치 속으로 스며들게 할 수 있고요. 이건 장래의 일입니다. 하지만 이것은 존재론적 측면에서의 '정 본체'는 아니에요.

리_____ 『논어금독』에서 종교적 사덕과 사회적 공덕으로 '충忠과 서恕의 도道'를 해석했는데요. 정 본체의 '충'5으로써 공공이성의 '서恕'6를 이끄는 것이지요. 그러니까 오늘날 법률을 제정할 때 '정'이라는 요소에 주의를 기울이는 데 있어서 류 선생이 말씀하신 것들 역시 결코 방해가 되지 않아요. 제가 거듭 말했듯이 중국은 부모를 부양해야 하는 자녀의 의무를 법률화할 수 있어요. "사람을 근본으로 삼는다"와 "조화和諧사회" 등의 제기7도 같은 맥락이고요. 그런데 지금의 문제는 법이 있어도 따르지 않는다는 거예요. 법률이 일단 제정되면 엄격하게 집행해야만 합니다. 정실에 얽매이면 안 되지요. '법에 의거해 나라를 다스리는' 법제rule by law에서 '법으로 나라를 다스리는' 법치rule of law로 나아가야 하고, 정감의 침투는 후자에서 논의되어야 합니다.

류 선생이 중시하는 것은 '정 본체'의 내적 확장, 즉 현대인이 절실하게 느끼는 개체 자신의 존재 의의에 관한 문제와 관련이 있지요. 생리적 본능에 기초한, 강대한 충격력을 지닌 자연스러운 감성 및 이에 상당하는 힘을 지닌 비이성적 정서에서 나온 생각과 싸워 이기는 게 현대사회에서는 굉장히 어려운 일이지요. 죽음의 공포,

정욕의 출렁임, 삶의 고뇌, 인생의 번민, 존재의 공허 등과 싸워 이기는 것은 쉽지 않아요. 이러한 고뇌·번민·공허가 사람들의 골수까지 침투해 있습니다.

류＿＿＿ 제가 이해한 바로는, 철학 본체론으로서의 '정 본체'는 주로 개인을 상대로 하는 건데요. 자신이 믿는 대로 생각하고 생존하는 것이지요. 이것은 정치철학과 차이가 있어요. 현재의 사회·정치·경제의 실제 문제를 해결하려는 사회과학과는 더더욱 다르고요. 톨스토이가 한 말이 기억나는데요. 지방자치 문제를 해결하는 소설을 두 시간 동안에 쓰는 것은 원치 않는다고 했지요. 그는 필생의 정력을 바친 소설 한 편을 써서 20년 뒤의 사람이 보고서도 눈물을 흘리고 그 소설로 인해 삶을 더 사랑하게 되길 원한다고 했습니다. 사실 톨스토이는 실제 사회문제를 해결하는 텍스트와 문학을 분명하게 구별한 것이지요. 사회문제를 해결하는 척도로써 개인의 존재 의의를 탐구하는 철학 본체론을 재단하거나 심지어 부정하는 것은 굉장히 단편적이라고 생각합니다.

리＿＿＿ '정 본체'는 정치철학과 연관될 수 있고 반드시 연관되어야 해요. 그것은 단지 내향적 체험 및 개체의 심리 문제가 결코 아니에요. 그저 내향적이고 내적 확장뿐이라면, 그것은 유학에서 말하는 "도道는 정에서 비롯된다" "예는 정에서 비롯된다"[8]는 게 아니지요.

'종교적 도덕'이 '사회적 도덕'을 이끌어서 적절히 자리잡도록 해야 한다고 말하는 까닭 역시 '정'을 정치철학에 스며들게 하려는 겁니다. 서양의 계몽주의와는 달라요. 저는 서양을 통째로 답습하는 것에는 내내 반대해왔어요. 정치철학을 포함해서 말이죠. "조화가

정의보다 낫다"는 것도 그래서 한 말입니다. 그리스 정치철학 역시 '조화'를 말하지요. 그건 주로 우주cosmos와 같은 이성의 질서를 가리키고, 정 본체의 외적 확장인 조화와는 다르지요. 저는 계몽주의와 이성주의를 무턱대고 적용하는 것에 반대하지만, 반反계몽주의자에는 더더욱 반대합니다. 그래서 늘 양쪽에게 밉보이지요. 진리는 늘 중간에 위치한다는 칸트의 말이 저는 참 마음에 들어요.

두 종류 도덕의 관계는 오늘날 중국의 핵심 문제 가운데 하나예요. 이론에서든 실천에서든 그렇지요. 그래서 제가 '양덕론兩德論'이 정치철학의 기초라고 말하는 겁니다.

계몽은 제도로 실현되어야만 비로소 완성되었다고 할 수 있다

류_____ '정 본체'의 내적·외적 확장에 대해서 분명히 말씀해주셨는데요. 결국 우리의 주의력이 정치철학의 측면에만 머물러서는 안 된다는 걸 설명하는 것이기도 하지요. 물론 레오 스트라우스처럼 모든 것을 정치철학에 포함시키는 사람도 있지요. 레오 스트라우스가 요즘 굉장히 인기가 있는데, 선생님께서는 그를 어떻게 생각하시나요?

리_____ 제 생각에는 외부에서 말하는 것처럼 그렇게 인기 있는 것 같진 않아요. 중국에서도 그다지 큰 영향력은 없고, 주로 소수의 상아탑 내에서만 영향력이 있지요. 하이데거의 영향력과는 비교할 수 없습니다. 딩윈의 글에 네 명의 외국 철학자가 열거되어 있는데요. 마르크스, 칸트, 하이데거, 레오 스트라우스 이 네 명으로 중국의 30년 사상사를 꿰뚫고자 하는 그의 글쓰기 방식이 굉장히 영리하긴 합니다. 하지만 사실은 앞의 세 명만 타당하지, 마지막의 스트라우스는 글쎄요.

레오 스트라우스의 영향력은 훗날 미국의 조지 워커 부시가 정권을 잡기 전후의 정치적 수요와 관계가 있습니다. 그가 생존했던 당시에는 명성이 대단하지 않았어요. 간단히 말씀드리자면, 그는 오늘날 세상의 도덕적 결함과 많은 문제가 바로 신의 역량이 사라졌기 때문이므로 신의 '절대 율법'으로 귀의해야 한다고 생각했습니다. 이전의 나치스 학자 카를 슈미트 역시 하나님과 마귀의 영원한 투쟁을 강조했는데, 20세기 말에 레오 스트라우스와 거의 동시에 중국에서 한동안 인기가 있었지요.

지난번 담화에서 독일철학의 교훈에 대해 말씀드렸지요? 셸링에서부터 슈미트에 이르는 사상가들이 범용함에 대한 반항을 체현했는데요. 자본주의의 현실은 확실히 굉장히 범용하긴 하지요. 아무튼 결과적으로 그들은 파시즘을 초래했어요. 지금 출현한 것은, 계몽이성에 대한 반동과 회의예요. 신이 사라진 것이 문제라고 여기는 거죠. 도스토예프스키가 일찍이 이렇게 말했습니다. "신이 죽었다면 인간은 무슨 짓이든 할 것이다." 그래서 신을 다시 소환하려는 거죠.

류_____ 지난번에 독일철학의 교훈에 대해 말씀하시면서 피히테, 셸링, 헤겔, 니체, 베버, 하이데거, 슈미트를 언급하셨는데 그들이 독일 낭만파와 관계가 있는지요?

리_____ 관계가 있지요. 낭만파는 본래 문학 유파예요. 철학에서는 헤겔을 낭만파에 포함시키는 사람도 있습니다. 낭만파의 시는 정말 가치가 있어요. 인간의 정감을 풍부하게 해주지요. 하지만 그것을 이론 내지 사상으로 삼는다면 문제가 있어요. '심미적 현대성'을 제기하면서 '계몽적 현대성'에 반대하는 사람이 지금 있지 않습니까? 이것은 바로 낭만파의 유풍이에요.

지난번에 이야기했듯이 현대사회는 굉장히 범용하고 세속적이에요. 이상이 없지요. 그렇다면 이상을 찾자, 스스로 기운을 내자, 힘차게 일어나자, 혹은 철저히 퇴폐하자. 낭만파의 특징이 바로 여기에 있습니다. 그런데 지금은 신의 명령으로 돌아가자고 말하지요. 신의 명령이 바로 최고의 이상이라면서 신의 명령으로 사람들의 의식을 좌우하고 근본주의적인 종교철학으로 정치철학을 이끌고자 하는데, 이것은 굉장히 위험합니다.

지난번 담화록에서 계몽과 '계몽을 뒤집는 것蒙啓'의 문제에 대해 이야기했는데, 이번에 다시 한 번 강조해야겠군요. 계몽은 누가 누구를 계몽하려는 게 아니라, 모두가 이성을 운용해서 자유·인권·민주 등을 쟁취하려는 것이지요. 계몽은 제도로 실현되어야만 비로소 완성되었다고 할 수 있습니다. 서양은 일찌감치 자유·민주·인권·평등을 제도와 법률로 어느 정도 실현시켰어요. 나중에 이 제도들이 많은 문제와 심각한 결함을 초래하자, 포스트모던의 '반反계몽' '반反이성'의 조류가 물결쳤지요. 중국은 이런 조류를 따라 내달리면 안 됩니다. 지금 계몽을 뒤집으려는 현상이 중국에 이미 나타났어요. 계몽이 시대에 뒤떨어진 거라고는 절대 말할 수 없지요.

중국의 최근 30년 사상사를 놓고 보면, 1980년대는 '신에서 인간으로'였고 지금은 신으로 돌아가고자 하는 사람들이 상아탑 내부에 있습니다. 서양에서는 홉스부터 칸트에 이르기까지가 인간을 신으로부터 벗어나게 하려는 거였지요. 하지만 셸링 후기부터 칼 슈미트, 레오 스트라우스 등 현대의 많은 이에 이르기까지는 다시 신에게 돌아가고자 하는데요. 이들은 현대 계몽사조가 자유와 평등을 선양하며 인간을 목적으로 삼고 인간을 강조한 결과 현대사회가 이토록 엉망이 되고 심각하게 부패했기 때문에 오로지 신의 '율법'이 인간세상보다 높고 세상 모든 것보다 높고 절대성을 지닌다는 것을 강조해야만 문제를 해결할 수 있다고 여깁니다. 서양 이론을 치켜세우며 뒤쫓지 말아야 해요. 중국은 반드시 자신의 전통을 운용해서 현대와 포스트모던의 난제들을 해결해야 합니다. 소위 '반계몽' '반이성' '반反현대적 현대성' 등은 죄다 지금의 서양에서 직접 그대로 들여온 것들이에요. 겉으로는 서양에 격렬히 반대하지만 실제로는 서양을 그대로 따라하고 맹신하는 겁니다. 이러한 반대 조류가 서양에서는 의의가 있겠지만 중국에서는 도리어 역행이에요.

"포스트모던과 전前현대의 합류를 경계해야 한다"[9]고 여러 해 전에 여러 번 언급했는데요. 서양이 수백 년 동안 걸어온 길을 중국은 수십 년 만에 달려왔어요. 구세력은 여전히 강대하고 포스트모던은 아무런 토대도 없으니 서로 기대어 합류하는 것도 자연스러운 일이지요. 지금 그 합류의 표지는 이런 것들입니다. 국가주의 기치를 공동으로 치켜들고, 사회주의냐 자본주의냐의 논쟁을 다시 일으키고, 서로 손잡고서 보편가치에 반대하고, 실제로는 전제 제도를 옹호하는 것이지요. 장지동의 중체서용설의 많은 계승자가 군주입헌에도 반대했는데, 지금 어떤 사람은 심지어 히틀러를 찾고 히틀러를 외치지요. 하지만 각 파가 아무리 연합하여 저지하더라도, 헌정과 법치는 결국 실현되고 보편적 의의를 지닌 민주의 새로운 형식을 창조해낼 겁니다.

류＿＿＿ 선생님께서는 역사와 윤리의 이율배반에 대해 언급하셨는데요. 역사가 빠르게 전진할 때 윤리는 도리어 후퇴하거나 심지어 붕괴하게 마련이라고 하셨지요? 선진 시기에 '예악이 붕괴' 했던 것도 그런 경우인데요. 만약 그렇다면 인류사회의 윤리 수준이 갈수록 낮아지는 건 아닌지요?

리＿＿＿ 아닙니다. 위징魏徵이 당唐 태종太宗에게 이렇게 말했지요. 사람의 양심은 예전보다 못하고 도덕은 상실되었다는 말이 일찍이 있었는데, 만약 정말로 그렇다면 인간은 일찌감치 귀신이나 요괴가 되었을 것이라고요.10 사실은 일찍이 한비 역시 그런 말을 한 적이 있어요. 사회가 변화하거나 전진하면서 일정한 시기에는 윤리와 도덕의 후퇴가 나타나게 마련이지요. 긴 시간을 놓고 보자면, 인류는 전진하고 있습니다. 도덕에 있어서도 전진하고 있어요. 그런데 주의해야 할 것은, 역사가 늘 비극 속에서 즉 이율배반 속에서 앞으로 나아간다는 겁니다.

이러한 이율배반은 사회 전환기에 굉장히 두드러지지요. 경제의 진보와 도덕의 상실, 생산의 발전과 생태의 파괴, 집중된 의지와 인민의 목소리, 이런 이율배반의 현상을 도처에서 볼 수 있습니다. 세계적으로 보자면, 식민지 약탈이 이루어지면서 해당 지역이 현대화되는 경우 등이 있고요. 중국은 지금 이율배반이 더욱 더하지요. 서양이 수백 년 동안 걸어온 길을 우리는 수십 년 만에 걸어왔어야 하니까요. 발전이 너무 빨라서 문제가 더욱 집중되었어요. 이에 대해서는 류짜이푸가 최근 많이 말했으니, 여기서는 그만 말하도록 하지요. (역사와 윤리의 이율배반이라는) 이 명제는 장자도 말한 적이 있고, 헤겔도 말한 적이 있습니다. 그런데 공교롭게도 상반된 방향에서 말했지요. 장자는 문명을 부정했고, 헤겔은 역사를 긍정했어요. 저는 '도度'로써 한쪽으로 치우침 없이 딱 알맞게 하고자 합니다. 제가 이 이율배반을 제기한 지 꼬박 30년이 지났는데, 보아하니 갈수록 심각해지는군요. 하지만 피할 수가 없어요. 때와 장소에 맞게 '예술적으로 처리'[11]하는 수밖에 없습니다. 서로 다른 구체적 상황에 근거해서 다양한 '도'를 창조하는 것이지요. 그래서 '예술적인 처리'예요. 과유불급過猶不及이라는 말처럼, 조금만 더해도 넘치고 조금만 덜어도 부족해지지요. 바로 이런 때에 '도'의 복잡성과 융통성이 구현되는 거예요. 이것은 추상적인 이론 논쟁이 아니라 구체적인 행동 책략입니다. 이것은 정책을 제정하고 집행하는 사람의 이성·지혜·책임감·동정심에 의지해야만 하지요. 한편으로는 경제를 발전시켜 물질적 개선을 이루고, 다른 한편으로는 시대를 슬퍼하고 사람들을 불쌍히 여기며 선한 일을 함으로써 역사적 슬픔과 인도적 감정으로 '도'를 파악하고 구축할 수 있도록 해야 합니다. 이게 바로 '정치예술'이에요. 이를 위해서는 정치가와 여론계와 학자들이 공동으로 파악하고 협의해야 하지요.

중국은 문명의 충돌을
중재할 수 있을 것이다

류_____ 전에 말씀하시길, 중국문명이 장래에 기독교 문명과 이슬람 문명의 충돌에서 중재자 역할을 담당할 수 있을 거라고 하셨는데 지금도 여전히 이런 견해를 갖고 계시나요?

리_____ 제 견해에는 변함이 없습니다. 중국 문명은 (다른 문명을) 포용할 수 있으니까요. 물론 그건 중국이 굉장히 강대해진 다음의 일입니다.

중국에는 유대교·기독교·이슬람교 같은 종교가 없기 때문에 비이성적인 특정 신앙과 경직된 교의에 융통성 없이 집착할 리가 없지요. 세계화 과정의 여러 문제를 완화하고 해결하는 데 있어서, 일신교 교의에 집착하는 각종 종교와 문화의 대항과 충돌을 중재하는 데 있어서, 중국이 매우 강대해진 뒤에는 적극적인 완충 및 조정 작용을 할 수 있을 겁니다. 저의 이런 견해는 미국 헌팅턴 교수의 견해와 상반되지요. 21세기 초에 말했던 내용인데, 처음 말했을 때가 '9·11'이 아직 터지기 전이었습니다.

중국 문화는 아주 커다란 포용성·변통성·강인성을 지니고 있지요. 그리고 인간의 능동성을 매우 중시합니다. 천·지·인 삼재三才의 하나인 인간은 천지의 화육化育에 참여할 수 있어요. 다른 많은 종교에서는 상상할 수 없는 일이지요. 인간이 신의 일을 할 수 있다는 건 너무나 의외니까요. 중국에는 예전에 삼교합일三敎合一인 때가 있었고 종교전쟁은 일어나지 않았어요. 하지만 서양 역사에서는 종교전쟁이 아주 처참했지요. 이슬람을 공격한 십자군 원정,

유럽의 기독교 신교와 구교의 100년 전쟁은 필사적이었지요. 종교의 근본주의가 매우 엄격했기 때문이죠. 성경의 모든 구절이 진리이기 때문에 바꿀 수 없는 것이고, 해석이 조금만 달라도 대립했어요. 이런 게 중국 전통에는 없습니다. 중국에서 중시했던 '천도'는 모호하게 다루어졌어요. 타이완에는 지금까지도 '삼성묘三聖廟'가 있습니다. 공자와 석가여래와 노자를 하나의 사당에 모시는데, 정감상 심리상 받아들일 수 있고 전혀 충돌이 없지요. 지금 거기에 기독교 예수를 더한다 해도 안 될 게 없습니다. 화교 중에 어떤 이들은 결혼할 때 교회에서 식을 올린 뒤에 천지에 첫 번째 절을 올리고 부모에게 두 번째 절을 올리지요. 신불神佛에게 절하는 사람들도 있고요. 이것 역시 안 될 게 없습니다. 어떤 종교들에서는 이것이 용인되지 않아요. 중국의 많은 지식인이 유학을 신봉하지만, "공자의 시비是非를 옳고 그름의 기준으로 삼지 않을 수" 있습니다.[12] 이런 문화야말로 가장 훌륭한 중재자가 아닐까요?

물론 이건 좋은 측면에 관해서고요. 개혁개방이 병목 현상에 부딪치고 부패가 심각해지고 공공이성이 자리잡지 못한 시점에서, 중국은 종교가 없기 때문에 민족주의(중국에서는 국가주의이기도 하다)가 최대의 정치종교가 될 수 있어요. '애국' 정서의 열광을 불러일으켜 위험한 전제와 전쟁의 길을 걷게 될 수 있지요. 국가가 점차 강대해지는 시기에는 이런 위험에 대한 경계를 유지해야 해요. 계몽에 대한 배반은, 집단주의[13]의 전제적 폭정으로써 개체를 소멸하게 마련입니다. 역사의 교훈에 주의할 필요가 있어요. 현재의 중국은 더더욱 그렇습니다.

세상 모든 것이 허무할지라도
살아가야 한다

류_____ 정치철학은 일단 놔두고, '정 본체'의 내적 확장에 대해 더 이야기를 나누도록 하지요. 지난번 대화에서 '정 본체'로 하이데거를 보충하고자 했다는 말씀에 많은 사람이 굉장히 흥미를 보였습니다. 담화의 시작 부분에서 서양철학사를 간단명료하게 개괄해주셨는데, 그것 역시 많은 이의 흥미를 불러일으켰지요. 류짜이푸 선생이 말하길 다만 너무 짧아서 아쉽다더군요. 마치 상수向秀의 「사구부思舊賦」가 시작하자마자 서둘러 끝을 맺은 것과 비슷하다고요.14 철학사의 발전 및 하이데거와 '정 본체'에 대해 좀 더 깊이 있게 말씀해주실 수 있는지요?

리_____ 어떤 사람은 제가 포스트모던 철학을 너무 폄하했다고 생각하더군요. 데리다를 왕쉬王朔와 같이 취급했다고 말이죠. 사실 저는 결코 포스트모던을 폄하한 게 아닙니다. "실컷 즐기고 죽자"15는 건 그저 비유예요. 단순화하긴 했지만 이해하기가 쉽지요. 포스트모던 철학이 계몽이성의 속박을 타파한 건 아주 큰 공헌이에요. 하지만 포스트모던은 부정적이고 파괴적이에요. 건설적인 것은 그것에 의지할 수 없어요.

『세기신몽』은 20세기 말에 출간되었는데, 그때 제가 말하길 '세기의 새로운 꿈'은 더 이상 지상에 천국을 건설하는 유토피아적 이상사회가 아니라고 했습니다. 하지만 사회의 이상이 있어야 하고 그러려면 인성 문제를 연구해야 하지요. 사회의 이상이 모종의 내재적이고 건설적인 지지를 획득하도록 해야 하는 것이죠. '세상 모

든 것이 허무하다', 뭐 이것도 좋아요. 모든 집착을 깨부수고 인생
이 본래 무의미하다는 것과 우주에 아무 목적이 없다는 것을 알았
으니까요. 하지만 '세상 모든 것이 허무'해진 다음에도 인간은 살아
가야 하고 살아갈 방법이 있어야 합니다. 여기엔 내재적인 것도 포
함되어 있고 외재적인 것과도 관계가 있지요. 누군가 물었지요. 신
은 죽었는데 인간은 어떻게 해야 하나? 니체 이후에 과연 길이 있
는가? 저는 길이 있다고 대답합니다. 중국 지혜의 정 본체의 길이
있지요. 내재적인 것과 외재적인 것을 모두 포함한 길 말이에요. 신
이 죽었어도 인간은 여전히 살아가지요.

『역사본체론』에서는 하이데거를 언급했는데, 하이데거 역시 포
스트모던의 원천입니다. 하이데거는 현대의 산문 세계(더 이상 시의
세계가 아니다)의 '바닥 없는 심연'을 전망의 방식으로 드러냈지요.
그가 제기한 '두려움'과 '번민'에 대해 저는 이렇게 말했습니다.

'번민' '두려움'은 확실히 그저 심리나 의식에 불과한 게 아니다.
그것은 매우 실재적인 현대인의 지금의 감성 생존의 상황 자체
다. 따라서 그것은 '본체'의 성질을 지닌다. 이 인생의 '정'의 상
태가 바로 본체이며, '심리가 본체가 된다.' 나는 이것이 하이데거
철학의 주요 공헌이라고 생각한다.

낮은 평가가 아니지요? '본래적인 것'이 '비본래적인 것' 안에 있
다는 것을 하이데거도 알고 강조하긴 했지만 그는 양자를 단호하
게 구분했습니다. 그리고 이성을 통해 정감의 심연, 즉 감정의 맹목
적 충동을 조성했지요. '정 본체'의 제기는 바로 이런 토대 위에서

앞으로 한 걸음 더 나아가고자 한 것입니다. 백거이白居易는 "옛무덤 즐비한데 봄풀 푸르구나"[16]라고 노래했는데, 하이데거는 죽음으로써 생명을 깨웠지요. 성과가 자못 컸습니다. 인생은 예측할 수 없지만 죽음은 필연적이기 때문에 확실히 심연과 같지요. 하지만 죽음의 공포가 군림하도록 했기 때문에 처음의 작은 차이가 결국 큰 잘못을 낳게 되었어요.

'도度'는 바로 포스트모던을 이어서 제기한 겁니다. '도'가 강조하는 것은 공교롭게도 포스트모던의 특징들이기 때문이지요. 불확실성·모호성·우연성·상대성, 그리고 현실 질서에 대한 부정 같은 것들이에요. 하지만 저는 '도'를 통해서 새로운 질서를 다시 세우길 바랍니다. 도구 본체뿐만 아니라 심리적 측면에서도 말이지요. 정감을 주로 연구한 로버트 솔로몬R. Solomon 교수가 아주 잘 말했는데요. 인간의 정감을 심미화하는 것은 바로 인간의 정감을 빚는 것이기도 하다고 했지요. 서양인에게는 하나님이 있어서 공허하지 않지요. 하나님을 믿지 않는 유가·불가·도가는 모두 '공空'을 알아요. 불가는 공을 알고 공을 견지하며, 도가는 공을 알고 공을 가지고 놀지요. 유가는 공을 알지만 유有를 견지하며, 전혀 기댈 데가 없어도 힘을 내고 향상하기 위해 노력합니다. 인생의 황량함과 덧없음과 오류를 깊이 알지만 생을 소중히 여기며 세계 속으로 뛰어들어 정감 본체가 허무를 없애도록 하지요. 그래서 마음을 비웠다 하더라도 완강히 집착하고, 대범하고 시원시원하더라도 진퇴에 절도가 있지요. 자신을 수양하고 집안을 잘 다스리며修身齊家 마음을 바르게 하고 뜻을 정성스럽게 하며正心誠意, 시간을 초월한 마음의 경지를 얻기 위해 노력하지요. 이게 바로 '공안낙처'가 아닐까요?

왕안석王安石은 비록 실패했지만 어느 정도 근접했습니다. 적어도 이학가들보다는 훨씬 근접했지요.

포스트모던은 '신이 죽자' 이성의 규범과 질서를 철저히 부정했기 때문에 동물성을 향해 나아가지 않을 수 없었습니다. 제가 '인간의 자연화'에 대해 늘 말하는데, '자연으로의 회귀'가 결코 '동물로의 회귀'는 아니에요. 인간이 동물로 변하는 건 인간의 출로가 아니지요. 어찌 되었든, '사랑'이 '성'과 완전히 같은 건 아니고 '인생의 즐거움' 가운데 하나인 먹고 마시는 게 '배만 부르면 나머지는 모두 포기하는' 식의 동물의 것과는 다르잖아요? 그렇다면 동물의 생리적 욕구의 바탕 위에 세워진 인간의 감정은, 이성에서 욕망으로 돌아간 포스트모던으로부터 벗어나 앞을 향해 한걸음 나아가야 해요. '정 본체'가 가리키고자 하는 것은 바로 그런 방향입니다.

시간과
'시간성'

류_____ 그렇다면 어떻게 '정 본체'로 하이데거를 보충하는지요? 여기에 대해서는 분명히 말씀하시지 않았는데요.

리_____ 분명히 이야기하기는 어려울 것 같군요. 하이데거의 작품 가운데 영향력이 가장 큰 것은 아무래도 『존재와 시간』인데요. 단순화해서 쉽게 개괄하자면, 개체의 죽음이라는 문제를 제기함으로써 서양의 개인주의를 최대한 두드러지게 한 것입니다. 개체의 죽음은 진정으로 절실한 대체할 수 없는 본래적인 것이지요. 죽음에 대한 자아의 경각심만이, 생을 시시각각 파악하게 하고 생의 격정이 생겨나게 하고 자아의 선택과 자아의 결단의 중요성을 두드러지게 할 수 있습니다. 이건 확실히 큰 울림이 있고 보편성을 갖추고 있어요. 하이데거가 사용한 언어가 굉장히 추상적이긴 하지만요.

하이데거가 강조하고 명확히 지적한 것은, 생이 끊임없이 죽음을 향해 간다는 거예요. 이것을 명확히 해야만 생이 비로소 의미 있는 생, 본래적인 생이 되며 다른 것은 죄다 비본래적인 것이라는 겁니다. 하지만 저는 '한 방에 있는 천 개의 등불一室千燈'을 보다 강조합니다. 각 개인 모두가 하나의 등불이고 각 개인 모두가 주체라는 말이지요. 그런데 문제는, 만약 개인만이 가장 본래적인 것이고 다른 것은 죄다 비본래적이라면 삶의 내용은 쏙 빠져서 텅 비어버리고 남는 것은 완전히 형식뿐이라는 거예요. 그래서 저는 하이데거가 말한 것을 공空이라고 봐요. 그는 자아의 선택과 자아의 결단을 요구했지만, 무엇을 선택하고 무엇을 결단할 것인지에 대해서는 말하지 않았어요. 말할 수도 없는 것이죠. 말했다가는 '비본래적인 자아'로 다시 떨어지고 말 테니까요. "말할 수 있는 도道는 상도常道가 아니다"라고 할 수도 있겠지요. 하지만 '말할 수 있는' '도'가 없다면 '말할 수 없는' '도' 역시 없는 겁니다. 사실, 인간이 없다면 '신'이니 '신명'이니 '공'이니 하는 것도 없지요. 도는 사람에게서 멀리 있지 않아요.17 공자가 노자보다 뛰어나고 유가가 불교보다 나은 게 모두 여기에 있습니다. 유가는 제사 의례를 통해서 '인仁'이 인류관계에 의해 신과 공존하는 개체의 신성한 정감이 되도록 했지요. 제가 왜 주희가 불교를 비평한 말18을 거듭 언급할까요? 이 세계로 돌아와야 한다는 것, 인간세상으로 돌아와야 한다는 것을 강조하는 겁니다. 이것은 그저 나 개인으로 돌아온다는 게 아니에요. 그것은 불가능하기도 하고요. 다른 사람 역시 등불입니다. 변화무궁하지요. 한 방에 있는 천 개의 등불은 등마다 달라요. 하이데거는 모든 것을 제거하고 현상학의 방법으로 모든 것을 '그냥 내버려 두었습니다.'[19] 그래서 그것은 텅 빈 심연이지요.

하이데거의 책은 히틀러가 정권을 잡기 전[20]인 1927년에 나왔습니다. 히틀러가 정권을 잡은 뒤에 국가와 도이치 민족을 위한 나치의 정치적 열광이 그 '텅 빈 심연'을 메웠지요. 그 결과 많은 독일 병사[21]가 호주머니에 하이데거의 책을 간직한 채 전쟁터에 나가 용맹하게 적을 죽이고 용감하게 앞으로 나아갔습니다. '죽을 능력'이 있어야만 비로소 '본래적인 것'을 획득할 수 있으니까요. 위홍余虹은 바로 이 속임수에 걸려들었던 거예요.[22] 하이데거 본인도 나치를 옹호했지요.[23] 이 모든 게 우연이 아닙니다. 하버마스는 제2차 세계대전 이후 하이데거를 비판하길, 애초에는 개체의 현존재를 말했지만 나중에는 이것이 독일의 현존재, 인민의 현존재로 변했다고 했지요. 하이데거의 철학은 텅 빈 심연이고, '심연의 곁에서 배회하는 것'은 무시무시한 일이에요.

'정 본체'로 하이데거를 보충한다는 것은 바로 무엇을 선택하고 무엇을 결단할지 생각해보자는 겁니다. '비본래적'이라고 비판받을까 두려워 말고 '천박스럽다'고 말해질까 두려워 말고요. 왜냐면, 첫째로 인간은 던져진 존재니까요. 자신의 선택에 의해 태어난 게 아니라 태어나게 된 것이고, 태어난 이상 계속 살고자 하는 욕구가 있는데 이건 동물 모두에게 있는 본능으로 피할 도리가 없지요. 둘째로 인간은 '타인과 공존하는' 세계 속에서 살고 있고, 타인과 함께 세계에서 살아가니까요. 이것이 바로 '일상의 삶'이지요. 이것은 '비본래적인 것'이자 '본래적인 것'입니다. 내가 그것을 어떻게 대하느냐에 달려 있는 것이지요. '정 본체' 역시 일상생활의 생물적 욕구 속으로 이성이 스며들어 융합하는 것입니다. 인간의 본능의 힘은 정말 강력하지요. 음욕에 간덩이가 배 밖으로 나왔다는 말이 있는데, 오늘날 구미 지역 신부神父의 아동 성추행 스캔들이 바로 그런 경우예요. 본능을 인간화해서 그 강력함이 풍부함으로 변해 다양한 '정'이 되도록 해야 합니다. '이성의 응집'인 도덕능력도 반드시 인성정감의 특정한 충격력이 있어야만 비로소 실현될 수 있어요. 그래서 '미로써 진을 여는' 것뿐만 아니라 '미로써 선을 쌓는以美儲善' 것 역시 비언어적·비이성적인 것이 제어하고 포괄하는 중요한 인생의 비밀을 밝히는 데 달려 있습니다.

"빈천을 근심하지 않고 부귀에 급급하지 않으며"[24] "물이 흘러가도 마음은 쫓기지 않고 구름 머무니 마음도 더불어 느긋해진다"[25]는 것은 단지 이성의 명령(응집)이 아니라 정감적인 인생의 태도이자 삶의 경지입니다. '정 본체'라는 것 역시 이 일상의 삶 가운데 있고, 바로 지금의 마음과 정과 '생명력' 가운데 있지요. 사랑, 고향에 대한 정, 인간관계의 따스함, 유랑과 귀소歸巢의 추구 가운데 있지요. 카뮈는 『페스트』에서 이렇게 말했어요. "인간이란 일종의 개념이에요. 사랑에서 이탈하게 되면 인간은 극히 짧은 시간적 개념이 되고 말지요."[26]

인간은 풍부하고 다원적이어야 합니다. 사랑도 단일하면 빛깔을 잃게 되지요. 다양화된 삶과 실천이야말로 인간이 우연성을 파악하고 이화異化를 제거하고 죽음을 초월하고 인간 자체를 실현하고 인류의 심리 본체를 세우는 데 참여하도록 할 수 있지요. 저는 이것이 하이데거의 공空을 채우는 것이기도 하다고 생각해요. 또한 생명 자체를 중시하고 일상의 삶을 중시하며, 일상의 삶 자체를 철학의 본체 수준으로 끌어올려, 평범하고 일상적인 인생으로 기꺼이 돌아가는 것이기도 하지요.

제가 하이데거와 포스트모던과 철학 자체를 이렇게 단순하고 거칠게 말한 것에 대해서 철학자들은 분명히 욕을 퍼부을 겁니다. 경박스러움의 극치다, 철학을 전혀 모른다, 아직 입문조차 못했다, 온통 허튼소리뿐이다, 아무 것도 모른다 등등. 뭐 그래도 상관없습니다.

류____ 선생님께서는 '정 본체'를 "아낌·미련·슬픔·깨달음"으로 귀결하시면서 '아낌'을 특히 강조하셨지요. 이 넷 중에서 '깨달음'을 제외하고는 모두 과거를 지향하는데요. '깨달음'에도 과거에 대한 총결·반성·각성의 의미가 있고요. '정 본체'의 철학은 사람들이 현실의 인생을 직면하게 하고 삶 자체를 향하도록 해야 한다고 생각합니다. 그렇다면 보다 '개방적'이고 '전진적'인 개괄을 할 수 있지 않을까요?

리____ 그건 과거를 지금이 되도록 한 겁니다. 「사상사의 의의」[27]라는 글의 마지막 부분과 물고기·용·한자에 관한 글[28]에서 각각 저는 이렇게 말했습니다.

이것[29]은 과거(전통)를 현재와 미래의 모종의 가능성이 되도록 하고 자신의 경험적 운명을 본래 자아의 가능성의 능동적 전개가 되도록 하는 것이자 미래와 현재를 위해 선택하거나 포기하는 것이다.

인간의 생존·생활·생명은 일종의 역사적 전개다. 역사는 단지 과거의 사건이 아니다. 그것은 공간의 경험으로 충만한 시간이며, 지금 있는 곳의 미래이자 다양한 가능성의 미래다. 과거로서의 역사는 바로 지금의 현실 가운데 존재한다. 역사는 과거가 미래의 가능성이 되게 하고 현재의 선택과 결단이 되게 한다.

여기서 말한 건 중국 전통과 현대성이지만 개인에게도 마찬가지입니다. 중국의 시와 산문에는 회고·추억·사향思鄕·송별이 굉장히 많은데요. 그것은 과거를 정감으로 만들어서 현재로 끌어들임으로써 미래를 개척하지요. 그것은 늘 불확정적이며 많은 가능성과 불가능성을 지니고 있습니다. 과거에 대한 개인의 아낌·미련·슬픔·깨달음으로 인해, 오늘 혹은 내일에 대해 보다 나은 선택이나 포기를 할 수 있게 되는 것이지요. 정감이 바로 나의 인생이에요. 굉장히 귀중하지요. 하지만 과거가 모든 현재를 포함하는 것은 결코 아니고, 현재 역시 모든 미래를 포함하는 것은 아닙니다. 여기에 전성설前成說**30**은 적용되지 않아요. 우연성과 창조성이 작동하지요. 과거로 하여금 내가 미래를 창조하는 것을 방해하지 않고 돕도록 해야 하지요.

헤겔과 하이데거와 저는 모두 역사를 강조하지만 현저히 다릅니다. 헤겔(마르크스도 마찬가지다)은 역사의 일시성과 상대성에 역점을 두었고, 하이데거는 역사의 허무성을 부각했지요. 저는 역사의 누적성을 중시하고요. 물론 이것은 상대적으로 말한 것일 뿐입니다. 전에 이런 농담을 한 적이 있는데요. 마르크스는 현재를 말하고, 하이데거는 미래를 말하고[31], 저는 과거를 말한다고 했지요. 저는 인간이 역사적 존재라는 것을 강조하니까요.

심리 역시 역사적인 거예요. 장대張岱가 「청명상하도淸明上河圖」에 대해 이야기하면서 굉장히 재미있는 말을 했는데요. "번화함과 부귀가 지나간 과거가 되어서야 그림에 담길 수 있었으니 정작 당시에는 볼 만하지 못했음을 알겠다."[32]

객관적 사회성을 지닌 시간[33]은 인간이 참여하고 겪은 역사입니다. 매우 구체적이고 실재적인 인간의 유한성의 전개지요. 시간성은 이러한 유한성 즉 역사성에 대한 인간의 정감의 포착·느낌·체험·아낌입니다. '아낌'은 단지 심리에 그치는 게 아니라 인간의 본체적 존재예요. 예술과 심미는 객관적 시간과 역사를 붙잡아서 개체 정감의 시간성으로 변화시키지요. 예술과 심미는 생사에 대한 감개, 인생의 의의, 삶의 가치 등 초시간적인 것을 지향합니다. 그리고 붙잡아둔 뜻意·모양象·사람人·사물物·경치景·일事을 정감과 삶 속의 '경지'가 되도록 하지요. 정감은 과거를 지금의 보물로 만들어요. 아낌은 지금 이 순간의 현재를 소중히 여기는 것이자 바로 이것으로써 미래를 대하는 것입니다. 과거를 현재와 미래로 만드는 '원천이자 동력'이지요.

이런 것들(아낌 등)과 시간성, 시간성과 '경외와 진취'의 관계에 대해 설명할 필요가 있겠네요. 아주 핵심적인 부분인데, 아쉽게도 충분히 말씀드릴 수 없겠군요. 시간은 동작 속에서 전개(형성)되는 지적 규범의 감성형식으로, 객관적이고 공공적이며 이성적이지요.

시간성은 주관적이고 사적이고 정감적이에요. 경외와 아낌이라는 시간성 정감의 충격력은 인간이 역사를 창조하도록 추동합니다. 내가 살아가는 것이지만 객관적이고 공공적인 시간은 붙잡아둘 수 없어요. 붙잡아둘 수 있는 것은 다만 시간의 시간성에 대한 애도와 관심이에요. 아낌·슬픔·깨달음·분기奮起이기도 하지요. "꽃잎 하나 날려도 봄이 줄어들거늘, 바람에 꽃잎 우수수 흩날리니 그야말로 사람을 시름겹게 하는구나"**34**라고 했는데, 아낌·미련·깨달음이야말로 나의 객관적이고 공공적인 시간을 풍부하게 해주며 내가 열심히 살고 행동하도록 해주며 내가 하고 싶고 해야 한다고 생각하는 일을 하게 해주지요. 정감의 시간성에 잠복해 있는 것은 존재의 허무와 죽음의 의식입니다. 죽음을 생의 동력으로 바꾸는 것은 '현존재'가 아니라 바로 이러한 '시간성'이에요.

"해마다 사람은 같지 않네."**35** "보이는 것은 장강長江이 흘려보내는 물뿐이로구나."**36** "잠들어도 무료하고, 취해도 무료하네."**37** "인생에는 본래 빠져서 헤어날 수 없는 정이 있으니, 이 한恨은 바람이나 달과는 무관하다네."**38** 이 모든 것들은 공공적인 시간을 개체의 정감적 시간성으로 전환시킴으로써 심미적 초월을 지향하고 있습니다.

류_____ 그렇게 보자면, 철학으로서의 '정 본체'는 마르크스와 하이데거 그리고 선생님의 모든 우수한 점을 흡수한 일종의 전방위적인 사유라고 할 수 있겠군요. 저우쭤런周作人은 일생의 창작을 회상하면서 말하길, 모든 게 '근심'의 정이었다고 했는데요. "이것은 본래 중국 옛 시인의 전통이지만 불행히도 그들 대부분은 사후事後에 대한 비통이었다. 우리가 더 잘 생각해야 할 것은 장래에 대한 우려다"**39**라고 했어요. '5·4' 이후 새로운 세대의 학자들은 '정'을 능동적으로 장래에 투사하고자 했는데요.

'아낌' 외에도, 인간이 일상의 삶 속에서 충실하게 살아가고 두려워하지 않으며 번민하지 않고 무료하지 않으려면 굉장히 중요한 것이 바로 능동적으로 어떤 '의의'를 찾아야만 하는 거라고 생각합니다. 봉헌의 즐거움이 있어야 하고 할 일을 찾아야 하지요. 이것은 회고적인 게 아니에요. 일상의 삶과 생산 속에서 무수한 개인의 작지만 꾸준하고 적극적인 추구와 동경**40**이 역사가 천천히 전진하도록 조용히 추동하고 있어요. 이것이야말로 역사 발전의 진정한 동력이지요. 이런 점이 역사 본체와 심리 본체의 내재적 연관을 체현하는 게 아닐까요? 이것은 개인의 주체성과 인류의 역사 발전이 기묘하게 서로 통하는 점이기도 할 텐데요.

리_____ 저우쭤런을 정말 좋아하시네요. 또 그를 언급하셨어요.

저는 저우쭤런을 좋아하지 않습니다. 그를 가식적이라고 생각하기 때문에 그가 말한 "장래에 대한 우려" 역시 의심이 드네요. 루쉰이 린위탕林語堂 등과 같은 이들을 두고 "피바다에서도 한적함을 찾아낼 수 있다"**41**고 비판한 게 생각나는군요. 루쉰은 동생 저우쭤런이 일본 침략자에 헌신하는 걸 못 봤으니 망정이지 만약 봤더라면 그의 마음이 어떻게 그걸 감당할 수 있었겠어요. 저우쭤런이 만약 미래나 현재를 '우려'했다면 그렇게 한적한 글을 쓸 수 있었을까요? 설령 떨쳐 일어나 일본과 맞서지 않는다 하더라도 피해 있을 수는 있었잖아요. 서남 지역이나 서북 지역으로 피해서 한적한 글을 쓸수도 있었고, 적어도 그랬다면 훨씬 나았을 겁니다.**42** 루쉰의 경우에는 존재의 허무를 깊이 느꼈음에도 시간성의 아낌이 있었고 자신의 인생을 의미로 충만하도록 추동하는 동시에 역사도 추동했어요.

소위 일상의 삶이란 것 역시 역사적이고 구체적이라는 걸 알 수 있지요. 주색에 빠져 즐기는 삶이 있는가 하면 소나 말처럼 힘들게 일하는 삶도 있어요. 세세한 내막은 이처럼 다르지요. 그것들을 추상화하고 동질화할 수는 없어요. 매국노의 일상생활도 묘사할 만한 가치가 있을지 모르겠지만, 그것에 칭찬의 정감을 갖고서 글을 쓰는 것은 저로서는 받아들이기 어려워요. 루쉰의 '향내가 나는 땀의 문학'과 '땀내가 나는 땀의 문학'에 관한 견해[43]는 편파적이긴 해도 일리가 없는 게 아닙니다.

"한가함이라는 근심이 가장 괴롭다"와 "어느 때가 되어야 아득바득함을 망각할 수 있으려나"

류_____ 이제 '의의'와 '아낌'의 관계에 대해 좀 더 깊이 있게 말씀해주십시오.

리_____ 『역사본체론』에서 "한가함이라는 근심이 가장 괴롭다"[44]는 말을 했는데요. 한가함이라는 근심은 바로 무료함이에요. 아무 것도 할 일이 없고 마음을 기댈 데가 없는 무료함이지요. 이렇게 해서 허무에 직면하게 되면서 생사의 문제를 떠올리고 죽음의 위협을 느끼게 마련입니다. 물론 이것은 할 일이 없어 한가하다는 의미로 해석할 수도 있어요. 하지만 먹고 마시고 노는 건 가능하지요. 그래서 포스트모던 시대의 어떤 젊은이들은 입는 것에 지나치게 신경 쓰고 사치를 즐기고 지내며 섹스에 탐닉하는데, 그래도 결과는 여전히 무료한 거죠. 그래서 진정한 문제는 여전히 '의의'에 있습니다. '의미 있는 정감'만이 허무를 없앨 수 있어요.

인간이 살아가는 게 무엇을 위해서일까요? 이것은 해결하기 어려운 문제예요. 인간 자체가 모순 가운데 있다고 전에 말한 적이 있는데요. 한편으로는 "어느 때가 되어야 아득바득함을 망각할 수 있으려냐"[45]라고 하지요. 이건 소식蘇軾의 아주 유명한 사詞에 나오는 구절인데요. 이것은 하이데거가 말한 비본래적인 세계에 상당할 겁니다. 진정한 나 자신이 아니지요. 늘 온갖 일에 연루되어 있고 "이 생이 나의 것이 아님을 늘 한탄"[46]하기에, 삶에서 벗어나 본래적인 자아로 돌아가야 하는 것이지요. 나의 목적들이 별 의미가 없고 인간은 죽게 마련이니까요. 또 한편으로는 "한가함이라는 근심이 가장 괴롭다"고 하지요. 이건 신기질辛棄疾의 사에 나오는 명구입니다. 진정으로 삶과 세상의 인간관계에서 벗어나서 인생에 목적이 없게 되면 더 고통스럽지요.

"한가함이라는 근심이 가장 괴롭다"는 것은 '두려움'이에요. 말로 표현할 수 없는 무료함이 '두려움'을 향해 달려가면서 '무無'를 계시하지요. "어느 때가 되어야 아득바득함을 망각할 수 있으려냐"는 '번뇌'와 '마음 졸임'입니다. 그야말로 "밝고 밝은 저 달빛은 어느 때 멈출 수 있으려나. 마음속에서 우러나는 시름은 끊을 수가 없어라"[47]지요.

인간은 바로 이러한 모순 가운데 있습니다. 해결할 방법이 없어요. 물론 저는 그것들을 중국화했지요. "나는 생각한다. 그러므로 나는 존재한다"고 데카르트가 말했는데, 저는 농담 삼아 이렇게 말합니다. "나는 생각한다. 그러므로 나는 존재하지 않는다." 신체는 개체 자신의 것이에요. 그런데 모든 '생각'(심리·의식)에는 형식과 내용을 막론하고 사회성이 스며들게 마련이지요. 입는 것과 먹는 것, 신불에게 비는 것, 영혼의 자유 등에 관한 모든 '생각'이 다 그렇습니다. 이게 바로 모순이에요. '생각' 하지 않을 수 있나요? '생각'은 늘 언어를 사용하고 언어는 바로 공공적이고 사회적이지요. 아무튼 신체는 개인의 것인데 삶은 사회적이에요. 뇌는 개인의 것인데 의식은 사회의 것이지요. 불교가 탁월한 게, 불교에서는 태어나지 않는 게 가장 좋은 것이라고 하지요. 태어나는 즉시 각종 사회 및 사람들과의 관계 속으로 빠져들게 되고 생로병사 등 생리적·심리적 고통 속으로 빠져들게 되니까요. 하지만 태어나지 않는 게 가장 좋다고 하는 것도 태어난 이후에 비로소 갖게 되는 생각이고, 그래도 살아가야 하지요. 인간에게는 동물의 본능이 있어요. 정말로 사는 게 무료해서 자살하는 사람은 아주 적지요. 그래서 살아가는 게 저의 철학의 첫 번째 문제가 되었습니다. "어떻게 사는가" "왜 사는가" "사는 게 어떠한가"[48]의 문제이지요. 이것이야말로 진정한 철학 문제입니다. 카뮈가 말하길, 철학의 첫 번째 문제는 자살이고 범주니 제일 성질이니 하는 것들은 모두 부차적이라고 했는데요. 저와 카뮈의 생각은 기본적으로 같아요. "한가함이라는 근심이 가장 괴롭다"와 "어느 때가 되어야 아득바득함을 망각할 수 있으려나"는 인간의 존재 상태가 되었습니다. 그것은 '본래적'인 것이자 '비본래적'인 것이지요.

많은 종교와 이데올로기가 아름다운 미래 혹은 대중의 행복을 '왜 사는가'의 목표와 동력으로 삼아서 '삶의 의의'를 해결하지요.

포스트모던은 이와 반대로, 인생은 본래 무의미하다는 특징을 충분히 펼쳐 보이면서 모든 이상·가치·의의에 반대합니다. 저는 포스트모던에 머물러서는 안 된다고 생각해요. 과거의 종교와 이데올로기로 되돌아가는 것도 안 되고요. "내가 살아 있음을 내가 의식한다"는 것 자체가 역사의 산물이에요. 원시인에게는 그런 게 없었고, 있었다 해도 달랐지요. '내가 살아 있음', 이것은 개체의 것이에요. 그런데 '내가 살아 있음을 내가 의식하는 것'은 타인이나 집단과 관계가 없을 수 없습니다. 이것은 '정'과 관련되어 있지요. 정의 기초는 '욕망'이지만 욕망과는 다르지요. 이에 대해서는 량수밍이 말한 적이 있어요. 욕망은 개인 주체를 중시하는데 정감은 나와 상대의 관계지요. 정은 관계 위에 성립되는 것이며, 서로 다른 관계에는 서로 다른 정이 존재하지요. 여기서의 '정'은 인간만이 지닌 '정감-이성 구조' 가운데의 '정'입니다. 욕망에서 정에 이르는 것은, 개인의 동물적이고 생리적인 '욕망'이 인간관계와 사회성을 지닌 '정'으로 상승하는 것이기도 하지요. 이에 이르러야만 인간은 비로소 자아를 실현할 수 있습니다. 그리고 이러한 '정'만이 동물적인 '욕망'과 이성의 '선험자아'와 '현존재'의 고독으로부터 개체를 해방시킬 수 있어요. 그래서 비본래적인 것이 바로 본래적인 것이고, 본래적인 자아는 바로 비본래적인 것 가운데 있는 겁니다.

지난번에 류 선생이 저우쭤런에 대해 이야기하면서 일상생활의 소중함을 언급하셨는데, 그 언급을 지지하는 의미에서 주희의 몇 마디 말을 인용해보도록 하지요. "베와 비단 같은 글文, 콩과 좁쌀 같은 맛味. 덕을 아는 자 드무니, 그 귀함을 누가 알리오."[49] 여기서 말한 '글'과 '맛'은 순전히 '욕망'만도 아니고 순전히 '이理'만도 아니라 바로 일상의 삶을 아끼는 '정'입니다. 확실히 이것은 현실의 삶을 중시하는 중국의 전통이지요. 이것은 비본래적인 것 안에 있는 자신의 독특한 '본래적인 것'을 추구하고, 허무에 직면하고서도 충실합니다. 루쉰의 『들풀野草』에는 인생의 덧없음과 허무, 충실함과 의의가 하나로 녹아든 훌륭한 작품들이 있는데요. 생명에 대한 감회 속에서, 자신에게 속하지 않는 존재를 체득하는 것이지요. 알수 없는 우주, 인생의 우연과 사망의 필연을 말입니다.

그러니까 '정'이란 대체 무엇일까요? 정이란, 정감이고 정황情況입니다. 정감은 정황과 서로 교차하지요. 굉장히 현실적이고 구체적이에요. 또한 객관적 역사성을 지닌 인간과 만물이 함께 지내는 상태입니다. 저는 「실용이성과 낙감문화를 논하다」에서 '정'을 혈육의 정, 우정, 애정, 인간관계의 정, 고향의 정, 집단 분진奮進의 정50, 과학·예술의 정으로 나누었는데51 이 모든 것에 역사적이고 사회적인 '인간'의 정이 스며들어 있지요. 동물에게는 공간만 있고 시간이 없다고 헤겔이 말했는데요. 앞의 여러 정이 바로 인간으로 하여금 역사와 시간과 과거를 파악하게 함으로써 자신의 존재를 파악하게 하지요. 심리에 있어서 인간을 역사적 존재로 파악하게 해줍니다.

『역사본체론』에서 '칠정의 바름七情正'을 제기했는데, 바로 개체의 '기쁨·노여움·슬픔·즐거움·사랑·미움·욕심' 등의 생리적·자연적 정감이 '정도正道'를 걷게 하여 그것이 인생의 의의와 생활의 가치를 실현하는 최후의 심리 본체가 되도록 하는 것이지요. 종교와 달리, '정 본체'는 영혼과 기탁과 구원과 귀의歸依를 모두 이 인간의 칠정 가운데에 놓습니다. '칠정'은 그저 형식이 아니라 내용이 있어요. 제가 이상의 '칠정'을 고대의 칠정과 연결 지은 것은 물론 하나의 방편으로 열거한 것이니 깊이 따질 필요는 없어요.

류_____ '정 본체'가 어떻게 해서 '본체'가 될 수 있는지를 이해하는 게 이제 어렵지 않네요. 선생님께서 말씀하신 것처럼 '본체'가 가리키는 것은 '최후의 실재'지요. 인간으로 말하자면, 인류와 집단의 역사로부터 누적-침전되어 온 '정감-이성 구조'('문화-심리 구조'이기도 하다)가 가장 본질적인 '실재'이고 인성의 존재 형식이지요. 또한 구체적인 개인으로 말하자면, 그가 최후에 잡을 수 있는 것은 시간이 남긴 '시간성', 즉 경험에 대한 기억이고요. 이런 기억 역시 '정'이지요. 각 개체의 '최후의 실재' 말이에요.

리_____ 총괄적으로 말하자면, 앞에서 이야기한 것처럼 이러한 '정' 자체에 '이성'이 있고 '의의'가 있어요. 인간이 살아가는 데 유일하게 진실한 것은 바로 누적-침전되어온 나의 심리와 정감입니다. 문화는 바로 '누적'이고, 환경·전통·교육을 통해 실현되지요. 선천적(생리)·후천적(환경·시공·조건)인 것이 제각각인 개체의 몸에 이러한 문화가 쌓여서, 각기 다른 심지어는 굉장히 차이가 큰 침전물이 형성됩니다. 이러한 '누적-침전'은 인류적이자 문화적이며 개체적이지요. 그래서 개체와 인류는 본래 서로 통하고, 단절될 수 없습니다. 제가 말한 '아낌·미련·슬픔·깨달음'은 인간이 자신의 심리와 정감을 가장 충실하고 가장 좋은 상태로 조정하도록 하며, 나아가 온갖 새로운 '정황'과 뒤섞이면서 보다 잘 살아가도록 해주지요.

류_____ 이렇게 이해할 수 있을까요? 선생님께서 말씀하신 '아낌'은 주로 정감형식에 대한 것인데, 정감은 의지와 마찬가지로 '정황·현실과 교차하지 않았을 때는 그저 '형식'일 뿐이고 교차한 뒤라야 비로소 내용이 있는 정감이 되기 때문이라고요. 그리고 '의의를 찾는 것'은 이미 형식의 문제가 아니겠지요. 그것은 바로 형식과 내용이 교차된 것이니까요.

리＿＿＿ 철학을 전공하지 않은 사람은 '형식'이라는 개념을 이해하기가 쉽지 않습니다. 형식은 조형造形의 역량과 느낌이에요. 두 개의 본체52는 실제로 하나입니다. 사실상 일체이지요. 세勢이고 기氣이고 천지만물과 합해져 하나가 된 것이에요. 이러한 '세'와 '기'는 물질성·역량성·잠재성을 지니고 있으며 정신적·심리적인 것으로 체현됩니다. 그러니 류 선생이 말씀하신 '의의를 찾는 것' 역시 물론 가능하지요. '아끼는 것'은 과거일 뿐만 아니라 현재이기도 합니다. 과거가 현재 속에 있는 거예요. 과거가 바로 지금에 존재하는 거죠. 물론 미래도 그렇고요. "술을 마주했으니 마땅히 노래할지라, 인생이 얼마나 되는가? 아침이슬과 같아라, 가버린 날은 괴로우리만큼 많구나."53 시시각각으로 곧 사라지고 순식간에 다가오는 생명과 삶을 어찌 감히 아끼지 않을 수 있나요?

인류가 없다면
선악과 미추가 어떻게 있겠는가

리＿＿＿ '정 본체'의 사고는, 중국이라는 시공 실체가 어떻게 생존·지속해올 수 있었는가에서 비롯된 것입니다. 따라서 인류의 생존과 지속을 최고선·지선으로 여기는 것은 이치상 당연하지요. 인류의 생존이 없다면 무슨 선악이 있겠어요? 선악은 어디에서 비롯되나요? 인류 총체의 생존과 지속에서 비롯되는 것 아닌가요? 미추도 마찬가지예요. 이에 대해서는 1950년대에 거듭 말했습니다. 1962년의 「미학의 세 가지 논제美學三題議」에서는 '선'을 인류의 끊임없는 실천이라고 정의했는데요. 그것은 신의 뜻이 아니고 신의 의지도 아니고 칸트나 헤겔의 선험이성도 아니고 플라톤의 이데아도 아니에요. 하지만 그들이 끊임없이 추구한 최후의 존재Being, What is일 수는 있지요.

제가 말하는 인류란 어떤 군체를 가리키는 게 아닙니다. 단순히 우리 현재의 인류를 가리키는 것도 아니고 과거·현재·미래의 인류 총체를 포괄하는 것이지요. 그것의 생존과 지속이 바로 최고의 선이에요.

류_____ 지선·최고선은 본래 종교적 개념인데요. 몽테스키외는 『법의 정신』에서 이렇게 말했습니다. "인류의 법칙이 관심을 갖는 대상은 선이지만 종교가 관심을 갖는 것은 지선이다. 선의 의미는 바뀔 수 있다. 많은 종류의 선이 있기 때문이다. 지선은 오로지 하나이므로 바뀔 수 없다."**54** '정 본체'는 '하나의 세계'에서 생겨난 중국 전통이기에 자신의 '지선'을 갖는 것이겠죠.

리_____ 그렇습니다. 앞에서 했던 이야기인데요. 인간은 신에게 의지하거나 대자연이 준 유전자에 의지해서 동물의 세계를 벗어난 게 아니지요. 인간은 스스로 자신을 만들어왔어요. 지금 인류는 새로운 위기를 맞았습니다. 인류가 위기에서 벗어나도록 도와줄 수 있는 건, 위험한 여울을 피해 무사히 앞으로 나아갈 수 있도록 도와줄 수 있는 건 신이나 외계인처럼 하늘에서 내려온 신기한 힘일

리가 없습니다. 우리 자신에게 기댈 수밖에 없어요. 우리의 지혜와 정감에 기대고, 우리의 착실한 노력에 기댈 수밖에 없지요. 인류가 자신의 실천을 확실히 장악해야만 인류가 생존하고 지속해나갈 수 있습니다. 그래서 우리가 바로 이때 '생존 지혜'인 중국 전통과 중국철학을 내놓고, '중국 철학이 등장할 때가 되었는가'와 '중국 철학은 어떻게 등장할 것인가'를 내놓으려 하는 것이지요.

류_____ 지선은 지미至美이기도 하지요. "미학은 제1철학"이니까요. 인류 최초의 실천은 도度에서 미로 나아갔고, 그것의 최고 경지는 "미로써 선을 쌓는 것"이고요. 낙관적으로 보자면, 인류가 생존하면서 어느 정도까지 발전한 다음에는 자유의 경지에 들어서게 되는데요. 『역사본체론』 마지막 부분에서 선생님께서 말씀하신 것이기도 하지요. "그것은 인류사 전기前期의 동질성·보편성·필연성이 끝나고 우발성·차이성·독특성이 나날이 중요해지고 두드러짐을 선고한다. 각 개체가 자신의 창조성을 실현하는 역사가 끝내 도래할 것이다."

리_____ 좋습니다. 류 선생이 저를 대신해서 인류 총체의 생존과 지속이 '지선'과 존재Being이고 최후의 '무엇What is'이라고 설명해주셨는데, 그렇다면 "미학은 제1철학"이라고 하면서 도덕윤리(지선) 위에다 미를 놓은 이유를 제가 말씀드려야겠군요. 인류의 생존과 지속은 결국 '도度-미'에 의지해야만 현실적으로 실현될 수 있기 때문입니다. 미는 심미를 훨씬 넘어서는 거예요. 그것은 인간의 실행을 근본으로 삼음으로써 우주와 협동 공존하는 '천지의 커다란 미大美'입니다. 이 '커다란 미'는 단지 정관적이거나 자연계이기만 한 것이 아니에요. 인류와 각 개체의 생생한 존재·삶·실천·분투가 없다면, 우주는 아무런 의미도 없이 온통 황량하겠지요.

류_____ 방금 하신 말씀 속에서 마르크스가 주장한 '자유인들의 연합체'의 모습이 엿보였는데요.

리_____ 맞습니다. "인간은 목적"이라고 칸트가 말했는데, 저는 마르크스의 '인간'을 기초로 삼아서 칸트를 앞으로 더 밀고 나아갔습니다. 그리고 이 모든 사고의 출발점은 생을 귀하게 여기는, 즉 인류 총체의 생존과 지속을 중시하는 중국 전통이에요. 제가 왜 마르크스와 칸트와 중국 전통을 계승했다고 말하는지 이제 분명해졌겠지요.

8장

나의 일생은

단 순 하 고

평 범 했 다

네 가지의 '조용함'

류_____ 지난번 담화록이 출간된 뒤에 독자들이 2장과 3장에 흥미를 많이 가졌는데요. 그 부분에서 선생님 본인의 경험을 많이 말씀해주셨지요. 본래 이론을 좋아하지 않는 젊은 친구들도 재밌게 읽더군요. 그들 대부분이 『미의 역정』을 읽었는데, 담화록을 선생님의 전기로 간주하더군요. 이번에도 선생님 이야기를 좀 해주십시오. 선생님의 생애는 분명 '아낌·미련·슬픔·깨달음'의 과정이었을 텐데요. 소년시절 죽음에 대한 두려움에서부터 '인류를 위해' 사신다는 지금까지, '의미를 찾는' 일생이었지요.

리_____ 제 인생 이야기는 많지 않아요. 단순하고도 평범한 일생이었습니다. "저라는 사람이 책이고, 책이 바로 저"라고 지난번에 말씀드렸지요. 저에게는 네 가지의 '조용함'이 있다고 말한 적이 있는데요.

저는 조용히 씁니다. 평생 무슨 프로젝트나 과제를 추진한 적이 없어요. 책을 내거나 글을 발표하기 전에도 여태 다른 사람에게 말한 적이 없습니다.

또 저의 글은 조용히 읽히지요. 저에게는 아주 조용한 진지한 독자들이 있어요. 제가 가장 기뻐하는 일이기도 합니다. 저의 책들은 모두 만 부 이상은 찍어요. 독자들은 평범한 청년·간부·교원·기업가·방송인·군인 등이지요. 어떤 사람들은 저를 찾아오기도 하고, 토론거리를 제기하는 사람도 있어요. 저의 책을 읽고서 인생의 의의와 삶의 가치를 찾았다고 말하는 사람이 한둘이 아닙니다. 그건 아마도 학자들이나 교수들은 읽어낼 수 없는 것이겠지요. 오히려 그런 명사들은 저의 책을 읽지 않거나 혹은 읽어도 언급할 가치가 없다고 생각하겠죠. 증거가 있어요. 여러 신문에 책에 관한 그들의 글이 자주 실리는데, 최근에 어떤 책을 봤다는 식의 글이지요. 별별 책이 다 있지만 누군가 저의 책을 읽었다는 내용은 발견하지 못했습니다. 하하하. 제 책은 선전이나 홍보도 하지 않고 서평도 드물지요. 반면에 비판은 많아요. 그래도 누군가 조용히 읽습니다. 아주 좋은 일이지요. 저는 굉장히 마음에 들어요.

제가 어렸을 때 부친께서 인품의 우열로 사람을 네 등급으로 나눠서 말씀해주셨는데요. "말해놓고 하지 않는 사람, 말했으면 하는 사람, 해놓고 말하는 사람, 해놓고도 말하지 않는 사람"입니다. 정말 인상이 깊었지요. 지금까지도 기억이 나는군요.

물론 이건 저의 개성일 뿐이에요. 저는 다른 사람들이 홍보하고 선전하고 텔레비전에 출연하는 것에 반대하지 않아요. 프로젝트를 해서 재정적 도움을 받는 건 더더욱 나쁜 일이 아니고요.

저는 평생 '중용中庸의 도道'를 지켰다고 말할 수도 없고 진취적인 '광자狂者'라고도 할 수 없고, 기껏해야 '하지 않는 바가 있는' '견자狷者'였을 뿐입니다.[1] 많은 사람이 저를 굉장히 '열정적狂'이라고 생각하지만 사실은 그렇지 않아요.

류_____ 나머지 두 가지 '조용함'은 무엇인지요?

리_____ 작년에 말씀드린 거예요. 조용히 살았지요. 최근 10년 동안 저의 '삼불三不'2(강연하지 않는다, 회의하지 않는다, 텔레비전에 출연하지 않는다)을 기본적으로 지켜왔습니다. 10년 동안 두 차례의 비교적 큰 규모의 '좌담'이 있긴 했지만요. 강연처럼 보이지만 실제로는 자유롭게 문제에 답하는 거였습니다. 인터뷰는 작년에 너무 많았는데 올해는 대부분 정중히 거절했어요.

마지막 하나는 조용히 죽는 겁니다. 제가 죽을 때는 가족들 외에는 아무도 알지 못할 거예요. 병이 위중해도 남동생과 여동생에게 알리지 않을 겁니다. 알려봐야 무슨 의미가 있나요? 뭐하러 다른 사람을 염려하게 만들어요? 조용히 건강하게 잘 살다가 조용히 얼른 죽어버려야죠. 물론 이것 역시 순전히 개성이에요. 저는 다른 사람들이 왁자지껄하게 살다가 죽어가는 것은 굉장히 마음에 들고 찬성합니다. 저의 생일 축하 파티는 하지 않지만 다른 사람의 생일 축하 파티에는 참가하고 싶고 마음에 들어요.

어제 우리의 편집 담당자 천페이쉐陳飛雪한테서 전화가 왔는데, 자연과학에 흥미가 있는지 묻더군요. 그런 거라면 이야기를 나눌 수 있지요. 저는 자연과학에 늘 흥미를 가졌어요. 지난번에도 말씀드렸는데, 저는 중고등학교 때 이과 과목 성적이 좋았습니다. 중학교 때의 평면 기하학 연습 문제가 아주 어려웠지만 저는 좋아했어요. 작도를 통해서 추리능력과 상상력을 훈련할 수 있지요. '쓸모가 없는' 평면 기하학을 중학교에서 잘 배워야 하고 고등학교에는 논리 과목을 개설하는 게 아주 중요하다고 제가 1980년대에 글을 쓴 적이 있습니다. 지금은 논리를 정치 과목 안에 넣었다던데, 이건 웃긴 일이에요. 논리는 어법과 마찬가지로 계급성이 없거든요. 이건 스탈린도 말한 거고, 마오쩌둥 역시 논리에는 계급성이 없다고 말했어요. 논리는 인류의 보편적 사유형식과 규율이에요. 왜 논리를 정치 과목 안에 넣었는지 정말 이해할 수 없어요. 정치와는 아무런 관계도 없는데 말이죠.

대학에 가서 저는 전문적으로 수리논리학 과목을 들었어요. 아주 진지하게 익혔지요. 그때는 과가 몇 개의 조로 나뉘어 있었는데, 저는 논리 조에 들어갈 뻔 했습니다. 어우양중스歐陽中石가 동급생이었는데 논리를 전공했지요. 우리는 왕셴쥔王憲鈞 선생의 수업을 같이 들은 적이 있습니다. (그 당시의 노트를 꺼내며) 이제 제가 1954년에 기록한 수리논리학 노트예요. 진웨린 선생의 『논리』안에 첨부되어 있던 문제들을 저는 대부분 풀어봤어요. 엄격한 추리 훈련을 한 거죠. 저는 여태 골똘히 생각한 적은 없지만 개념의 명확성과 사상의 주도면밀함을 추구했는데, 아마도 그것과 관계가 있을 겁니다. 제가 그걸 느끼진 못했지만 말이에요. 제 생각에는 인문학을 하는 사람들도 반드시 논리학을 배워야 해요. 논리는 중국 지식인의 취약점이지요. 중국 전통은 이 방면에 있어서 굉장히 부족하니까요.

나와 후펑 사건

리＿＿＿＿ 베이징대를 졸업하고, 몇 번의 우여곡절을 거친 뒤에 우연히 중국사회과학원에 들어가게 되었지요. 1955년 '반反후펑胡風' 운동3 때, 저는 호된 비판을 받았습니다. 제가 말하길, 후펑은 루쉰이 가장 신임했던 사람이고 루링路翎[4]의 소설은 재능이 넘친다고 했기 때문이죠. 저는 후펑의 『칠월』과 『희망』[5], 니토사泥土社[6], 마의사螞蟻社[7] 등의 명칭과 표지 디자인이 마음에 들었어요. 상투적이지 않으면서 탄탄하고 소박한 느낌이 들었거든요. 루쉰의 유풍이지요. 게다가 저는 후펑의 『의견서意見書』를 사서 다른 사람한테 주기도 했습니다. 저는 '후펑 분자'로 몰려서 1년 동안 비판을 받았지요. 그 기간에, 총살을 집행하기 전에 열린 '반혁명분자 공개 재판 대회'에 저를 데려가더군요. 저를 위협하기 위해서였죠. 하지만 제가 자살할까 우려하더군요. 저와 같은 안건에 걸린 친한 친구가 자살했거든요. 아주 뛰어난 재능을 지닌 사람이었어요. 저는 자살할 리가 없지요. 그런데 후펑에 대한 자료를 쓰라는 핍박을 받았습니다.

'반후펑' 운동 초기에 저더러 비판문을 쓰라고 하더군요. 저는 후펑이 소자산계급의 문예사상을 갖고 있기 때문에 무산계급과 대립이 생겼다고 말했지요. 결국 후펑이 자아비판을 했는데, 자기는 소자산계급이라고 했어요. 이것이 문제가 되었습니다. 저와 후펑이 어떻게 사전 모의를 했기에 이처럼 같은 어조인지 반드시 심사해야 한다고 하더군요. 최후에는 공안부가 자세히 조사하더니 제가 후펑이나 후펑 분자와 아무런 관계도 없다는 걸 알았지요. 확실히 관계가 없었습니다. 편지 한 통도 써본 적이 없어요. 만나서 말한 적은 더더욱 없고요. 저는 다른 사람과 교류하는 것을 본래 좋아하지 않잖아요. 결국 저에게 사상죄를 씌웠는데, 후펑의 영향을 심각하게 받아서 사상이 반동적이니 비판이 필요하다는 거였죠. 하지만 저는 비판이 끝난 뒤에 바로 루링의 『부호의 자식들財主

的兒女們』을 샀습니다. 1949년 이전에 출간된, 상·하로 된 굉장히 두꺼운 책이지요. 기념으로 남겨 두었습니다. 저의 장서는 기본적으로 죄다 처리했어요. 하지만 그 두 권의 두꺼운 책은 지금까지도 베이징의 작은 서재에 남겨 두었는데 자리를 꽤 차지합니다. 아무리 족쳐도 효과가 없다는 걸 알 수가 있지요.

1957년 5월 '반우파反右派 투쟁' 전야가 돼서야 심사 결과가 나왔는데 저더러 서명을 하라고 하더군요. 다행히도 저는 서명할 때 굉장히 머리를 잘 굴렸어요. 저는 심사 결과를 부정하지는 않고 다만 이렇게 말했습니다. "일부 자료와 사실에는 어느 정도 오차가 있다." 그때 제가 심사 결과를 부정했다면 끝장이 났을 거예요. 분명히 '우파'로 몰렸겠지요.

얼굴과 목소리를 기억하지 못한다

리_____ 제 경우는 그래도 괜찮았던 편이에요. '문혁' 때도 그다지 족치지 않더군요. 중요한 원인 가운데 하나가 바로 다른 사람들과의 교류가 적었기 때문이죠. '문혁'이 시작되자 다들 제가 문예계 인사들과 분명히 관계가 많을 거라고 생각했지요. '문예 반동노선黑線'과 분명히 관련이 있을 거라고 생각하더군요. 천황메이陳荒煤 같은 경우에는 '문혁'이 시작되자마자 바로 끌려 나왔어요. 그는 영화를 주관했는데 늘 저에게 영화를 보여주겠다고 했지요. 게다가 연극계와도 관계가 있어서 매번 공연이 있을 때마다 저에게 표를 보내줬어요. 제가 미학을 연구할 때라서 명성이 있는 편이었거든요. 나중에는 극을 보는 게 부담이 되어서 가지 않았습니다. 게다가 저는 누구와도 왕래하지 않았어요. '문혁'과 '반우파 투쟁'은 이렇게 지나왔지요. 그러니 다른 사람과 교류하지 않은 게 나쁜 점이 많긴 하지만 좋은 점도 있었어요.

다른 사람과 교류하지 않는 건 저의 선천적 결함과도 관계가 있을 겁니다. 저는 어려서부터 사람의 얼굴과 목소리를 기억하지 못했어요. 어떤 사람은 제가 잘난 체 하느라고 얼굴을 보고서도 인사하지 않는다고 생각하는데, 사실 저는 얼굴을 기억하지 못해요. 게다가 저는 목소리도 기억하지 못합니다. 제 아들이 전화할 때도 늘 이름을 먼저 말하지요. 이건 두 번씩이나 말한 적이 있는데, 이번에는 표제로 달아서 부각시키고 싶군요. 지금까지도 이러니, 모두에게 거듭 양해를 구해야 할 것 같아서요. 지금도 아는 사람이 전화를 해도 늘 누군지 물어야 하고, 아는 사람과 만나서 이야기하면서도 마음속으로는 '이 사람이 누구지' 하고 마음속으로 중얼거립니다. 물론 아주 잘 아는 사람인 경우에는 그 정도까지는 아니에요.

덧붙여 말씀드리고 싶은 게 있는데, 제가 비록 다른 사람들과 그다지 교류하지는 않지만 저와 사진을 찍자거나 저한테 사인을 해달라는 요구는 여태 거절한 적이 없습니다. 20여 년 동안 많은 사진을 찍었는데, 절대 다수는 제 친구나 아는 사람이 아니에요. 대부분은 알지도 못하는 사람들이지요. 대개의 경우 사진을 찍거나 사인을 해준 것으로 끝이에요. 그래서 나중에 어떤 사람이 "지기知己인 척 하면서"(루쉰의 말), 제가 어떻다거나 저와의 관계가 어떻다거나 말하면 저는 인정하지 않습니다. 말이 나온 김에 하나 더 말씀드리자면, 제가 알고 있는 저에 관한 많은 소문은, 좋은 것이든 나쁜 것이든 글로 된 것이든 말로 전해지는 것이든 간에 대부분 뜬소문이거나 전혀 있지도 않은 일이라 죄다 믿을 만하지 않습니다. 생전에도 이러니 사후에는 더 그럴 거예요. 이번 기회에 해명해 두는 게 좋겠군요.

여든 생일에 뜻밖에도 제가 어느 간행물의 표지사진으로 실렸는데, 스스로를 위로하는 의미에서 제가 몇 마디 말을 기념으로 남겨두었습니다.

지나간 청춘의 세월 애석해라.
승냥이와 호랑이를 황급히 피했지.
이제 가을 저녁 어루만지며,
닭과 벌레**8**를 백안시한다네.**9**

승냥이와 호랑이는 반우파 투쟁과 문혁입니다.**10**

평생의 유감

류_____ 선생님께서 둔황敦煌에 가셨던 게 언제인가요? '반우파 투쟁'을 피할 수 있었던 게 둔황에 계셨던 것과 관계가 있지요?

리_____ 둔황에 간 건 1957년이에요. '반후펑' 심사 결과에 서명한 뒤에 바로 떠났지요. 5월에 갔다가 8월에야 돌아왔어요. 베이징을 떠나서 먼저 타이위안太原에 갔지요. 혼자서 화산華山에 올라갔습니다. 그리고 시안西安으로 가서 다른 사람들과 합류했지요.

류_____ 혼자서요?

리_____ 네. 아주 위험했지만 인상이 깊었어요. 오후에 올라갔는데 해가 지고 도중에 사람도 없었지요. 그날 밤 어느 스님의 사당에서 묵었던 걸로 기억하는데, 사람이 정말 적었어요. 다음날 계속해서 올라갔지요. 가장 인상 깊었던 건 '노군부리老君扶犁'11입니다. 그때 주머니에 신분증이 있었는데, 만약 떨어져 죽는다면 신분증을 보고 누군지 알 수 있을 거라는 생각까지 했습니다. 산에 오르려면 화산이 가장 재미있다고 생각해요. 정말 위험하니까요. 그 당시에는 제가 젊었지요. 겨우 스물일곱이었습니다.

시안에 가서 다른 사람들과 합류한 뒤에 란저우蘭州를 지나갔어요. 아주 오랫동안 기차를 타고서 둔황 현縣에 도착한 다음에 모가오쿠莫高窟로 갔지요. 사막에서 밤새 소달구지를 타고 갔던 걸로 기억합니다. 그때는 교통이 정말 불편했지요.

모가오쿠에서 한 달을 머물면서 모든 동굴을 몇 번씩 봤습니다. 그때는 문이 없고 모두 개방되어 있어서 아무 때나 가서 볼 수 있었어요. 지금과는 달랐지요. 둔황 연구소 사람들과의 왕래도 드물었고 혼자서 보러 갔습니다. (당시의 기록을 펼쳐 보이며) 보세요. 여기에 다 적혀 있어요. 보러 갈 때마다 다 기록했지요. 주로 저의 느낌을 적었습니다. 둔황 벽화의 조정藻井 도안에 대해서 굉장히 연구하고 싶었던 게 아직도 기억나네요. 서로 다른 시대에 따른 장식 풍격에 대한 연구요. 예를 들면 당나라는 자유롭고 뻗어나가며 모호한 한편 송나라는 청명하고 규범적이며 판에 박은 듯한데, 이것을 당나라가 모란을 좋아하고 송나라가 소나무와 회화나무를 중시한 것이나 당나라 시와 송나라 시의 차이 등과 연결 지으면 굉장히 좋은 미학 주제라고 생각합니다. 심미 취미의 변천을 통해서 인류의 마음의 누적과 풍부함을 읽어낼 수 있지요. 연구하고 싶은 실증적인 주제가 내내 몇 가지 있는데, 끝내 하지 못했어요. 평생의 유감이라고 할 수 있습니다.

그때 우리가 갔던 건, 중앙미술대학中央美術學院에서 주도한 거였는데 보쑹녠薄松年 일행이 있었어요. 상하이에서도 간 사람이 있는데, 바로 천마이陳麥예요. 우한미술대학武漢美術學院의 천사오펑陳紹豊도 갔고요.

도중에 저는 혼자서 룽먼龍門 석굴을 보고 진사晉祠도 보고 융러궁永樂宮 벽화도 봤지요. 그 당시에는 융러궁이 아직 옮겨지기 전이라 원래 자리에 있었지요. 그 뒤로는 이렇게 보러 다닐 기회가 없었습니다. 1980~1990년대가 돼서야 다시 두루 돌아다니기 시작했어요. 저는 여행을 아주 좋아해요. 주로 역사 고적을 보러 다녔지요. 안타깝게도 이제는 다닐 수가 없네요.

상하이에서 나오는 『학술월간學術月刊』에 쓴 미학 토론과 관련된 글은 바로 그때 가는 길에 수정한 겁니다. 아마도 둔황에 도착한 다음에야 수정을 마치고 부쳤을 거예요. 정확히 기억나진 않는데 아무튼 그때쯤이었을 겁니다.

류____ 애초에 선생님께서 미학을 연구하실 때 그저 서재 안에서만 논의하신 게 아니군요. 직접적인 예술사 자료를 가능한 한 장악하셨고요. 그건 선생님께서 나중에 『미의 역정』과 『화하미학』을 쓰시는 데 분명 도움이 되었을 겁니다. 지금 교수들은 심오한 논문은 무더기로 쓸 수 있지만 그런 책은 쓰지 못하지요.

리_____ 반드시 그런 것도 아닙니다. 칸트는 바깥출입을 그다지 하지 않았지만 그 누구도 견줄 수 없는 미학 저서를 썼잖아요.

류_____ 그건 순수한 이론서지요. 『미의 역정』에는 묘사적인 내용이 많고요. 직접적인 심미 체험이 없다면 쓸 수 없는 것이지요.

미국 학생

리_____ 제가 미국 대학에서 중국사상사를 강의할 때 학생들이 가장 좋아했던 건 첫째가 '음양오행'이고 둘째가 『장자』에 나오는 '물고기 이야기'와 '나비 이야기'였습니다. '물고기 이야기'는 장자와 혜시惠施의 변론이에요. 혜시가 따져 물었지요. "자네는 물고기가 아닌데 어찌 물고기의 즐거움을 아는가?"[12] 논리적 추리와 직관적 공감, 과연 어떤 것이 '믿을 만'한가요? '나비 이야기'에서는 장주莊周(장자)가 나비 꿈을 꾼 것일까요, 아니면 나비가 장주 꿈을 꾼 것일까요? 여기서 제기한 것은 인생의 의의가 어디에 있냐는 거예요.

셋째는 "산은 여전히 산이요, 물은 여전히 물이다"[13]에 관한 삼중 경지설이었어요. 저는 이것을 서양의 이성 사유와 대비했는데, 학생들이 듣고서 신선하며 유익하다고 느꼈습니다. 세속의 눈으로 보면, "산을 보니 산이고 물을 보니 물"이지요. 종교적으로 보면, "산을 보니 산이 아니고 물을 보니 물이 아니다"가 되고요. 이 두 번째 층위에서는 속세가 중요하지 않고 아름답지 않다고 여기지요. 그 때문에 영혼에서 이것을 없애야만 비로소 아름다운 것이 되고, 천국은 다른 세계에 있는 것이죠. 선종과 유가의 사유는 세 번째 층위로 돌아옵니다. "산은 여전히 산이요, 물은 여전히 물"이지만 원래의 산수는 아니에요.[14] 유한 속에서 무한을 보고 세속 속에서 초월을 획득하지요. 이것도 학생들이 이제까지 들어보지 못한 거였고 굉장히 재미있다고 생각하더군요.

'음양오행' 역시 같은 이치예요. 그들의 사유에서는 하나님과 마귀가 양립할 수 없지만, 중국의 사유는 하나님과 마귀가 아닌 음과 양이지요. 음과 양은 어떤 게 좋고 어떤 게 나쁜 게 아니라 상호 침투하고 보충할 수 있지요. 음 가운데 양이 있고 양 가운데 음이 있어요. 똑같은 사람이라도 나에게는 양이지만 다른 사람에게는 음이지요. 굉장히 융통적이에요. 한쪽은 절대적으로 거룩하고 깨끗한 반면 다른 한쪽은 절대적으로 사악한 게 아니지요. 제가 오행의 상생상극相生相剋을 그림으로 그려서 설명하길, 이것이 바로 너희가 늘 말하는 피드백 시스템이라고 했습니다. 구체적이고도 복잡하지요. 다들 너무 재미있어 하더군요.

장자와 혜시의 변론은 논리에 따르자면 혜시가 이긴 겁니다. 애초에 물고기가 어떻게 즐겁다고 하겠어요. 이건 분석철학의 입장에서 볼 때 말이 안 되는 것이죠. 그것은 일종의 심미적 공감이자 마음의 표현일 뿐이에요. 저의 강의에서 미국 학생들은 중국의 언어와 사유 방식이 그들과 다르다는 것을 알고서 놀라고 의아해하며 흥미를 느꼈습니다. 제가 여러 번 말한 적이 있는데, 한 학생이 저한테 묻기를 중국인은 하나님을 믿지 않는데 어떻게 이렇게 오래 지속될 수 있느냐고 하더군요. 저는 늘 이 '질문'을 중요한 큰 문제로 간주했습니다.

그밖에도 저는 중국 유가의 성誠·효孝·제悌·학學·의義·인仁·충忠·경敬 등을 『성경』의 주·사랑·믿음·죄·구원·인내·소망·전지전능, 그리고 고대 그리스철학의 실체·존재·이데아·질·양 등과 비교했는데 이것도 굉장히 인기가 있었어요. 이러한 범주들에 서로 다른 문화의 기본적 특징이 들어 있기 때문에 중국과 서양의 같음과 다름을 비교적 빨리 알 수가 있거든요. 사실 이건 굉장히 중요한 큰 문제입니다. 그 당시에는 그저 되는대로 이야기했을 뿐인데, 사실은 깊이 연구할 가치가 있어요. 지금 그렇게 많은 박사논문이 나오는데, 이런 연구를 한 건 하나도 없으니 정말 이상하지요? 아무 의미도 없는 논문은 오히려 많은데 말이에요.

미국에서 강의할 때 긴장을 아주 많이 했습니다. 심리적 부담이 컸지요. 미국 학생이 질문하는 게 두려웠거든요. 류 선생도 알다시피 미국 학생은 질문하길 좋아하잖아요. 설명이 채 끝나기도 전에 질문하고요. 학생들의 질문을 제가 이해하지 못할까봐 두렵더군요. 설명은 능동적인 것이니까 제대로 안 된 경우에는 방식을 바꾸거나 용어를 바꿔서 다시 하면 되지만, 듣는 것은 수동적인 거라서 알아듣지 못하면 그걸로 끝이잖아요. 그나마 다행인 건 그런 경우가 한두 번밖에 없었어요. 제가 못 알아듣고서 다시 묻자 학생이 다시 말해줘서 알아들었지요. 한 번은 학생 둘이서 사무실로 찾아와서는 학점에 대해 따지더군요. 학점을 너무 낮게 줬다는 거예요. 저는 계속 고수하면서 바꿔주지 않았어요. 그리고 그들을 설득시켰지요.

미국에서 1년에 세 과목을 개설했는데, 중국사상사(고대와 현대로 나뉘었다)와 미학에 관한 과목이었지요. 그리고 『논어』도 몇 번

개설했어요. 첫 학기에 두 과목을 개설하면 다음 학기에 한 과목을 개설했지요. 그 반대인 경우도 있었고요. 때로는 두 과목을 개설하고 대학원생 토론 과목을 추가하기도 했어요. 아무튼 정교수는 매년 세 과목을 합니다. 일반적으로 모두 그래요.

미국 대학에서는 교수에 대한 평가가 있는데, 과에서 진행하지요. 교수는 현장에 없는 상태에서 과에서 학생들에게 설문지를 돌려요. 담당 교수가 어떤지에 관한 질문들이지요. 저는 한참 나중에야 그걸 알았습니다. 그래도 괜찮았어요. 학생들이 저를 아주 높게 평가해줬거든요. 어떤 필리핀 학생은 저를 두고 자기가 "가장 좋아하는 선생님"이라고 하더군요. 매번 수업을 들을 때마다 수확이 있었고 가르쳐주는 지식이 많았고 논리성이 강했기 때문이라고 하더군요.

제가 있었던 콜로라도 대학과 스워스모어Swarthmore 대학은 사립학교라서 학비가 굉장히 비쌌습니다. 학생들은 부유하고 교수에 대한 대우도 좋아요. 천인커가 노년에 푸쓰녠傅斯年에게 쓴 편지에서 "명성은 추구하지 않고 오로지 이익만을 꾀한다"[15]고 했는데, 저도 돈을 많이 주는 곳으로 갔습니다. 다들 알듯이 방문교수Visiting Professor와 방문학자Visiting Scholar는 달라요. 방문교수는 정식으로 강의를 해야 하지만 방문학자는 그런 의무가 없지요. 방문교수는 돈을 많이 받지요. 방문학자는 그렇지 않고요. 차이가 아주 큽니다. 저는 중국에 있을 때 강의를 개설한 적이 없었어요. 미국에서 강의하게 되었을 때 아주 흥분했고 열정도 대단했지요. 아주 진지하게 책임감을 갖고 임했습니다. 학생들도 저를 진지한 선생님Serious Teacher이라고 했어요. 그런데 몇 년 지나니까 흥미가 확 떨어지는 게 느껴지더군요. 강의 내용이 많이 중복되었으니까요. 두 번 반복하다보니 흥미가 사라졌어요. 강의를 할수록 흥미가 많아지는 게 아니라 도리어 줄어들었지요. 그러다 결국 강의를 하고 싶지가 않더군요. 평생 학생들을 가르치는 선생님들은 정말 감탄스러워요. 정말 싫증내지 않고 꾸준히 다른 사람을 가르치잖아요. 저한테는 그런 정신이 없어요. 그래서 돈도 어느 정도 모았겠다, 가르치는 걸 차라리 그만두었습니다. 유명 학교나 모임이나 회의에서 돈을 많이 주면서 강연이나 기조연설을 부탁해도 죄다 정중히 거절했습니다. 저는 강의와 강연을 좋아하지 않는 사람이에요. 1980년대부터 지금까지, 중국 대륙·홍콩·타이완·미국에서도 모두 그랬어요. 많은 초청을 거절하다보니 많은 사람에게 원망을 샀는데 양해를 바랍니다.

챈중수는 중국과 서양의 '같음'만 이야기하고 리 아무개는 중국과 서양의 '다름'만 이야기하는데 굉장히 불만스럽다고 어떤 사람이 말했는데요. 그 말을 듣고서 탕융퉁이 했던 말이 기억났어요. 중국이 불학을 받아들이는 데 있어서, 첫 번째 단계는 같은 것을 구하고 두 번째 단계는 다른 것을 구별하고 세 번째 단계는 같음과 다름을 합하여 보다 높은 같음에 도달하는 것이었다고 했지요. 확실히 저는 다른 것을 '구별'했어요. 이렇게 해야만 비로소 보다 높은 수준의 '같음'이 있을 수 있다고 생각하거든요. 그것이야말로 '대동大同'이지요. 탕융퉁의 말은 아주 정확하게 기억나지는 않고 그저 대략적인 의미를 말씀드린 겁니다.

집에서 늘
과학잡지를 구독한다

류_____ 미국에 계시면서 자연과학의 발전에 관심을 많이 가지셨다고요?

리_____ 집에서 1년 내내 『사이언티픽 아메리칸Scientific American』을 구독합니다. 또 『마인드Mind』를 구독하는데, 유명한 철학 잡지가 아니라 뇌과학 잡지예요. 계속 봐오고 있습니다. 『사이언티픽 아메리칸』은 내용이 광범위해요. 물론 거기에 실린 글을 다 보는 건 아니에요. 물리학이나 우주학은 봐도 모르고 흥미도 없습니다. 하지만 생리·의학·고고에 관한 건 다 봐요. 안타깝게도 지금은 갈수록 잘 읽히지가 않네요.

그 두 잡지는 고급 대중물인데, 필자는 모두 과학계 인물이지요. 일류 과학자도 있고요. 하이데거 같은 철학의 대가가 현대 과학기술을 배척하고 비판하는 태도를 가졌던 것과는 달리, 저는 지금의 과학기술을 내내 낙관적으로 보면서 관심을 갖고 있습니다. 새로운 돌파가 끊임없이 이루어지길 기대하지요. 차라리 계몽의 천진함과 유치함 혹은 천박함을 지키고자 하는 저 자신을 자조합니다. 그리고 루쉰의 말을 자주 떠올리지요. 맑고 얕은 시냇물이 거무칙칙한 심연보다 사랑스럽다[16]는 말입니다.

류_____ 해외에 보급된 그런 잡지들은 수준 높은 전문가들이 만든 거잖아요. 중국에서처럼 어설프게 사람을 속이는 것과는 다르지요. 사실 전문적인 논문에서 어설픈 건 걱정할 게 안 되지요. 전문가들을 속일 수는 없으니까요. 하지만 대중적인 글에서라면 해악이 크지요.

리_____ 그렇지요. 제가 읽은 미국의 대중적인 글은 질적으로 믿을 만했습니다. 최근에 읽은 글도 그렇고요. 류 선생도 베르그송의 『웃음』을 읽었겠지요. 1920년대에 장원톈張聞天이 번역했습니다. 최근 읽은 글에서는, 과학자의 연구에 따르면 누군가가 넘어지는 것을 보면 웃게 되는데 그것은 마음속에서 일종의 우월감과 승리감을 느끼기 때문이며 이것은 생물의 경쟁 속에서 배양된 생물적 본능이라고 하더군요. 베르그송도 이런 견해를 소개했던 것 같은데, 지금은 현대과학의 엄격한 관찰과 실증적인 연구 성과를 거치면서 그때와는 굉장히 달라졌지요. 근거가 있어요.

류_____ 제가 기억하기로는, 웃음은 일종의 비평이며 사람들은 웃음을 이용해서 개인을 교정하고자 한다는 게 베르그송의 관점인데요.

리_____ 그건 웃음에 관한 또 다른 견해지요. 지금 과학자들이 찾아낸 생물학적 근거는 제가 말씀드린 견해입니다. 마침 더 말씀드릴 게 있는데요. 종족의 생존경쟁에서 유전된 동물적 본능이 죄다 좋은 것은 아니라는 겁니다. 남의 재앙을 보고 기뻐하거나 호전적이고 피를 보고자 하고 탐욕스러운 것은 '예의禮義'로써 절제하고 제어해야 하지요. 인성에 대한 연구에도 이러한 동물적 본능의 여러 유형과 정황이 포함되어 있습니다. 보존·배양·발양해야 하는 것과 되도록 제거·절제·제어해야 하는 것, 이 두 측면이 포함되어 있지요. 물론 선천적인 것(동물적 본능)과 후천적인 것(사회적 요소)이 착종하고 교차하는 온갖 상태와 특징 등을 자세히 탐구해야 하고요.

요전에 또 한 편을 읽었는데, 인간은 왜 자신의 미래를 낙관적으로 예측하는지에 관한 글이었습니다. 예를 들면 아주 많은 미국인이 자기가 100세까지 살 수 있다고 믿는데, 정말로 그때까지 살 수 있는 사람은 몇 퍼센트에 불과하지요. 근래에 과학연구를 통해 발견한 사실은 이것 역시 종족의 생존에 필요한 동물적 본능이라는 거예요. 이러한 동물적 본능과 유전자는 보존하고 발양할 수 있는 겁니다. 저는 A형이라 비관적인 예측을 보다 많이 하는데요. 하지만 이런 발견은 저의 '낙감문화'를 검증해주지요. 불운이 극에 달하면 행운이 오고, 때가 되어 운수가 트인다는 중국 전통의 낙관 정신에는 원래 생물학적인 강력한 기초가 있는 거예요. 인간이라는 종에게는 생존과 발전을 위해서 이러한 내재적인 심리적 요구가 있는 것이죠. 제가 '낙감문화'에 대해 쓸 때는 이걸 전혀 몰랐어요. 그런데 스스로 뛰어나고 본질을 파악한다고 여기는 문명 비관주의는 '원죄' 전통의 무의식에서 비롯되었을 겁니다. 생물학적 기초는 전혀 없지요. 물론 지금의 이런 과학연구 역시 단계적인 성과이고 반드시 최종적인 정론이라고는 할 수 없어요.

한대 '천인론'과 송명이학 및 현대 송명이학(현대 신유학)의 '심성론'과 달리, 저의 '유학 4기설'은 원전 유학의 '예악론'을 계승한 '정욕론情慾論'이 주제입니다. 이것은 정서 등을 포함한 인간의 생리 자체를 보다 잘 이해하고자 하는 거예요. 이것은 심心·성性·자아, 즉 '신' 혹은 '천리天理'를 명령의 절대적 주재자로 삼는 각종 개념 언어와 이성 범주에 반대하고자 하는 것이지요. 또한 언어를 대표로 하는 인류 문화로 세계를 병탄함으로써 언어가 실재가 되도록 하는 것에 반대하는 겁니다. 그래서 '자연으로의 회귀' 즉 '인간의 자연화'를 주장한 거예요. '인간의 자연화'를 제기한 것은 '정 본체'를 부각시킨 것이기도 하지요. '정'에는 본래 강대한 자연적·생물적 기초가 있습니다. 오로지 '정'만이 사회성과 공공성을 근본으로 하는 언어를 돌파하고 진정한 개체의 지금의 생존으로 돌아갈 수 있어요. 하지만 정은 단지 자연적이고 동물적인 게 결코 아니지요. 따라서 자연으로의 회귀가 동물로의 회귀와 같은 것일 수는 없습니다. 자연으로의 회귀는 언어와 이성이 인간의 자연에 종속되도록 하는 거예요. 또한 내재적 인성이든 외재적 인문이든, 인간은 우주 자연과 '협동 공존'해야 하지요. 외적으로 말하자면 생산을 발전시키고 환경을 보호해야 하고, 내적으로 말하자면 금욕에 반대하고 욕망에 탐닉하는 것에도 반대해야 합니다. 이렇게 해서 '정'과 '욕'의 관계, 즉 '자연의 인간화'와 '인간의 자연화'가 시대의 주제곡이 되었지요. 앞에서 이미 말씀드렸지만, 이런 의미에서 '정욕론'과 고대의 '예악론'은 상반됩니다. 후자는 집단 관계 속에서 개체를 제어해서 조심스럽고 두려워하고 공경하게 만드는 것이지요. 전자는 오히려 개체를 위주로 하여 '이理'와 '욕'을 '정'이 되도록 하는 현대적 조율입니다.

인간이 배양한 정감 심리인 '정 본체'

리_____ 다시 개괄할 게 있는 데 바로 "정감에 형식을 부여하고 심리가 본체가 되도록 한다"는 겁니다. 최초의 정감형식은 바로 대칭·균형·리듬·운율 등의 형식감이지요. 이것은 인간이 도구를 사용하고 제작하는 생산 활동 속에서 '도度'를 통해 장악하고 획득한 '외外형식'인데, 나중에 무술 의례를 통해서 공고화되고 강화되어 독립적으로 발전하게 되었습니다. 형식감이 인간의 생명을 질서화하고 무무巫舞가 인간의 생존을 본체화함으로서 인간의 세계가 의의와 질서와 조화를 획득하게 되었지요. 흑인은 지금까지도 특별히 리듬감을 갖고 있잖아요. 길을 걸을 때도 춤을 추는 것 같지요. 저는 이것이 오랫동안 원시부족의 무술 의례를 통해 조성된 것이 후대의 문명에 의해 파괴되어 소실되지 않은 거라고 생각해요. 무술 의례는 집단 활동의 형식감으로써 정감을 보존하고 정감을 배양하지요. 왜 음악은 일반적인 소리와 다를까요? 끊임없이 정감에 상상·감각·이해를 더함으로써 '외형식'에 '내용'을 부여해 '내內형식'이 되도록 하기 때문이죠. 이러한 '내형식'은 바로 '내용'이기도 합니다. 이것이 다시 운용·발전된 '외형식'이 되고, 새로운 정감·상상·감각·이해가 여기에 다시 녹아듦으로써 끊임없이 전진하지요. 이것 역시 '누적-침전'이에요. 저는 이러한 '형식'의 기원과 발전을 굉장히 중시합니다.

1980년대에 제가 '미학역문총서美學譯文叢書'를 펴낼 때 굉장히 중시해서 가장 먼저 번역 출간한 책이 두 권 있는데요. 하나가 아른하임Rudolf Arnheim의 『예술과 시지각視知覺』이고 다른 하나는 수잔 랭거Susanne K. Langer의 『정감과 형식Feelings and Form』이에요. 이 두 책이 문예계에 비교적 큰 영향력을 끼쳤던 것 같습니다. 곰브리치의 『질서의 감각The Sense of Order』도 중요하게 생각해서 다른 사람들에게 여러 차례 추천한 적이 있지요.

류____ 말씀하신 번역서 두 권은 그때 모두 사서 봤습니다. 예술 이론에 흥미가 있는 사람이라면 그 두 책은 거의 다 갖고 있을 거예요.

리____ 수잔 랭거가 말했지요. 예술이 사람을 감동시키는 이유는 그것이 보편적 형식을 갖고 있기 때문이라고요. 그것은 정감의 상징이고 정감의 논리지요. 정감상징, 정감논리, 정감형식은 모두 수잔 랭거의 개념이에요.

여기서 최고의 관건은 정감에 형식을 부여하는 것이지요. 그래야 비로소 인간의 정감이에요. 그렇지 않다면 동물적 정서지요. 지난번에 고대 중국에서는 음악으로 '슬픔을 꾸미는 것飾哀'을 중시했다고 했는데,[17] 이건 바로 자연스럽게 생겨난 슬픔이라는 정감에 보편적인 형식을 부여하는 것입니다. "길게 노래하는 것으로써 슬프게 소리 내어 우는 것을 대신할 수 있다"는 것이지요. 이미 여러 번 강조했는데, 이것은 개체 정서의 배설이 아니라 집단의 공동감각을 갖춘 심리 질서예요. 거기에는 비개념적·비언어적인 것의 이성화가 존재하지요. 옛사람은 상례喪禮를 특히 중시했는데, 행위·질서·동작의 '예'를 통해 외재적인 등급질서와 사회제도를 건립할 뿐만 아니라 슬픔·아픔·감회의 '악樂'을 통해서 인간 내심의 정감과 정신형식을 만들기도 합니다. '예'는 본래 '악'(무무巫舞 활동)에서 발전하여 구축된 거예요. 이게 바로 제가 원전 유학의 '예악론'이라고 하는 것이지요.

인간의 정감이 어디서 비롯되는지는 앞에서 말했듯이, 동물적 본능에서 비롯되어 생산·생활·실천을 거친 뒤에 무술 의례를 통해 공고화되고 강화되고 독립적으로 발전했답니다. 이렇게 해서 동물과는 다른 인간의 정감형식이 확립되고 끊임없이 풍부해졌지요. 이후의 문예는 '정감에 형식을 부여하는' 이 노선을 따라가면서 굉장히 풍부하고 다양하고 섬세하고 복잡하게 발전했습니다. 그리고 이것이 다시 인간의 생활 전체에 영향을 주었고요.

예전에 저는 다빈치가 회화에 대해 이야기하면서 눈을 언급했을 때, 빛光·어두움暗·모양體·색·형태形·위치·원근·움직임動靜을 열거하면서 선線은 언급하지 않은 게 이상했어요. 나중에 생각해보니 선은 감각이 아니더군요. 선은 바로 정감의 논리지요. 정감의 논리인 선은 인간이 만들어낸 '추상'적 감성이에요. 필묵筆墨의 형식에 대한 감상과 창조는 내용이나 대상(산수든 인물이든)보다 원대합니다. 저는 왕궈웨이가 '고아古雅설'에서 말한 것 역시 인간이 만들어낸 추상적 감성이라고 생각해요. 선은 독립적으로 발전해서 중국 특유의 서법書法 예술이 되었고, 정감과 심경을 두드러지게 표현하지요. 이러한 형식감은 인체의 감각기관이 감지하는 형식이 아니라 과학자와 예술가가 이지理知를 동원한 상상 속에서 느끼고 파악한 형식감이에요. 이것은 제가 인식론에 관한 문답에서 강조한 적이 있습니다.

좀 더 설명하자면, '정 본체'는 단지 형식감이 아니에요. 사람들 사이의 온갖 감정은 결코 형식감이 아니지만 형식감이 거기에 참여합니다. 형식감 자체에는 여러 층위와 내포가 있지요. 예를 들면 '우주와의 협동 공존'은 심층 형식감이 불러일으킨, "하늘보다 앞서 행해도 하늘이 어기지 않는" 절대적 존재에 대한 경외(정감)지요. 인간관계에도 각종 유동적인 평형, 대칭(예를 들면, "예는 오고 가는 것을 중시한다"[18]는 것), 순서 등이 있습니다. 또 한편으로는 첨단과

학기술이 가져온 노동 조작 계통의 기계 논리가 저절로 발전하면서 인간이 도리어 그것에 복종하게 되고, 인간의 새로운 능력과 새로운 형식감으로 새로운 창조를 하도록 자극하고 요구하지요. 정감은 굉장히 풍부하고 다양하며 복잡하다는 걸 알 수 있습니다.

예술을 놓고 말하자면, 어느 그림이라도 색채와 내용(이야기·인물·풍경·산수), 구조·선·필묵에 있어서 서로 다른 층위와 서로 다른 관계 및 종합적인 느낌feeling 즉 정감이 있게 마련이지요. 인도의 고서에서는 미감을 48종으로 나누었는데요. 그런데 몇 종류의 감정이 있든 몇 가지의 서로 다른 측면과 층위가 있든, 그것의 총체적 특징은 죄다 생물에서 비롯되었거나 생물을 뛰어넘는 것에서 비롯되었습니다. 비생물적인 이성 혹은 신성에서 비롯된 게 아니지요.

공자는 삼년상을 이야기하면서 "네가 편하겠느냐?"는 말로 귀결했는데[19], '편안하다'는 것은 신으로부터 받은 하늘의 뜻이 아니고 동물의 본능도 아니에요. 그것은 부모가 적어도 3년을 품에서 길렀다는 걸 말하지요. 부모자식 관계의 동물적 본능을 이성으로 끌어올린 것을 말하는 겁니다. 이러한 정감에는 인지認知와 이성이 있기 때문에 이것이야말로 '본체'(근본)지요. 보기에는 단순하지만 사실은 의미가 깊습니다. 보기에는 아주 평이해 보이는 말이지요. 『논어』 전체가 그렇습니다. 헤겔은 사변적 지혜를 출발점으로 삼았기 때문에 당연히 공자를 무시했지요. 사실 그는 굉장히 평범하고 단순해 보이는 공자의 말들이 도리어 바로 중국의 생존 지혜의 핵심 부분이라는 것을 몰랐던 거죠. 이것은 제가 말한 중국 전통의 심리주의·심미주의이기도 합니다. 거기에는 상상·이해 등의 요소가 녹아들어 있어요. 그것은 인간이 배양해낸 정감 심리이기도 하지요.

'정 본체'가 바로 그것입니다.

『비판』에서 저는 '객관사회성'으로 칸트의 보편필연성을 대체할 것을 강조했는데요. 하지만 포스트모던의 '사회구성론social construction theory'에서처럼 정감 역시 순전히 특정한 사회적 구성물이라고 생각하지는 않습니다. 포스트모던의 사회구성론은 각 민족 각 문화마다 각기 다른 태도·동작·언어로 동일한 감정을 나타낸다고 여기거나 혹은 서로 다른 정감에 각기 다른 중점을 두고서 그것의 생물학적·자연적 기초를 제거함으로써 상대주의가 되어버리지요. 물론 저는 이것에 찬성하지 않아요.

실러Friedrich Schiller가 말하길, 감성적 인간을 이성적으로 변화시키는 유일한 통로는 미육美育(심미)이라고 했습니다. 아주 재미있지요. 심미의 정감—이성 구조는 인간이 인간이 되는 바, 즉 인성의 핵심 부분입니다. 정감과 형식감은 물질성에서 벗어날 수 없는 것이지만 그것은 물질성과 결코 동일하지 않아요. 이것이 바로 인간이에요. 여기서의 '이성'은 인지·언어가 아니고 개념의 동일성이나 보편필연성도 아니지요. 그것은 바로 정감적이고 비언어적인 공동감각common sense입니다. 이것이야말로 개체의 독특성이 충분히 발현된 것이지요.

류_____ 방금 전 '선線'에 대한 말씀에서 많은 계발을 받았습니다. 덕분에 두 차례에 걸친 우리 담화의 전체적인 특징이 생각났는데요. 선생님께서는 늘 굉장히 '중국'적인 사유를 출발점으로 삼으시지요. 방금 전에 말씀하신 왕궈웨이의 '고아'도 그렇고요. 그건 완전히 중국의 개념이지요. 제가 기억하기로, 『미의 역정』에는 '선의 예술'을 독립적으로 다룬 절節도 있고요. 중국인은 선에 대해 특별히 민감하지요. 물론 서법이 가장 대표적이고, 중국화 역시 선을 위주로 합니다. 중국의 민속악도 그런 사유를 나타내는데, 민속악기는 독주할 때는 그 효과가 훌륭하지만, 합주하게 되면 서양 음악에 훨씬 못 미치지요. 복잡한 화성이나 다성부 음악이 없어요. 얼후二胡의 독주는 완전한 선의 예술이에요. 중국인은 그것을 잘 이해하고 감상할 수 있지요. 하버드 대학에서 예술 연구도 하고 뇌과학 연구도 하는 가드너Howard Gardner 교수가 중국의 서법을 굉장히 이해하기 어려워하니까 어떤 사람이 일깨워주길, 바이올린 독주랑 굉장히 비슷한 거라고 했습니다. 가드너 교수가 한참을 생각하더니 문득 깨닫고 바로 이해했지요.

중국 사유, 중국의 관점을 출발점으로 삼아 중국의 경험·심미·생활·사상을 높은 철학적 수준으로 끌어올려 지금의 세계적 난제와 한데 놓고서 연구해야만 중국의 관점이 세계의 문제와 교차하고 중국과 서양 간의 차이가 더욱 분명해지지요. 그래야 중국 전통의 우수한 점과 부족한 점도 점점 뚜렷해지고요. 이것을 전제로 한 다음에 서양 세계와 서양철학이 직면한 곤경과 문제에 대해, 서양의 부족한 점을 충분히 보완할 수 있는 실마리를 중국 사유 속에서 정리해내어 '중국철학의 등장'을 제기하는 것, 저는 이것이 빈말이나 흰소리가 아니라 굉장히 실재적인 화제라고 생각합니다.

굉장히 소중한 두 차례의 담화였는데요. 끝내기 전에 미래 인류의 방향에 대한 견해를 말씀해주시지요.

리_____ 예전에 이미 했던 말은 다시 하지 않겠습니다. 한 가지 설명을 덧붙이자면, 애초에 제가 '선의 예술'을 말한 건 중국의 시문과 서화의 서정 전통을 언급하려는 거였고 중국예술 전체를 포괄해서 말하고 싶지는 않군요. 제가 말한 선은 서양 고전주의가 강조한 이성질서의 구조인 선도 아닙니다. 청동기, 한대의 조각, 당대의 조소·소설·전기傳奇, 이 모든 게 선의 예술이냐고 어떤 사람이 묻는데 그건 순전히 오해예요.

미래 인류의 방향은, 제가 대답할 수 없는 커다란 문제인데요. 두 가지 기대를 말씀드리기로 하지요. 첫째, 미래 뇌과학이 획기적인 진전을 이루어서 사람들이 인성과 자기 자신을 보다 명확하게 이해할 수 있게 되길 바랍니다. 둘째, 자신의 길을 어떻게 갈 것인지, 어떻게 '천명을 알고知命' '천명을 좇아 마음의 안정을 얻는지立命', 이 문제는 미래의 뇌과학도 해결할 수 없습니다. 이것은 철학 문제이고, 오늘날 상당히 부각되었지요. 인류와 민족과 개체의 앞날과 관련해서, 저는 중국의 당대當代 철학이 바로 이 문제에 대해 공헌하며 세계에 등장하길 기대합니다.

말이 너무 많았네요. '등장'에 관한 우리의 담화도 이제 퇴장할 때가 되었습니다. 감사합니다.

2011년 7월 10일, 11일, 14일에
베이징 둥창후퉁東廠胡同에서 이야기하다
2011년 11월 23일에 수정하다

刘爱素的背后 / 世界杯的太太们 / 如果没有青海湖 / 邹君梅 想演坏女人

人物周刊

八十李泽厚
寂寞的先知

不再是青年导师，早已告别了革命，
中国最有原创性的思想者，还有什么预见

ISSN 1672-8335

2010년 6월 14일, 『남방인물주간』 제20기 표지. "팔순의 리쩌허우: 적막한 선지자"

'양덕론'을 출발점으로
보편가치와 중국 모델을 이야기하다[1]

문_____ 보편가치와 중국 모델에 관한 최근 토론에서 여러 견해
가 있는데요. 10여 년 전에 '종교적 도덕'과 '사회적 도덕'에 대해
말씀하셨던 걸로 기억합니다. '양덕론'은 선생님 윤리학의 중요한
논점인데,[2] 이 토론과 연결해서 말씀해주실 수 있는지요?

답_____ 그러지요. 세 가지 문제가 있습니다. 첫째, 보편가치가
가리키는 것은 무엇인가? 둘째, 보편가치는 어디서 유래했는가?
셋째, 중국에 적용될 수 있는가?

문_____ 그럼 하나씩 말씀해주시지요.

답_____ 간단히 말씀드리자면, 보편가치가 가리키는 것은 구미
사상사에서 계몽이성에 의해 제창된 개체의 자유·독립·평등·민
주·인권 및 그것과 관련된 과학·진보 등의 관념이지요. 그리고 그
것들이 세계적인 가치를 지니며 보편적으로 적용될 수 있다고 여기
는 것이지요. 그것의 유래는 미국 독립선언과 프랑스 인권선언에
따른 것으로, '모든 사람은 태어나면서 평등하다는 것' 즉 '천부인

권天賦人權'입니다. 일종의 선험적 원리원칙이지요.

문_____ 그런 보편가치들에 대해서 어떻게 생각하시는지요?

답_____ 첫 번째 것은 아무 문제가 없겠군요. 보편가치는 계몽이성과 관련이 있지요. 두 번째 것은 저의 '양덕론'과 어긋나요. '양덕론'에서는 보편가치가 선험원칙도 아니고 예로부터 있었던 것도 아니며 역사가 특정 시기까지 발전한 다음에 생겨난 것이라고 봅니다. 인간은 결코 나면서부터 평등한 게 아니에요. 미국의 독립선언 이후 아주 오랫동안 흑인과 백인, 남자와 여자는 여전히 결코 평등하지 않았어요. 노예제·봉건제 시대에는 인간이 불평등한 게 불변의 진리였지요. 이 점에 있어서 저는 마르크스의 논점을 견지합니다. 소위 보편가치라는 것은 근현대의 역사 산물이며, 근현대 자본주의경제에 의해 지탱되는 것이라고 생각해요. 오늘날 중국 농민이 더 이상 원래의 향토에 묶여 있지 않고 경제 외적 착취를 뚫고 나와 도시로 들어가 일할 자유를 갖게 된 것처럼, 사람들이 혈연·지연·종법宗法·가족에서 벗어나 노동력을 파는 '자유' 개체가 되어 신분제에서 계약제로 이행한 것, 이것이야말로 그러한 보편가치의 진실한 기초지요. 그런데 관념이란 일단 생겨나면 나름의 독자성을 갖게 되고, 사람들의 사상·정감·행위에 직접적으로 영향을 끼칠 수 있어요. 그래서 그러한 경제적 기초가 전혀 없는 지역·사회·시대의 사람들에게도 전파되어 효과를 낳을 수 있습니다.

문_____ 그러한 보편가치로 인해 일인일표제의 보통선거에 의한 총통 선출, 다당제와 의회제 등의 정치체제가 이루어졌는데요.

답_____ 그렇지요. 하지만 관념적 보편가치가 현실의 구체적인 제도가 되기까지는 시간이 필요합니다. 게다가 양자는 결코 동일시할 수 없어요. 앞에서 말했지만, 미국의 독립선언은 모든 사람이 평등하다고 주장했지만 미국 여성은 20세기가 돼서야 평등한 선거권을 갖게 되었습니다. 흑인의 평등은 남북전쟁을 거친 뒤 마틴 루서 킹에 이르고 오늘날 오바마가 대통령으로 당선되어서야 비로소 점차 진정으로 실현되었지요. 따라서 보편가치에 찬성하고 보편가치를 제창하고 선전하는 것은 일인일표제의 보통선거에 의한 총통 선출 및 다당제의 경쟁을 요구하는 것과는 결코 동일시할 수 없습니다. 민주를 실현하는 방식은 매우 다양하기 때문이죠. 구미라 하더라도 정치적 민주와 관련된 구체적인 제도가 완전히 같은 것은 결코 아니에요. 순수 이론상으로는 자유와 평등 같은 보편가치를 똑같이 신봉하더라도, 자유와 평등의 모순을 어떻게 처리하는가에 따라서 커다란 불일치가 있을 수 있지요. 자유주의libertarianism에도 좌와 우의 구분이 있고요.

그래서 한편으로, 보편가치는 사회와 역사가 발전한 시기의 산물이기에 전 세계의 경제가 일체화되면서 그것이 장차 세계 각지에 퍼지는 것은 피할 수 없습니다. 그것이 사람들을 보다 번영하고 부유하고 행복한 생활을 향하도록 할 거예요. 그 어떤 종교와 문화 혹은 전통 관념이라도 이것을 막기는 어렵지요. 다른 한편으로는, 서로 다른 종교·문화·전통을 지닌 지역과 사회가 보편가치를 어떻게 구체적으로 실현할 것인가에는 일정한 틀이 없습니다. 이것이야말로 진정한 난점이자 초점이지요.

요컨대 자유·평등·인권·민주는 보편가치고, 미국식·타이완식의 총통 직선제는 결코 보편가치가 아닙니다. 오늘날 중국에서도 마찬가지예요. 그래서 구미의 현행 정치체제를 기계적으로 모방하려는 자유파의 길을 가서는 안 되고, 보편가치를 부정하는 신좌파와 국학파의 길을 가서도 안 된다고 말하는 것이죠. 특히 중국은 인구가 너무 많기 때문에 더 조심하고 신중해야 합니다.

문_____ 이 문제에 있어서 선생님께서는 중국의 인구가 많다는 특징을 늘 말씀하시는데, 그 누구도 이렇게 강조해서 말한 적은 없는 것 같은데요.

답_____ 사정을 잘 헤아려서 결정해야 합니다. 인구는 너무 많은데 밑바탕은 아직 약한 상황에서 급격한 변화는 혼란을 조성하기가 쉬워요. 혼란해지기 시작하면 수습하기가 굉장히 어렵지요. 역사에 이미 많은 교훈이 있습니다. 신해辛亥혁명도 그 예이고요.

문_____ 인도 역시 인구가 굉장히 많지만 민주 선거를 실행하잖아요.

답_____ 인도의 우수한 점은 영국이 남긴 법치제도에 있지요. 경제와 행정 방면도 포함해서요. 하지만 민주 선거는 인도에 그다지 이로운 것을 가져다주지 못했어요. 중국의 경우 법치제도가 결핍된 상황에서 민주 보통선거를 갑작스럽게 시행한다면 엉망진창이 될 겁니다. 다당 경쟁에 온 국민이 투입되면 인력과 물력의 낭비 역시 정말 엄청나지요. 지금 중국은 이런 부담을 감당할 수 없습니다.

문_____ 그것과 선생님의 '양덕론'은 어떤 관계가 있는지요?

답_____ '양덕론'은 윤리학 이론으로, 그것과는 직접적인 관계가 없습니다. 그렇지만 '양덕론'은 '종교적 도덕'이 '현대 사회적 도덕'을 이끌 것을 제안하고 이를 굉장히 중시하는데, 이런 점에서는 그것과 관계가 있지요. 정치철학의 측면에서, '양덕론'은 어떻게 하면 중국 전통이 서양에서 전해진 보편가치를 잘 이끌어서 중국에 적합한 길과 모델을 창조해내도록 것인가를 연구하고자 하니까요.
전에도 말했듯이 소위 '현대 사회적 도덕'이란 주로 현대 사회생활
속에서 사람들이 생존·지속하는 데 필요한 윤리질서와 행위규범
을 가리킵니다. 이것은 공공이성이 개체의 자각으로 내재화된 도
덕의식이기도 하지요. 이것은 바로 보편가치의 기초 위에 건립된
정치체제가 필요로 하는 겁니다. 하지만 구체적으로 어떻게 건립할
것인가, 특히 도덕을 어떻게 완전하게 할 것인가는 서로 다른 종교
적 도덕의 인도引導에 따라 차이가 있지요.

  문_____ 설마 현대 이전에 '사회적 도덕'이 없었던 건 아니겠지
요?

  답_____ 있었지요. 여러 사회가 현대로 진입하기 이전에 윤리질
서와 행위규범과 도덕자각이 물론 있었지만 늘 종교적 도덕의 형태
를 통해 나타났습니다. 두 종류의 도덕이 늘 하나로 합쳐져 있었
고, 종교적 경전에 의해 직접적으로 훈도되고 규정되었지요. 그래
서 그 당시 사회적 도덕은 위반할 수 없는 절대적 신성성을 갖고 있
었어요. 이러한 도덕과 관련된 많은 문화적 관습, 낡은 제도와 풍
속까지도 신성한 후광에 휩싸여 오랜 세월 동안 바뀌기가 어려웠
습니다. 예를 들면 여성에 대한 학대·차별·불평등이 각 문화 전통
에 거의 다 심각하게 존재했지요. 아프리카 부락에서는 여성 할례
가 행해졌고, 인도 여성은 스스로 자신의 몸에 불을 질러 남편을
따라 죽었고, 중국에서 과부는 평생 수절했으며3 여성은 교육을
받지 않았고4 바깥출입이 금지되었고 간통하면 죽임을 당했습니
다. 이런 일들이 아주 많았지요.

  문_____ 그것들은 도덕 율령인가요?

답＿＿＿ 그렇습니다. 각 종교 경전에서 명확한 근거를 찾을 수 있는 것은 아니지만, 그것들은 모두 두 종류의 도덕이 합쳐지고 남권이 지배하던 상황에서 생겨난 윤리질서와 도덕관념입니다. 낙후된 환경과 전통 관념으로 인해 각종 낡은 제도와 풍속이 사람들[5]에게 '이치상 당연한 것'으로서 반드시 따라야 하는 것으로 여겨졌지요. 지금까지도 세계의 어떤 곳들에서는 여전히 그렇습니다. 이런 점을 볼 때, 계몽이성이 보편가치를 제창한 것과 중국의 '5·4'가 계몽을 제창한 것의 위대한 의의를 알 수가 있지요. 오늘날 아프리카, 인도, 이슬람 지역의 여권운동의 위대한 의의도요. 이들 지역의 여권주의자들은 굉장히 힘들고 위험한 조건에서 자유·평등·인권·민주 등의 보편가치를 실현하기 위해 분투하지요. 실제로는 위대한 인류 해방운동을 하고 있는 겁니다.

문＿＿＿ 어떤 사람들은 그렇게 해서는 안 된다고 생각하는데요. 그것이 그들 지역의 문화적·종교적 자체 전통에 간섭하고 그것을 파괴한다고 여기는 것이지요. 각 문화·종교·민족은 각각의 윤리·도덕·풍속·관습을 갖고 있으며, 오롯이 존중받아야 한다는 겁니다. 서로 다른 문화·제도·윤리·도덕은 좋고 나쁘고의 차이가 없으며 진보와 낙후의 구분이 없는데, 소위 보편가치를 강요하는 것은 구미 제국주의의 문화 침략일 뿐이라는 건데요.

답＿＿＿ 그게 바로 지금의 문화상대주의인데, 그 핵심은 윤리상대주의입니다. 제가 '밥 먹는 철학'을 제기한 것 역시 그것에 반대하기 위해서예요. 저는 '밥 먹는 것', 즉 의·식·주·행行 등의 물질생활의 개선이야말로 문화·종교·정치제도·윤리질서·풍속·관습을 막론하고 전 인류가 공동으로 희망하고 추구해야 하는 거라고 생각합니다. 배가 고픈 것과 배불리 먹는 것, 초가집에 사는 것과 벽돌집에 사는 것, 먼 길을 걸어가는 것과 자동차를 타는 것, 기름불을 켜는 것과 전깃불을 사용하는 것, 마흔까지 사는 것과 여든까지 사는 것, 이런 것들은 차이가 있지요. 진보와 낙후의 구분이 있어요. 그리고 이것과 긴밀히 연결되어 있는 각종 풍속과 관습, 행위 방식, 윤리질서, 정치체계 역시 그렇고요. 예를 들면 여성 역시 사람이고 마찬가지로 배불리 먹고 좋은 집에서 살고 유행하는 옷을 입고 문자를 알고 교육을 받고 자유롭게 연애할 권리가 있어요. 인류의 생존과 지속은 가장 근본적인 것이고, '밥 먹는 것'[6]은 개체가 생존하고 지속하는 데 기본적으로 필요한 것이죠. 여기에는 '상대적'이라고 할 게 없어요.

문＿＿＿＿ 문화상대주의자는 그러한 전통과 관념 역시 개인의 요구이기 때문에 반드시 존중해야 한다고 여기는데요. 미국학자의 글을 읽은 적이 있는데, 중국의 전족은 여자아이 스스로의 단호한 요구이기 때문에 반대해서는 안 된다고 하더군요.

답＿＿＿＿ 오늘날 인도에서는 과부가 분신하기도 하고, 파리에 사는 현대 여성이 검은 옷으로 온몸을 감싼 채 두 눈만 내놓기도 하지요. 이게 분명 '스스로 원해서'인 것 같지만 사실은 남성이 특권을 지닌 사회의 전통 관념이 그녀들에게 해독을 끼쳤기 때문이에요. 이것은 바로 계몽이성과 보편가치를 선전하는 것이 오늘날에도 시대에 뒤떨어진 게 아니라는 걸 증명해주는 겁니다. 중국에서도 그렇고요.

문＿＿＿＿ 지금 중국은 여자아이에게 전족을 하지 않지요.

답＿＿＿＿ 그게 바로 진보예요. 백여 년 전 중국에서 보편가치를 처음으로 제창한(『대동서』) 캉유웨이가 '불전족회不纏足會(전족에 반대하는 단체)'를 설립했을 때만 하더라도, 많은 여자아이가 전족을 했잖아요. 농촌의 빈곤 지역 일부에서는 유학을 신봉하는 '교양 있는' 집안에서 죄다 전족을 시키며 어린 여자아이를 잔혹하게 괴롭혔습니다. 전족을 했던 나이든 여성을 제가 어렸을 때 본 적이 있는데요. 사실 그렇게 나이든 것도 아니었어요. 어떤 사람은 확실히 스스로 원해서 하기도 했고요. 하지만 지금은 더 이상 '스스로 원하는' 사람이 없지요. 이것이 바로 진보예요. 하지만 일부 문화상대주의자들은 보편가치와 계몽이성에 속하는 '진보'라는 개념 역시 오류라고 봅니다. 그들은 역사에 결코 진보가 없다고 여기지요. 원시 부락과 현대사회에 진보와 낙후의 구분이 없다고 봐요. 이런 이론을 그럴듯하게 만들어서 마구 선전하고 있는 사람이 지금 중국에 있지 않습니까? '진보'는 굉장히 어려운 거예요. 반드시 힘을 내서 투쟁해야만 얻을 수 있는 것이고 자칫 방심했다가는 후퇴할 수 있다는 걸 알 수 있지요. 많은 곳에서 구세력이 여전히 힘을 발휘하는 상황이에요. 게다가 자주 참신한 면모로 나타나지요. 전에도 말했지만, 제가 루쉰을 좋아하는 이유는 그가 그러한 가면을 벗기고 진상을 드러내기 때문입니다. 온갖 '황제의 새 옷'7을 까발리기 때문이지요.

　문_____ 다시 선생님의 '양덕론'으로 돌아가서 말씀해주시지요.

　답_____ 다시 말씀드리자면, '양덕론'은 무엇보다도 '종교적 도덕'과 '현대 사회적 도덕'을 구별해야 한다는 겁니다. 후자는 계몽이성이 제기한 보편가치로, 현대 경제생활의 바탕에서 생겨난 일련의 관념 체계지요. 보편가치가 중국에 전파된 지 100여 년이 지났지만 어떻게 진정으로 실현할 수 있는지는 여전히 커다란 난제입니다. 주요 원인은 중국에 적합한 일련의 구체적인 모델을 찾지 못했기 때문이지요.

문_____ 그래도 많은 것이 실현되었는데요. 예를 들면 대가족의 핵가족화, 혼인의 자유, 이주의 자유, 계약제, 시장화 등이 사회생활에서 이루어졌지요.

답_____ 맞습니다. 그래서 제가 보편가치의 확산은 불가피하다고 말하는 겁니다. 중국은 보편가치를 실현하는 과정에서 전통 특징이 많이 스며들었지요. 핵가족에서도 여전히 부모 돌보기를 중시하고, 계약제에서도 한턱내거나 선물을 주는 등 연줄과 인정이 존재하지요. 어느 정도의 한도 안에서는 이런 것이 결코 공동의 공덕을 해치지 않아요. 도리어 그것은 공공이성이 보다 원활하고 '조화롭게' 작동하도록 해주지요. 이 역시 모종의 '선도善導'입니다. 하지만 이것들은 자세한 분별과 구체적인 연구가 필요해요. 그래야 경험의 누적 속에서 좋고 나쁨, 맞고 틀림, 선과 악을 구별할 수 있고 무엇이야말로 '중국 특색'이어야 하는지 모색해낼 수 있습니다.

문_____ 지금으로서는 주로 정치체제 방면의 문제일 것 같은데요.

답_____ 정치뿐만이 아닙니다. 경제 영역 안의 문제도 여전히 많고 후퇴를 막아야만 하지요. 전에도 말했지만, 봉건 특색의 자본주의를 중국 특색의 사회주의로 간주하고 그러한 '특색'을 고정화해서 '중국 모델'이라고 하면 안 됩니다. 저는 줄곧 중국 모델을 주장했어요. 여러 해 동안 말했던 "자기의 길을 간다"는 것이지요. 하지만 제가 말한 '중국 모델'은 현재 진행형이지 현재 완료형이 아니에요. 과거 완료형(마오 식)은 더더욱 아니고요. 요컨대 엥겔스가 제시했던 것처럼 국가의 독점을 사회주의로 간주하는 것은 봉건적 반동일 뿐입니다.

문_____ 왜인지요?

답_____ '현재 진행형'이라고 하는 이유는, 경제적으로 봐서는 30년 동안 확실히 성공적인 경험을 많이 누적했어요. 서양으로부터 과학기술·관리·경영·제도를 배웠고 많은 자금을 끌어왔지요. 그리고 향진鄕鎭기업, 거시적 조정, 정부가 직접 나서서 투자자를 유치하는 것, 국유기업의 핵심 지위를 유지하는 것, "전국이 하나의 바둑판"[8] "중앙과 지방의 두 가지 적극성을 발휘한다"[9] 등의 방식을 통해서 즉 '서체중용'을 통해서 그것들이 중국 특색을 갖도록 했습니다. 하지만 이것들을 완전히 고정화시켜 이것이 바로 '중국 모델'이라고 하면서 계속해서 정치와 경제를 구분하지 않고 심지어는 정부의 관여를 강화하고 나아가 시장을 주재해도 괜찮을까요? 당연히 안 되지요. 향진기업이 시도이지만 변화와 전환이 필요한 것과 마찬가지로 지금의 정부 직능 역시 변화와 전환이 필요합니다. 민영기업을 더 대담하게 발전시켜야 하고 36조條[10]를 진정으로 집행해야 해요. 미시 경제에 대한 정부의 관여와 국유기업의 독점을 되도록 빨리 감소시켜서 시장이 진정으로 주도적 역할을 충분히 할 수 있도록 해야 합니다. 그래야 경제적으로 '중국 모델'의 길을 천천히 모색해낼 수 있고, 세계에서 확고한 위치를 차지할 수 있어요. 다른 방면들도 마찬가지고요.

문_____ 그건 선생님의 '양덕론'과 관계가 없는 것 같은데요.

답_____ 관계가 있습니다. 비교적 간접적이긴 하지만요. '양덕론'은 '인도引導'를 중시하지만 '구축構築'해서는 안 된다는 걸 강조하지요. 양덕론의 기초는 여전히 보편가치와 사회적 공덕이지, '보편가치'를 대체하거나 종교적 도덕(정치 종교를 포함)으로 현대 사회적 도덕을 대체하려는 게 아니에요. 제가 '정 본체'를 서양의 '이理 본체'와 대비한 건, 한편으로는 어떻게 하면 정과 이에 통하고 정과 이에 부합하도록 할 수 있는지를 중시한 겁니다. 협상·조정·협력·조화·통일이 이성 지상至上, 원자原子로서의 개인, 절대 경쟁, 가치중립에 스며들어 이것들을 '인도'하는 것을 중시한 것이지요. 그러면서도 한편으로는 이러한 '인도'로써 이것들을 제거하거나 대체하는 것에 반대한 겁니다.

문＿＿＿ '인도'하는 것으로 충분하다는 말씀인가요?

답＿＿＿ 중국은 지난 2000년과 최근 60여 년에 걸친 대일통大一統의 정치 전통이 있지요. 즉 군현제, 문관 집권제, 관리 선발제에 바탕을 둔 중앙집권 및 통일된 문자 언어로서의 한자를 비롯하여 "현명하고 능력 있는 사람을 선발해 신뢰를 추구하고 화목함을 기른다"[11] "재부가 고르게 돌아가면 가난이 없고 화평하면 인구가 적음이 없고 안정되면 나라가 위험함이 없다"[12] "늙은이는 편안히 천수를 누리고 장정은 쓰이는 바가 있고 어린이는 잘 자라고 홀아비, 과부, 고아, 자식 없이 홀로 된 노인, 장애인도 모두 돌봄을 받는다"[13]는 이상理想적 가르침이 정치에 있어서 중국 모델의 형성에 크나큰 영향을 미칠 겁니다. 이 모델이 현대 경제와 보편가치 위에 성립하도록 하는 게 반드시 다당 경선제 같은 식이어야만 하는 것은 아니에요. 물론 마르크스주의의 거대한 작용과 영향도 관계가 있지요. 이에 대해서는 따로 글에서 다룬 적이 있으니 여기서는 더 말하지 않겠습니다.

문_____ 좀 더 구체적으로 말씀해주실 수 있는지요?

답_____ 그건 어렵군요. 경제 방면과는 달리, 정치에 있어서는 현실의 직접적인 경험이 충분하지 않아서요. 너무 많이 말하게 되면 공상이 되고 백해무익합니다. 그건 '양덕론'의 범위를 벗어난 것이기도 하고요. 게다가 저는 정치학자가 아니에요.

문_____ 그래도 몇 마디 해주시지요.

답_____ 1995년에 「서체중용을 다시 말하다再說西體中用」에서 이미 말한 내용은 반복하지 않겠습니다. 저의 '4가지 순서설'(경제발전→개인자유→사회정의→정치민주)에 따르자면, 지금 중국 정치에 필요한 것은 '공화共和'이지 '민주'(미국이나 타이완 식의 민주 보통선거)가 아니에요. 중화인민공화국의 국명이 공시한 '공화'는 분권과 법치와 '붓'의 자유를 요구하지요. 그런데 '민주'는 권력의 집중과 폭정과 '창'의 자유를 초래할 수 있어요. 이건 칸트가 일찍이 말한 바 있습니다. '권력'을 어떻게 '나눌' 것인가는 구체적인 연구가 필요하지요. 중요한 건 그것을 법률화하고 사람들이 준수하도록 하는 거예요. 지금으로서는 법에 의거해 나라를 다스리는 '법제'에서 '법치'를 향한 점진적인 길을 걸어갈 수밖에 없습니다. "반란에는 이유가 있다造反有理"거나 "혁명 만세"와 같은 급진적인 길을 갈 수는 없어요. 지금은 따를 만한 법이 없는 상태예요. 특히 법이 있음에도 따르지 않고 법을 엄격히 집행하지 않는 게 심각한 문제입니다.

문_____ '양덕론'이 강조하는 것은 외재적 윤리인데, 선생님께서 도덕은 마음의 수양 내지 깨달음이라고 하셨어요. 이것이 보편가치 및 중국 모델과는 어떤 관계가 있는지요?

답___ 관계가 있는 부분은 바로 마음의 수양과 관련된 선악 관념의 문제입니다. '옳고 그름' '맞고 틀림'과 같은 관념은 모두 인간의 이지적 인식이지요. 그런데 그것들이 도덕 영역에서 늘 감정이나 신앙과 한데 얽힙니다. 전통 사회에서는 '두 종류의 도덕'(종교적 도덕과 사회적 도덕)이 하나로 합쳐짐으로 인해 생겨난 인지적 차이가 정감과 행위에 있어서 심각한 충돌을 일으키게 마련이었지요. 빈 라덴이 피살되자 온 세상이 쾌재를 불렀는데(정감), 그는 극악한 원흉(인지認知)이니까요. 그런데 어떤 지역에서는 도리어 침통하여 애도하면서 그를 영웅 열사이자 '선'의 전형으로 떠받들었어요. 선악의 관념과 기준은 서로 다른 사회·시대·문화·전통에 따라서 큰 차이가 있습니다.

문___ 그건 앞에서 말씀하신 문화상대주의가 아닌가요. 각기 생각하는 선과 덕이 있다는 건데요.

답___ 그렇지 않습니다. '밥 먹는 철학'을 인정해야만 관념에 있어서의 정확과 착오 및 진보와 낙후의 구분이 있을 수 있는 거예요. 이건 이미 말씀드렸지요.

문___ 하지만 빈 라덴을 신봉하는 사람들은 바로 미 제국주의가 그들의 '밥 먹는 것'과 삶과 생존을 방해했다고 여기는데요.

답___ 설령 그렇다 하더라도 무고한 사람을 마구 죽이는 것으로 앙갚음해서는 안 됩니다. 이건 보편가치에 심각하게 어긋나는 거예요. 고대의 전쟁일지라도 도시를 점령한 뒤에 살육을 일삼는 건 결코 미덕으로 칭송되지 않고 악행으로 여겨졌어요. 십자군 원정처럼 성전을 명목으로 삼거나 그리스도를 명목으로 삼더라도 무고한 사람을 살육하는 것은 그 종교 자체의 진정한 교의를 위반하는 것이죠. 사상사적으로 말하자면, 보편가치 등의 관념은 하늘에서 내려오거나 땅에서 갑자기 솟아난 게 결코 아닙니다. 거기에는 각각의 사상적 연원이 있어요. 인류를 놓고 보자면, 어떤 선악 관념들은 역사가 누적-침전되면서 형성된 인성의 인지이며 '공동인성'의 한 부분이지요. 『윤리학강요倫理學綱要』에서 강조했던 내용이에요.

　문＿＿＿　서로 다른 선악 관념을 비교할 수 있고 그것의 고하와 우열이 있는 것이라면, 왜 '양덕론'에서는 '옳고 그름'(현대 사회적 도덕)과 '선과 악'(종교적 도덕)의 구분을 제기하는 것인지요?

　답＿＿＿　그건 현대 사회적 도덕과 얽혀 있는 종교 전통의 선악 관념 및 전통과의 관계를 끊도록 하기 위해서입니다. 또한 전자를 부각시키고 후자를 존중하기 위해서지요. 왜냐면 모든 선악 관념과 가치의 고하와 우열을 구분할 수 있는 건 아니거든요. 그리고 그 가운데 대부분은 '현대 사회적'인 '옳고 그름'과도 아무 관계가 없습니다. 이슬람에서는 돼지고기를 먹지 않고 힌두교는 소고기를 먹지 않고 어떤 민족은 조류를 먹지 않고 또 어떤 민족은 물고기를 먹지 않고 한족은 뭐든지 먹는데, 이런 전통 습속은 직간접적으로 각 종교의 교의나 선악 관념과 관계가 있겠지요. 하지만 이런 게 현대 사회적 도덕과는 아무 관계도 없어요. 옳고 그름을 구분할 필요도 없고 얼마든지 각기 자신의 생각대로 할 수 있어요. 그렇기 때문에 '옳고 그름'과 '선과 악'을 구분하는 것은 큰 의미가 있습니다.

　문＿＿＿　선생님께서는 윤리학에서 인성을 능력과 정감과 관념(인식)의 세 부분으로 나누셨는데요. 선악과 옳고 그름의 관념이 인성인식이라면, 인성능력과 인성정감 자체에는 선악이 있는 것인지요?

　답＿＿＿＿ 아닙니다. 능력과 정감은 심리형식일 뿐이에요. 그것들이 행위로 구체적으로 실현될 때는 구체적인 선악 관념 즉 특정한 인지의 지배를 받지요. 따라서 동일한 인성능력과 인성정감(애증)이라도 서로 다른 선악 관념의 지배에 놓이게 되면 좋은 일을 할 수도 있고 나쁜 일을 할 수도 있습니다. 빈 라덴, 알 카에다 조직원, 자살 폭탄 테러는 인성능력의 표현이라는 측면(개인의 행복 심지어는 생명을 희생하는 것)에서 소방관의 용감한 희생과 전혀 다를 게 없어요. 그래서 사람들에게 찬양과 동정을 받을 수 있는 거죠. 이렇게 보자면, '옳고 그름'(현대 사회적 도덕의 선악)과 '선악'을 구분하는 게 아주 중요하다는 것을 알 수 있지요. 종교 관념에 있어서 어떤 이들이 '선'(예를 들면 '성전'을 위해 헌신하는 것)이라고 여기는 것일지라도 현대 사회적 도덕에서는 '그릇된 것'이지요.

　문＿＿＿＿ 그러니까 오늘날에는 '옳고 그름'이 '선과 악'보다 더 중요하다는 말씀이군요. 그래서 선생님께서 지금 중국은 현대 사회적 도덕의 수립에 노력해야 하고, "권리가 선보다 우선"이라고 강조하신 거고요.

　답＿＿＿＿ 맞습니다. 제도에서뿐만 아니라 관념에서도 그렇습니다. 그래서 저는 초중등학교의 공민公民 과목 교사가 되고 싶다던 리선즈李愼之14 선생의 말에 찬성합니다.

　문＿＿＿＿ 공민 과목이 『삼자경三字經』보다 중요한가요?

　답＿＿＿＿ 그렇습니다. 『코란』이나 『성경』을 읽는 것에 비교할 정도로 중요하지요. 공민 과목은 현대사회에서 반드시 따라야 하는 행위규범과 윤리질서와 그 이유를 주입시키고, 어린이가 어려서부터 이성을 중시하고 질서를 지키고 법률을 준수하고 공공물을 보호하고 권리의 한계를 명확히 하고 공사를 구별하고 자유·평등·독립·인권 등의 관념을 갖추도록 해줍니다. 여기에 더해서 『삼자경』 등의 전통 전적이 말하는 효도, 스승에 대한 존경, 장유유서長幼有序, 부지런한 배움, 노인을 공경하고 어린아이를 보살피는 것, 역사를 읽고 경험을 중시하는 것 등이 한데 뒤섞여 정과 이理가 조화를 이루도록 해야 하지요.

양자(전통과 현대)는 아무래도 차이가 있고 충돌을 피하기가 어려운데, 그 가운데 일부는 새롭게 해석할 수 있습니다. 예를 들면 전통에서 군신君臣을 강조했는데, 현대에서는 이것을 전환적으로 변화시킬 수 있어요. 상급자가 명령을 내리면 하급자는 복종하고 실행하되, 쌍방이 인격과 인신人身에 있어서는 독립적이고 평등하고 자유롭도록 하는 것이죠. 상급자는 '해고'할 수 있고 하급자 역시 '소매를 뿌리치며 떠날 수' 있습니다. 이것은 현대 사회적 도덕을 기초로 하지만 "임금과 신하는 의로써 하나가 된다"[15] "임금은 예로써 신하를 부려야 하고 신하는 충성으로써 임금을 섬겨야 한다"[16]는 원전 유학의 '교의'에도 부합하지요. 이것은 "임금은 임금답지 않아도 되지만 신하는 신하답지 않으면 안 된다"는 후세의 전제 정체政體와 같은 절대적 복종과 무조건적인 섬김과 종속이 아니에요. 그 가운데 어떤 것들은 어울릴 수가 없는데, 그건 반드시 시비를 분명히 가리되 현대생활에 부합하는 것을 기준으로 삼아야 합니다. 요컨대 이것을 기준으로 삼지 않으면서 즉 현대생활을 기초와 근거로 삼지 않고 현대 법치와 현대 사회적 도덕에 의지하지 않으면서, 모종의 종교적 도덕으로 인심을 바로잡고 국가를 안정시키고 부패를 처벌하고자 하며 이것을 중국 모델이라고 여긴다면, 그건 레이펑雷鋒[17]을 배우든 공자를 배우든 공산주의를 제창하든 유가도덕을 제창하든, 제가 보기엔 문제를 해결할 수 없어요.

문_____ 선생님께서는 심리학과 교육학을 내내 중시하셨는데요.

답_____ 맞습니다. 그것 역시 중국 전통이지요. 중국의 교육 전통은 이성 판단과 감정 태도의 한데 어우러짐을 굉장히 중시합니다. 맹자가 말한 '시비지심是非之心'은 이성의 판단이자 애증의 감정이지요. 하지만 그것은 맹자가 말한 것처럼 선천적이고 선험적인 것이 결코 아니에요. 실제로 그것은 교육의 배양을 통해 비로소 형성될 수 있는 겁니다. 교육학과 심리학의 관점에서 말하자면, 인성 능력(욕망을 억제하고 이성을 따르는 것), 인성정감(애증의 분명함), 정확한 현대적 인성인지 즉 선악과 시비의 관념을 어릴 때부터 배양함으로써 인권 침해에 대해 인지적으로는 물론 정감적으로도 받아들이지 않도록 하는 것이야말로 현대사회를 건립하고 공고화하는 데 굉장히 중요한 것입니다. 이 방면에서 미국은 비교적 괜찮은 편이에요. 낯선 사람이 공덕을 위반하는 것(공공규칙을 지키지 않는 것)을 보면 저절로 간섭합니다. 남의 일에는 상관하지 않는 중국인의 무관심한 태도와는 달라요.

문_____ 선생님께서는 이성 판단과 감정 태도의 융합 및 통일을 강조하시는데요. 방금 미국인의 예를 드신 것도 그렇고요. 공공이성으로서의 현대 사회적 도덕 역시 반드시 인성정감과 한데 어우러져야 하지요.

답_____ 맞습니다. 행위로 나오려면 어떤 종류의 도덕이건 모두 정감적 동력이 필요합니다. 현대 사회적 도덕도 마찬가지고요. 중국과 서양의 차이가 없어요. 그런데 단순화해서 말하자면, 중국 전통은 비교적 인정을 부각시키고 서양은 이성을 부각시키지요. 철학에 있어서 칸트와 흄은 이에 대해 각기 다른 견해를 갖고 있습니다. 그래서 칸트의 인성능력(이성의 응집)에 흄의 인성정감이 더해져야만 절대명령이 비로소 형식 원칙이 아닌 실천 품격일 수 있다고 말하는 거예요. 『논어금독』에서 바로 이 작업을 했습니다. 맹자의 '시비지심'은 이성 판단(시비)과 감정 태도(애증)가 하나로 통일된 거라는 말도 같은 맥락이고요. 이러한 '정 본체'는 중국인에게 적용될 뿐만 아니라 세계 모든 사람들에게도 적용됩니다. 따라서 이 중국 전통은 이론과 실천에 있어서 모두 보편성을 지니지요.

문_____ 선생님의 '양덕론'은 "권리가 선보다 우선이다", 즉 보편가치가 전통 선악보다 우선이라는 건데요. 이건 중국학계에서 유행하는 레오 스트라우스의 이론과는 완전히 상반되는데요.

답_____ 맞습니다. 『윤리학강요』에서 공동체주의Communitarianism는 "선이 권리보다 우선"이라 여긴다고 했는데, 스트라우스는 좀 더 심한 것 같아요. 서양에서는 신의 율령이라는 문제가 있어서, 선악의 준칙이 신에게서 비롯된다고 여기지요. 그래서 계몽이성이 제창한 보편가치에는 그러한 절대적인 기원·기초·준칙이 결여되어 있고 역사주의이자 상대주의라서 믿을 만하지 못하며 이로 인해 현대사회가 이처럼 엉망이 되었다고 여깁니다. 저는 롤스가 현대사회의 보편가치와 각 문화·종교의 관계를 끊은 것은 맘에 들지만, 그 역시 보편가치의 기원과 기초를 설명하지 않았어요. 저는 여기에 마르크스 관점의 기초를 부여했지요. 즉 보편가치의 기원과 기초를 현대 경제생활에 귀결시켰습니다. 이것이 바로 신과 같은 절대적인 기초이자 준칙이라고 생각해요. 왜냐면 그것은 바로 인류 현시대의 생존과 지속이니까요. 이건 저의 '인류학 역사 본체론'이기도 합니다. 서양에는 신에 대한 신앙의 뿌리가 깊어요. 세속을 초월한 절대성의 추구와 신의 율령이 시종일관 커다란 과제였지요. 신이 죽자 허무주의가 성행했고, 신을 회복하자는 각종 외침이 생겨났습니다. 하지만 중국은 인간을 근본으로 하며 신의 뜻이나 절대적 초월성 같은 문제가 전혀 없기 때문에 그러한 부추김이 별 의미가 없어요. 철학과 사상에 있어서 서양인을 하늘처럼 보던 시대도 이제 끝날 때가 되었습니다.

문_____ 마지막 질문인데요. 서로 다른 문화·종교·사회·시대에는 각각 차이가 있거나 심지어는 충돌하는 선악 관념과 행위가 존재하는데요. 그렇다면 각기 다른 문화·사회·시대의 공통적인 혹은 보편적인 선악 관념이 있을까요?

답_____ 앞에서 이미 말씀드렸는데요. 구체적인 형태는 다르지만, 사실상 어느 종교와 문화든지 신을 공경하고 사람을 사랑하고 거짓말하지 말고 살인하지 말라는 등 그 내용은 서로 비슷하고 통합니다. 그것이 해당 집단을 위해 기능하고 복종하지만 결국엔 모두 '인류의 생존과 지속'에 속하니까요. 『윤리학강요』에서 '최고선' 혹은 '선의 근원' 혹은 '지선'은 인류의 생존과 지속이라고 언급했는데요. 이것도 같은 맥락입니다. 칸트가 자살하지 말고 거짓말하지 말라고 한 것도 인류 각 집단의 생존·지속과 관련되어 있기 때문에 보편성을 지니지요.

노인을 살해하는 관습이 그 문화에서는 '노인을 배려한'(그를 더 행복한 천국으로 들어가게 해주는) '선'으로 설명되지만, 사실 그 기원은 식량의 부족 때문입니다. 씨족의 생존질서를 유지하기 위해서 취한 조치인데, 오랜 시간이 지나면서 풍속과 전통이 된 거죠. 이렇게 보자면 문화상대주의도 나름의 일리가 있습니다. 1950~1960년대에 저는 보아스Franz Boas, 베네딕트Ruth Benedict 등의 책을 읽었는데, 모든 윤리도덕은 특정 환경과 조건 아래서 해당 집단의 생존과 지속을 유지하는 데 필요한 규범과 요구라는 문화상대주의의 논증에 굉장히 찬성했지요. 이건 유물사관에도 꼭 들어맞는 거예요. 각각의 윤리도덕은 그 당시 그 지역에서 나름의 존재가치가 있고 헐뜯어서는 안 되지요. 예를 들면 일부일처·일부다처·일처다부에는 모두 그것의 현실적 근원이 있습니다. 거기엔 오늘날 보기에는 굉장히 불합리한, 종교 교의 가운데의 수많은 규정과 철칙도 포함되어 있지요.

하지만 시간이 흐르고 세상이 변하면서 그것들 역시 변화하고 있고 필연적으로 변화하게 마련이에요. 물질생활의 번영과 발달에 따라, 노인 살해의 '전통'은 끝내 폐기되고 더 이상 '선'이 아닌 '악'으로 간주되며 현대사회의 여성은 더 이상 수절하거나 분신하지 않잖아요. 사실 이것이야말로 윤리 상대주의의 본의예요. 또한 제가 주장하는 역사주의이기도 하고요. 그러니까 제가 반대하는 문화상대주의는, 포스트모던 이론을 맹목적으로 적용하면서 계몽이성을 헐뜯고 보편가치가 그저 구미 제국주의의 침략의 도구일 뿐이라고 여기는 유행 사조예요.

문_____ 미래를 전망해주시길 바랍니다.

답_____ 전 세계 경제의 일체화가 차츰차츰 힘들게 진전하면서 보편가치가 더 보편화될 거예요. 전 인류는 기아·전쟁·전염병의 3대 재난으로부터 완만하게 차츰차츰 벗어날 겁니다. 또한 빈곤의 감소, 교육의 보급, 과학의 발전, 교통의 발달로 인해 보편가치 역시 보다 보편화될 거예요. 생물과학을 견실한 기초로 삼은 심리학과 교육학의 개척과 진전은, 온갖 낡은 규칙과 관습 및 잘못된 관념을 제거하고 인류 전체가 새로운 단계로 진입하도록 건전한 개체의 심신관과 사회관을 건립하는 데 도움이 될 겁니다. 정감과 이성이 조화를 이루고 정리에 부합하는 중국 전통이, 보편가치를 지닌 중국 모델의 형성에 공헌할 것입니다.

문＿＿＿＿ 표제로 돌아가서 결론을 말씀해주시겠습니까?

답＿＿＿＿ 보편가치는 반드시 인정해야 하고, 중국 모델은 아직 형성되지 않았습니다. 열심히 탐색해야 하고 큰 희망을 가져봅니다.

퉁스쥔과의 대화[1]

리_____ 퉁童 선생은 일찍이 하버마스를 연구했지요? 퉁 선생이
쓴 글을 본 적이 있어요. 외국에서 공부했더군요.

퉁스쥔童世駿(이하 '퉁')_____ 네. 박사학위는 베르겐 대학에서
받았습니다. 박사논문 주제로 하버마스와 중국 현대화의 관계에
관한 담론을 다뤘는데, 그 안의 일부 내용이 선생님께서 제기하신
'서체중용'에 관해서입니다.

리_____ 그래요? 그렇다면 비판할 내용이 많았을 텐데요.

퉁_____ 그렇지 않습니다. 저는 선생님의 제기가 굉장히 중요한
견해라는 것을 발견하고 그것을 분석했습니다. 제 생각에는 선생님
의 관점이 "서양 것을 중국에 맞게 사용하고 옛것을 지금에 맞게
사용한다"[2]는 마오쩌둥의 견해와 공통점이 있는데요. 선생님께서
말씀하신 '서체'는 기본적으로 '금체今體', 즉 서양의 영향을 받은
현재 중국 사회의 일상생활을 가리키는 거라고 이해할 수 있으니까
요. 만약 이것을 '금체'라고 이해한다면 "중학中學을 용用으로 삼는

것"은 바로 "옛것을 지금에 맞게 사용하는 것"이지요.

리_____ 그래요. 실제로는 같은 것이죠. 제가 말한 '체'가 강조하는 것은 '실체' 즉 '사회 실재'입니다. 각 개인의 일상생활이지요. 신체적이고 물질적인 것이지, 정신이나 의식 혹은 민족 의지 같은 범주가 아닙니다.

퉁_____ 우리가 인정해야만 하는 사실이 하나 있는데요. 지금 중국의 현실은 더 이상 순전히 중국만의 현실이 아니라는 겁니다.

리_____ 그래요. 어렸을 때 배운 수학·물리·화학이나 지금 사용하는 에어컨·텔레비전 등은 죄다 서양에서 들어온 것이죠. '서체중용'은 주로 '중체서용'을 겨누고 제기한 겁니다. 펑유란 선생의 『신사론』의 사상관점이 저와 근본적으로 다르긴 하지만 통하는 것들도 있어요.

퉁_____ 실제로 펑유란 선생은 그때 이미 유물사관의 영향을 받았지요.

리_____ 그렇지요. 그 당시 그분은 유물사관의 영향을 받았어요. 심지어는 '위험인물'로 간주되어서 국민당에게 잡히기도 했고요.

퉁_____ 펑유란 선생을 찾아뵌 적이 있는데, 제 지도교수였던 펑치馮契 선생이 저와 천웨이핑陳衛平을 데리고 함께 가셨지요.

리_____ 펑치 선생은 좋은 분이었어요. 그분과 왕래한 적도 있고요.

퉁_____ 제가 일찌감치 주목한 건데, 선생님께서는 펑치 선생을 굉장히 중시하셨지만 관점은 다르더군요.

리_____ 그래요. 나는 그분의 관점에 찬성하지 않지만 그분의 사람됨은 굉장히 존경합니다. 정말 좋은 분이었죠. 이전 세대의 참된 혁명 지식인이었어요.

툰＿＿＿ 저와 양궈룽楊國榮은 모두 선생님의 오랜 팬입니다. 우리 두 사람의 공통된 견해로는, 1980년대부터 지금까지 중국 철학계를 비롯한 중국 전체 사상계에서 자신의 사상 체계를 진정으로 창조하고 가치 있는 것을 일구어낸 대가 가운데 한 분이 바로 선생님이고 또 한 분이 펑치 선생인데요. 구체적인 실제 영향은 펑치 선생보다 선생님이 더 크고요.

리＿＿＿ 그런가요? 저는 잘 모르겠네요. 제가 느끼기엔 늘 비판을 받는 것 같은데요, 하하하.

툰＿＿＿ 1989년에 베르겐 대학에서 1년 동안 방문학자로 있으면서 일련의 중국 철학 강좌를 담당했는데요. 나중에 베르겐 대학에서 저의 강의 원고를 책으로 펴냈는데, 제목은 '변증논리와 실천이성'입니다. 거기서 제가 사용했던 게 바로 선생님과 펑치 선생의 핵심적인 사상 개념인데요. 그 책에서 저는 펑치 선생이 "이론을 방법화하고 이론을 덕성화했다"고 강조했는데요. 펑치 선생이 전체 학과 회의에서 긍정을 표했습니다.

최근 제가 선생님과 관련해 언급했던 건, 롤스의 '중첩적 합의' 관념에 대한 선생님의 평론인데요. 이와 관련해서 글을 한 편 썼는데, 초고는 영어로 발표했습니다. 2007년에 한국에서 열린 세계 철학 대회에 제가 참석해 발표한 내용이 바로 롤스의 중첩적 합의였는데요. 제목이 조금 이상한데, '중첩적 합의에 관한 중첩적 합의 Overlapping Consensus over Overlapping Consensus'였습니다. 중첩적 합의에 대해 서로 다른 이해가 존재하고, 그런 여러 관점 역시 서로 다른 관점에서 그 명제를 인정하는 것이라고 할 수 있겠지요. 저는 주로 몇 명의 관점을 정리했는데요. 롤스 본인의 관점, 그리고 하버마스, 찰스 테일러Charles Taylor, 마지막으로는 전문적으로 선생님의 관점을 이야기했습니다. 선생님께서는 중첩적 합의를 언급하면서 그 개념과 관점을 인정하고 왜 지금 사회에 중첩적 합의가 있는지 해석하고자 하셨는데, 저는 바로 그 점에 주의를 기울였지요. 하버마스, 테일러 모두 그렇게 하지 않았거든요. 이를 통해서 저는 선생님께서 유물사관을 내내 견지하셨다는 걸 알 수 있었습니다.

리_____ 맞습니다. 정말 맞는 말이에요. 제가 늘 강조한 건 제가 마르크스를 기초로 삼았다는 거예요.

퉁_____ 저는 그게 굉장히 의미 있는 작업이라고 생각합니다. 마르크스는 「포이어바흐에 관한 테제」에서 말하길, "이론을 신비주의로 이끄는 신비한 것은 죄다 인간의 실천 및 이러한 실천의 이해 속에서 합리적으로 해결할 수 있다"고 했지요. 많은 문제가 실제로 실천을 통해 해결할 수 있는 것들이죠. "왜 도덕적이어야 하는가? 왜 합의를 존중해야 하는가?" 이런 문제의 최종적인 해답은 바로 실천 속에 존재하지요. 선생님께서 말씀하신 것처럼 우리의 삶에는 아주 많은 공통점이 존재하기에 자연스럽게 일치된 의견이 생겨나게 마련이고요.

리_____ 그건 아주 명확한 겁니다. 최근 리비아, 이집트의 사건으로부터 알 수가 있지요. 경제 발전에 의한 전 세계의 일체화라는 거대한 영향으로 인해, 경제 일체화 이후에는 필연적으로 문화·사상 영역에서도 그에 상응하는 동질화를 요구하게 될 겁니다. 의식하느냐 못하느냐가 중요하지요.

퉁_____ 선생님께서는 사회적 도덕과 종교적 도덕을 구별하셨는데요. 사회적 도덕은 합의를 달성하기가 비교적 쉽지만, 동일한 사회적 도덕이라도 서로 다른 종교적 배경을 통해서 이해하고 받아들이잖아요.

리_____ 저는 그 둘을 제기하고 그 둘의 관계를 지적하는 게 아주 중요하다고 내내 생각했습니다. 그런데 이걸 중시한 사람은 적어요. 퉁 선생이 주의를 기울였다니 굉장히 기쁘군요.

퉁_____ 네, 주의를 기울였습니다. 그리고 스스로 평가를 내렸어요. 이건 물론 하버마스의 영향을 받은 겁니다. 하버마스도 물론 부족한 점이 있어요. 서로 다른 이유들에 기초한 합의는 쉽게 받아들이지 않았지요. 그는 소통의 과정에서 최종적으로는 이성에 기초한 합의를 실현하길 바라는데요. 롤스의 영향을 받아서 그도 나중에는 합의의 배후에 있는 서로 다른 이유들을 비교적 많이 받아들였습니다. 하지만 총체적으로 말하자면 다원적인 것을 받아들이는 측면에서 그는 여전히 힘겨워 보이는 게 분명하지요.

하버마스의 우수한 점이라면 '합의'를 두 유형으로 나눈 것인데요. 사회 사건으로서의 합의consensus as a social fact와 인지 성취로서의 합의consensus as a cognitive achievement지요. 물론 여기서 사용한 용어는 그가 사용한 게 아니라 제가 개괄한 겁니다. 저는 이러한 구별이 굉장히 중요하다고 생각하는데요. 만약 우리가 중첩적 합의에 대해 인과적으로만 해석한다면, 즉 현실적인 배경을 찾아 왜 그러한 배경에서 이러한 중첩적 합의가 나타나게 되었는지를 이해하고자 한다면 문제가 생길 수 있기 때문이지요. 객관적인 추세에 대해 과도하게 소극적으로 순종하게 될 수 있거든요. 제 생각에 중첩적 합의라는 개념을 강조해야 하는 이유는 바로 이처럼 글로벌화와 동질화 경향이 아주 강렬한 시대에는 실제로 '다양성'을 인정해야만 하기 때문인데요. 중첩적 합의의 요점은 합의에 있는 게 아니라 중첩에 있는 것이죠. 즉 서로 다른 이유들에 기초한 합의에 있지요.

리＿＿＿ 제가 종교적 도덕과 사회적 도덕을 늘 강조하는 이유는, 중첩적 합의는 사회적 도덕인데 합의의 문화적·종교적 배경에는 차이 즉 다양성이 여전히 존재하지만 공동의 인식은 마르크스가 말한 것처럼 사회 존재에 의해 조성되는 것이기 때문입니다. 전세계의 일체화로 인해 이 문제가 굉장히 뚜렷해졌어요. 하지만 이것이 다양성을 제거하는 것은 결코 아니에요. 다양성은 세계화를 보다 합리적인 방향으로 발전하게 하고 서로 다른 문화와 종교에 적응할 수 있게 해주지요. 즉 차이가 있으면서도 합의가 있는 거라고 할 수 있어요. 양자가 소극적으로 대립하는 게 아니라 양자 간의 장력張力을 유지함으로써 사회 존재가 합의에 매우 강대한 물질적 기초를 부여할 수 있습니다. 제 생각에 하버마스에게는 이런 기초가 없어요. 그는 단지 의사소통과 의사소통적 이성을 강조했는데, 이건 서재의 이상일 뿐이에요. 물질적 기초가 없으면 불가능한 것이죠.

물질적 기초가 바로 '체體'이고, 이것은 실체 즉 무수한 인민대중의 일상생활입니다. 이것이 가장 중요한 기초지요. 그래서 무수한 인민이 역사의 전진을 추동한다고 말하는 거예요. 이건 마르크스의 관점입니다. 롤스의 '중첩적 합의'든 하버마스의 '담론윤리'든 자유파의 인권·민주든, 근본적 이론에 있어서 경제가 현대 혹은 현단계까지 발전해온 물질적 기초인 '체'를 근거로 삼지 않았다는 게 가장 큰 결점이자 문제예요. 지금 많은 이가 마르크스주의가 한

물갔다고 말하지만 그렇지 않아요. 마르크스주의는 나름대로 우수한 점이 있습니다. 경제 기초, 사회 존재 등의 이론이 그렇지요. 바로 '도구 본체' 이론이기도 한데 잘 발전시켜야만 합니다. 외국에 있을 때도 이렇게 말했지요. 중국학자는 이런 기초를 틀어쥐고 충분히 전개시켜야만 합니다. 제가 말하는 마르크스주의는, 전에 말했던 것처럼 마르크스-레닌주의가 아니라 마르크스-번스타인주의예요.³

리_____ 그건 '중국 모델'이라는 요즘 인기 있는 화제와 관계가 있는데요. 제가 국가 프로젝트로 중국 모델 연구를 담당하고 있긴 하지만 '중국 모델'이라는 용어는 굉장히 신중하게 사용해야 한다는 생각이 늘 듭니다.

리_____ 저는 늘 중국 모델에 큰 기대를 걸고 있어요.

퉁_____ 저는 중국이 자기의 길을 가고 자신의 발전 모델을 탐색하길 희망한다고 선생님께서 일찌감치 말씀하신 것에 주목했는데요.

리_____ 그래요. 저는 중국이 자신의 발전 노선을 탐색해야 한다고 늘 말해왔지요. 하지만 현재의 것이 '중국 모델'이라고는 할 수 없어요. 그건 굉장히 위험하고 잘못된 거예요. 그래서 저는 "정면으로 통렬하게 공격해야 한다"고 말했습니다.⁴ 지금 상태로 아주 좋다고 하면서 이것을 고정화하면 안 됩니다. 우리는 아직도 탐색 중에 있어요. 경제 방면에서는 큰 성과가 있고 확실히 중국 자신의 모델이 존재하지요. 좀 더 구체적으로 말하자면, 향진기업이라든가 정부가 직접 나서서 투자자를 유치하는 것은 다른 나라의 발전 과정에서는 여태 없었던 거죠. 이것들은 모두 성공적인 경험이에요.

하지만 경제 대발전의 길 위에는 지금도 많은 문제와 난제가 있습니다. 다른 방면에서는 더욱더 그렇고요. 그러니까 좋은 상태라고 스스로 지나치게 만족하면 안 되고 우환의식을 지녀야 해요. 지금으로서 만족스럽다고 하는 것은 굉장히 좋지 않습니다. 제 생각에 중국 모델은 그저 하나의 목표예요. 어떻게 해야 인류에게 큰 공헌을 하고 전 세계에도 의의가 있는 것인지 계속 노력하면서 탐색해야 해요.

통_____ 맞습니다. 그 점에 있어서는 중국 정부도 분명하고 냉정한데요. 경제 방면에서 있어서는 경제 발전 방식의 전환을 중앙 정부가 늘 강조하고 있습니다. 만약 중국 모델이 이미 존재한다면, 경제 발전 방식의 전환을 강조할 필요가 없겠지요.

리_____ 제 생각에는 정부가 어떤 방면에서는 여러 학자보다 머릿속이 훨씬 뚜렷한 것 같아요.

통_____ 중국의 현대화 과정에서, 20세기 초 노선의 선택에 관한 논쟁을 비롯해 1949년 이전의 탐색은 모두 굉장히 가치가 있습니다. 많은 사상 자원이 중시를 받을 만하지요. 저는 개인적으로 리다자오李大釗를 좋아하는데요. 그는 특별히 의미가 있어요. 저는 그가 우리 중국 공산당의 풍부한 이론 자원이자 오염되지 않은 이론 자원이라고 생각합니다. 그는 어느 측면에서도 비판을 받은 적이 없고, 취추바이瞿秋白나 천두슈처럼 우회로를 걷지도 않았어요. 선생님께서는 리다자오를 어떻게 생각하시는지요?

리_____ 리다자오의 글은 오래전에 읽었지요. 책에서도 그를 언급한 적이 있지만 깊이 있게 연구하지는 않았어요. 저는 그가 오염된 적이 없다는 견해에 동의합니다. 『중국현대사상사론』에서 리다자오가 향촌의 질박함과 깨끗함을 동경했다고 제가 말했던 걸로 기억하는데요. 초기의 마르크스주의 전파자인 천두슈는 중국공산당의 창건자이며 영도자이고 만년에는 철저히 반성했지요. 그는 정말 대단해요. 하지만 이론에 있어서는 리다자오에 미치지 못할 겁니다. 1980년대 초에 리다자오에 대한 책을 읽었는데, 모리스 마이스너Maurice J Meisner가 쓴 거였죠. 그는 리다자오의 포퓰리즘을 이야기했는데, 외국학자로서는 비교적 일찍 리다자오에게 관심을 기울인 셈이죠.

툥_____ 네, 저도 그 책을 읽어보았는데요. 마이스너의 관점을 제 글에 인용한 적도 있고요. 하지만 제 생각에 그는 리다자오를 충분히 인정하지 않은 것 같았어요. 저는 펑치 선생의 영향을 많이 받았는데, 그분은 리다자오를 아주 높이 평가했거든요. 이런 말씀을 하셨습니다. "중국 마르크스주의의 출발점은 결코 낮지 않았다."

제가 리다자오를 어떻게 이해하는지 말씀드리도록 하지요. 제 생각에 그의 가장 대단한 점은 자신의 저작에 제임스 밀을 대략적으로 인용하는 동시에 보즌켓Bernard Bosanquet을 대략적으로 인용할 수 있었고, 또한 루소와 헤겔의 노선도 인용할 수 있었다는 겁니다. 요즘 말로 하자면, 그는 자유주의의 사상 자원을 흡수할 수 있었고, 공동체주의 혹은 신新헤겔주의도 흡수할 수 있었던 거죠. 루소부터 헤겔에 이르기까지 모두 '공의公意'와 '중의衆意'를 구별했습니다. 자유주의는 이런 구별을 하지 않지요. 그런데 리다자오는 민주정치의 기초가 '중의'가 아닌 '공의'라고 보았어요. 공의가 어떻게 형성되는지에 대해서 리다자오는 자유주의로써 해석했지요. 그는 공의를 형이상적 신비주의의 것으로 간주하지 않았어요. 그는 제임스 밀의 영향을 받아, 사상의 자유와 언론의 자유를 굉장히 강조했지요.

리＿＿＿ 말하자면 제임스 밀 혹은 존 스튜어트 밀을 통해 루소를 해석한 건데, 그건 아주 좋아요. 퉁 선생도 아실 텐데, 제2차 세계대전 이후에 많은 사람이 루소가 히틀러의 원천이라고 말했지요. 러셀도 그렇게 말했던 것 같은데 정확히 기억나진 않네요.

퉁＿＿＿ 사회학적으로 논리가 통하는 기초를 공의에 부여하지 않는다면 아무래도 커다란 문제가 생겨나게 마련이지요. 이런 점에서 바로 리다자오가 굉장히 가치 있는 것이고요.

리＿＿＿ 마오쩌둥은 인민의 근본 이익을 대표할 것을 말했는데, 중국의 언어환경 속에서 말하자면 "인민의of the people"와 "인민을 위한for the people"으로 이해할 수 있지요. 전자는 빈말이고, 후자는 중국 전통에 있습니다. "인민을 위해 결정을 내린다"와 "인민을 위해 애쓴다"는 건 사실 같은 거예요. 중요한 건 "인민에 의한by the people" 것이죠. 저로서는 리다자오에 대한 연구가 깊지 않아서 많이 말할 수는 없는데, 그의 사상에서 포퓰리즘과 레닌의 수용은 마오의 영향을 받은 게 아닌가요? 리다자오와 천두슈는 자유파 사상과 관련하여 배경이 다르지요. 퉁 선생이 보다 깊이 연구했으면 합니다. 영어로 많은 글을 발표할 수 있는 학자가 많지 않으니까요. 퉁 선생은 그런 능력이 있으니 장점을 한껏 발휘해야 합니다.

여러 번 말한 적이 있는데요. 외국이 우리를 이해하고 있는 것보다 몇 배나 더 많이 우리는 외국을 이해하고 있어요. 중국의 학문을 진정으로 외국인이 이해하도록 하는 임무는 굉장히 어렵고도 막중합니다. 이전에 그들은 중국을 이해할 필요가 없다고 생각했어요. 지금은 중국의 경제가 크게 발전하니까 이해할 필요를 느끼기 시작한 거죠. 하지만 중국어와 한자가 얼마나 어려워요. 구미 사람들이 중국 문화와 사상을 이해하려면, 내 생각엔 수십 년 심지어는 100년이 지나야 할 겁니다. 하지만 퉁 선생은 지금 시작할 수 있어요. 다른 사람이 할 수 없는 일을 해야 합니다. 외국인이 도저히 할 수 없거나 제대로 할 수 없는 것을 선택하세요. 외국의 중국학 연구자가 할 수 없는 것들 말이에요. 예를 들면 그들은 공자·맹자 등에 관한 연구에서는 중국인보다 뒤떨어지지 않지만, 근현대에 관해서는 자료 장악의 범위에 있어서나 몸소 체험한 경험에 있어서나 중국 학자의 장점을 갖고 있지 못해요. 외국인을 상대로 많은 것을 쓸 필요는 없고 그들의 가장 좋은 저널에 발표하면 됩니다.

퉁＿＿＿ 네, 계속 노력하겠습니다. 지난달에 베르겐의 국제 하계대학에서 네 차례 강연을 했는데요. 반별 수업의 강연자이자 전체 종업식의 강연자였습니다. 제가 농담 삼아 말하길, 지난해 노벨상 사건[5]은 우리가 가서 그들에게 강의를 해줄 필요가 있다는 걸 설명해주는 거라고 했지요.

리＿＿＿ 중국에 대한 외국 학계의 이해가 정말 얕다는 사실을 그 사건을 통해 확실히 알 수 있지요.

퉁＿＿＿ 네, 굉장히 단순화된 이해를 하고 있지요. 제가 베르겐에서 강의한 내용은 리 선생님과도 좀 관계가 있고 주로 량수밍에 대해 이야기했는데요. 저는 선생님께서 량수밍을 굉장히 맘에 들어 하신다는 사실에 주목했습니다. 저는 러셀이 1922년에 쓴 『중국 문제』[6]로 이야기를 시작해서, "중국 문제에서 중국 모델로"에 대해 말했는데요. 러셀의 책은, 제목은 비록 '중국 문제'지만 거의

'중국 모델'에 관한 거예요. 그는 중국을 굉장히 맘에 들어 하고 중국을 매우 긍정했는데요. 량수밍은 1972년에 쓴 글에서 러셀의 『중국 문제』를 굉장히 찬양했고 그 글을 자신의 마지막 책인 『중국, 이성의 나라中國: 理性之國』의 서문으로 삼기도 했지요. 량수밍은 자신의 책에서, 이성이라는 개념을 어떻게 이해하고 다루어야 하는지를 말했는데요. 저는 그게 선생님께서 제기하신 '정 본체'와 공통점이 있다고 생각합니다.

리_____ 저는 량수밍을 아주 좋아해요. 중국 문화 혹은 중국 사상계에서 그는 진정한 것을 파악했습니다. 그는 서양의 훈련을 받은 적이 없지만 중국을 비교적 정확하게 파악했어요. 첸무錢穆 역시 그렇고요. 비록 첸무가 철학을 전공하지 않았고 자신의 이론 체계를 세우진 않았지만 중국을 굉장히 정확히 파악했지요. 이에 대해서는 제가 책에서도 언급한 적이 있어요. 말이 나온 김에 덧붙이자면, 지금으로 보자면 제가 윤리학을 이야기한 게 미학을 이야기한 것보다 중요하다고 생각하는데요. 최근 출간한 『철학강요』 역시 저의 마지막 책이자 이전 작품을 새롭게 단장한 건데, 인식론 부분이 매우 짧아서 거기에 글을 추가한 게 바로 「답문答問」이에요. 다른 곳에는 발표한 적이 없어서 새로운 견해가 있긴 한데 학자들의 인정을 받을 수 있을지 모르겠군요.

퉁_____ 선생님은 중국 사상계에서 여전히 굉장히 중요합니다.

리_____ 그런가요? 나는 한물갔어요, 하하하.

퉁_____ 여전히 굉장히 중요합니다.

리_____ 예전에는 다른 사람이 뭐라고 하든 상관없이 혼자서 그냥 하면 그만이었지요. 이제는 할 수가 없어요. 이게 마지막 책입니다.

툰_____ 하버마스는 1929년생인데요. 선생님보다 한 살이 적지요?

리_____ 그래요. 하버마스의 저작은 모두 편폭이 거대한데 제 작품은 다 분량이 적어요.

『윤리학강요』안에 있는 내용들은 제가 아직도 매우 중시하는데요. 칸트에 대한 저의 해석이 다른 사람들과 다른 점은, 윤리ethics와 도덕moral을 엄격하고 명확히 구분했다는 겁니다. 윤리는 외재적인 것으로, 제도나 질서 혹은 구체적 관념이기 때문에 상대적이고 서로 다른 시대마다 변화가 있을 수 있어요. 계승의 측면이 있긴 하지만 변화가 있지요. 예를 들면 '충군'이나 '수절'의 의미는 시대에 따라 달라졌습니다. 한편 내재적인 '도덕'은 인류의 심리구조예요. 저는 이것이 칸트가 말한 절대명령이라고 생각해요. 그것은 실제로 일종의 심리형식이지요. 윤리·제도·질서가 배양해낸 인간의 심리구조는 절대적인 거예요. 역사적으로 보자면 실천을 통해서, 개체로 보자면 교육을 통해서 형성된 것이죠. 넓은 의미의 교육은 어려서부터의 지도·배양·영향 등인데, 예를 들면 어린아이에게 남의 사탕을 빼앗지 말고 거짓말하지 말고 남을 업신여기지 말라고 하는 이런 가르침이 바로 도덕이죠.

툰_____ 바로 '내재화'이군요.

리_____ 맞습니다. 그렇게 배양된 것이 일종의 심리구조지요. 이러한 구조는 이성의 절대명령이고, 이성 율령에 대한 감성 존재의 복종입니다. 칸트의 절대명령의 가장 큰 문제는 제2조인 "인간은 목적"이라는 데 있어요. 왜냐면 이건 구체적인 윤리학 범주이기 때문이죠. "인간은 목적"이라는 건 상대적인 거예요. 일정한 시대 조건의 산물이지, 보편적으로 사용할 수 있는 게 아니에요. 오늘날을 놓고 말하자면, 예를 들어 전쟁할 때 희생하라고 하면 희생해야 하는 것이지 각 개인을 목적으로 삼을 수는 없어요. "인간은 목적"이라는 말은 상대적이지만, 배양된 자아희생의 심리구조는 절대적인 것이죠. 국내외에서 칸트의 절대명령을 저처럼 해석한 사람은 없는 것 같은데요. 저는 칸트가 제기한 게 바로 인성이라고 생각합니다. 인성이란 동물성이 아니고 신성도 아니에요. 바로 동물적 기초에서 배양해낸 인간의 심리능력과 심리감정이지요. 외재적인 것은 인문이고 내재적인 것은 인성인데, 인성은 외재적 인문이 배양한 것입니다. 역사적으로 볼 때도 그렇고 개체로 봐도 그렇지요.

인성에 대해서는 동서고금에서 많이 말했지만 무엇이 인성인지는 여전히 명확하지가 않아요. 저는 그것을 인간이 조성한 심리구조라고 봐요. 즉 '문화–심리 구조'지요. 제가 말한 '누적–침전' 역시 인간 특유의 이러한 문화–심리 구조를 인간이 형성했음을 가리키는 겁니다. 이것은 굉장히 중요한 문제예요. 장래에 뇌과학이 진일보 발전한다면, 자연과학에 있어서 인성과 문화–심리 구조를 지지하는 논거가 나올 거라고 기대합니다.

20세기는 언어철학의 지배를 받았지요. 언어철학이 거의 모든 것을 통치했어요. 어떻게 해야 '언어에서 벗어날' 수 있을까요? 또 어디로 가야 할까요? 저는 역사적·심리학적인 방향을 제기하고 싶었습니다.

통_____ 그런데 선생님께서 중시하신 도덕심리학moral psychology 은 어떤 의미에서 보자면 도덕의 수준에서 다시 심리학으로 돌아가는 게 아닐까요?

리_____ 그렇지요. 하지만 저는 심리학을 경험의 수준이 아닌 선험·인류·형식의 수준에서 말한 겁니다. 심리학의 전체 수준은 아직 갓난아이 단계에 머물러 있어요. 이제 막 시작하는 단계지요. 현재로서 연구가 가장 많이 이루어진 것은 아무래도 감각과 지각에 관해서죠. 무엇이 상상인가, 무엇이 정감인가, 무엇이 이지·이성·이해인가에 대해서 아직은 훌륭한 해석이 있을 수가 없어요. 도덕 판단에 대해서는 더 말할 것도 없고요. 뇌과학이 발달하지 않은 상황에서 심리학은 제대로 된 해석을 하기가 근본적으로 어려워요. 기껏해야 현상을 묘사할 뿐이지요. 21세기로는 시간이 부족해요. 아마도 다음 세기 혹은 그보다 더 걸려야만 경험심리학이 중점적으로 발전할 수 있을 거예요.

철학을 하면 멀리 볼 수가 있습니다. 저는 그것을 선험심리학이라고 칭하는데요. 실제로 칸트의 것이 바로 선험심리학인데, 심리의 형식과 구조를 강조한 것은 철학 연구의 방향을 제시해준 거예요. 그러니까 도덕심리학은 심리주의로 돌아가는 게 결코 아닙니다. 그것은 보다 높은 차원의 심리주의라고 할 수 있어요. 심리주의와 논리주의를 초월한 것이죠.

퉁_____ 그런데 또 다른 문제가 있습니다. 심리주의가 많은 공격을 받는 이유가 개체를 기초로 삼았다는 건데요. 도덕 같은 건 개체로 해석할 수 없는 것이죠.

리_____ 맞습니다. 저는 칸트가 강조한 게 인류 특유의 심리형식의 배양이라고 생각하는데요. 비록 그것이 개체에서 실현된다 하더라도 결코 개인적 경험은 아니지요. 이게 바로 칸트의 '선험'이라는 용어의 본의예요. 칸트의 대단한 점은 바로 그가 이런 것들을 이성의 명령으로 총결했다는 데 있어요. 형식은 텅 빈 것이죠. 끊임없이 외재적인 것으로 내용을 만들어야 해요. 예를 들면 9·11 테러 당시 소방관들은 희생을 두려워하지 않았고 테러리스트 역시 희생을 두려워하지 않았는데, 심리형식으로 말하자면 양자는 같은 겁니다. 동등하게 간주할 수 있는 것이죠. 이것이 바로 제가 말하는 선험성입니다.

퉁_____ 그런 관점이 아주 중요한데요. 롤스가 인용한 적도 있는 칸트의 말인데, 저는 굉장히 대단하다고 생각합니다. 바로 "만약 정의가 사라진다면 인간이 지구상에 살 가치가 있는가?"인데요. 저는 이 말이 아주 훌륭하다고 내내 생각했습니다. 나중에 생각해보니 문제가 있는 것 같고, 최근 노르웨이에서 테러가 발생한 뒤에 저는 그 말의 문제가 보다 크게 느껴졌어요.

리_____ 내용과 형식을 한데 섞는 것은 바로 도덕과 윤리를 한데 섞는 것이지요. 예를 들면 소방관과 테러리스트의 행위가 도덕상으로는 동일한 가치예요. 하지만 윤리의 측면에서 말하자면, 전자는 지구의 절대다수의 이익을 대변하고, 후자는 극소수만의 관념 혹은 이익을 대변하지요. 여기에는 옳고 그름의 구분은 있지만 선악의 구분은 없어요. 어떤 지역 혹은 어떤 나라 사람들은 테러리스트를 영웅으로 받들지요. 그래서 윤리학에서는 옳고 그름을 선악과 분명히 구별해야 합니다. 윤리는 외재적인 것이고 구체적인 내용이 있지요. 사회적이고 시대적인 것이기 때문에 상대적이에요. 반면에 심리는 누적-침전되어 형성된 것이기 때문에 절대적인 것이죠.

퉁_____ 피아제나 콜버그Laurence Kohlberg의 관점에서 말하자면,

도덕의식의 논리 발전이라는 각도에서 보자면 테러리즘 역시 비교적 높은 층위와 등급에 도달할 수 있는 거죠.

리_____ 그렇지요. 물론 아주 높은 경지에 도달할 수 있어요. 최고의 희생은 바로 생명의 희생이고, 희생은 공리功利를 초월할 수 있지요. 도덕이란 인과와 관계없는 것이죠. 인과적 결정론을 초월한 거예요. 그것이 부각하는 것은 절대명령categorical imperative이고 자유의지입니다. 자신의 인과·이해·공리와 관계없이 자신의 생명을 희생하는 것이죠. 이것은 최고의 경지입니다.

퉁_____ 최근 베르겐에서의 테러를 예로 들어 보자면요. 테러리스트 브레이비크Anders Behring Breivik가 자신의 블로그에 칸트, 존 스튜어트 밀 등의 철학자들의 말을 인용했는데요. 그가 인용한 밀의 말이 어떤 보도에서 소개되었습니다. "믿음을 지닌 한 사람은 오직 이익만 아는 수천 명에 맞먹는다"7는 말이죠. 이렇게 보자면, 철학 역시 위험한 점이 있습니다.

리_____ 저는 윤리와 도덕을 분명히 구별할 것과 심리형식과 윤리내용을 구별할 것을 강조하지요. 윤리상으로 잘못된 행위 역시 도덕의식에서 비롯될 수 있어요. 그래서 도덕교육의 두 측면을 모두 고려해야 하는데, 이건 정확한 윤리교육을 통해서만 가능하지요. 또 저는 '정감'을 강조하는데요. 인간의 긍정적인 정감, 다른 이를 사랑하는 정감을 배양할 것을 중시해야 해요. 그래서 칸트에 흄을 더하고자 한다고 책에서 말했던 겁니다.

퉁_____ 저는 1975년부터 일하기 시작했는데요. 지금 돌이켜보면 그 당시의 많은 문혁 가곡과 문혁 이후 해금된 혁명가곡들이 지금까지도 기억에 생생합니다. 때로는 이런 생각을 해보는데요. 그런

가곡들이 설마 죄다 본심에 어긋나게 써낸 것들일까? 그 많은 노래 속에서 건강하고 진취적이고 진실한 정감을 발견할 수 있잖아요.

리_____ 그래요. 그 시대의 가곡에도 단순·명쾌·질박의 미가 있을 수 있어요. 그건 부정할 수 없지요. 일찍이 문혁을 나치에 비교한 사람이 있었는데, 저는 명확히 반대했습니다. 제가 여러 번 말했지만, 주광첸·펑유란·진웨린·구제강顧頡剛·탕융퉁·쭝바이화 등 중화인민공화국 초기의 대가들이 행한 자기비판은 진실한 거였어요. 다들 자신의 과거가 잘못되었다고 진실하게 믿었습니다. 그런데 많은 사람이 이해하지 못하고 그들이 압력과 협박을 받았노라고 말하는데 사실은 전혀 그렇지 않아요. 대부분 자발적으로 한 거였죠.

전에 제가 중국의 지식인이 마르크스주의를 수용할 수 있었던 이유에 대해서 토론한 적이 있는데요. 이건 사상의 문제이지, 단순한 정치 문제가 아니에요. 지식인들은 정말로 그 당시에 마르크스주의가 설득력을 지닌다고 생각했습니다. 중국의 전통사상과 마르크스주의의 어떤 것들은 굉장히 비슷하기 때문에 우리가 심리적으로 쉽게 받아들일 수 있어요. 공산당은 실천으로 증명했고요. 이것은 일종의 '천도'인 것 같아요. 역사의 규율성이자 역사의 필연성이지요. 그래서 다들 비교적 쉽게 수용하고 믿었습니다.

퉁_____ 선생님의 그런 관점은 량수밍과 일치하는데요. 『중국, 이성의 나라』에서 량수밍은, 소련은 '수정주의'로 변했는데 중국은 왜 수정주의로 변하지 않았는지를 해석했지요. 이 부분이 아주 재미있는데요. 중국문화와 마르크스주의 간에는 정말로 다른 문화보다 훨씬 서로 부합하는 게 있는 것 같습니다.

리＿＿＿＿ 그렇지요. 그 당시 듀이가 중국에 미친 영향 역시 컸습니다. 그런데 듀이에게는 두 가지 문제가 있어요. 첫째로 그는 객관 규율을 인정하지 않았고, 둘째로 그는 대동세계를 인정하지 않았습니다. 그런데 듀이에게 없는 이 두 가지가 마르크스주의에는 모두 있어요. 그래서 저는 중국이 듀이를 포기하고 마르크스를 선택한 게 굉장히 자연스러운 거라고 생각해요. 마르크스주의 안에는 중국 문화심리의 중요한 특징과 부합하는 게 많이 있습니다.

퉁＿＿＿＿ 그건 선생님의 또 다른 관점에 대한 저의 이해와도 관계가 있군요. 선생님께서는 '내재적 초월'이라는 관점에 반대하시는데요. 『문화 소프트파워文化軟實力』라는 소책자에서 저는 중국 전통문화 중에서 현대적 가치를 지닌 것들을 정리하면서 세 사람의 예를 들었습니다. 펑치 선생, 머우쭝싼, 선생님이지요. 펑치 선생은 자각 원칙과 자원自願 원칙의 통일을 주장했습니다. 서방은 자원 원칙이 강하고 의지意志주의가 강렬한 반면 중국은 이성적 자각의 중요성을 굉장히 강조하는데요. 중국인은 자원을 강조하지 않은 게 아니라 우선 자각한 다음에 자원하고, 천도를 이해한 다음에 어떤 행동을 자원해서 선택해야 한다고 여긴 거죠. 머우쭝싼 선생은 '우환의식'을 강조했고요. 선생님께서는 '낙감문화'를 강조하셨지요. 저는 세 분을 연결하고 분석할 수 있다고 생각하는데요. 하버마스의 영향을 받은 제가 생각하기에는, 선생님께서는 현재의 철학 논증 속에서는 기초를 찾기가 굉장히 어려우셨고 차근차근 명확한 추리를 도출하셨어요. 선생님께서는 완전히 다른 사상 전통에서 공통점을 발견하고 그것들 간의 상호 호응을 찾아내셨죠. 덕분에 아주 큰 설득력을 지니게 되었고요.

선생님과 펑치 선생과 머우쭝싼 선생, 세 분의 사상 전통과 연원 및 개인적 신분은 굉장히 다르지요. 중점을 둔 바도 다른데요. 각각 낙감문화, 자각 원칙, 우환의식이지요. 그래도 공통점이 있는데, 모두 '이 세계'에서 중국 전통이 노력하여 초월을 이룰 수 있다는 걸 강조하지요. 이건 넓은 의미의 내재적 초월이라고 할 수 있지 않을까요?

리_____ 제 생각에 '초월'은 기독교 전통과 신학 전통의 개념입니다. 신으로부터 비롯되었기 때문에 그것은 외재적일 수밖에 없어요. 내재적일 수 없지요. 기어이 내재적 초월을 말하고자 한다면 기독교에서 보기에는 이단 교파예요. '내재적 초월'은 칸트에 따르자면 모순이 있습니다. '내재'는 초월하지 않아요. 만약 초월한다면 내재하는 게 아니지요. '초월'은 경험을 뛰어넘는다는 의미의 '초험'으로 해석해야 합니다.

퉁_____ 그런데 제가 이해하기로는 말이죠. 어쩌면 제대로 파악하지 못한 의견일 수도 있는데요. 저는 야스퍼스의 관점에서 이해합니다. 야스퍼스가 독일의 고전 철학자들(예를 들면 헤겔)과 굉장히 다른 점은, 그가 중국 문화의 지위를 인정하고 중국 문화 역시 축의 시대 문명 가운데 하나로 간주했다는 건데요. 축의 시대 문명의 핵심은 초월transcendence이라고 그가 명확히 지적했습니다. 야스퍼스가 중국 문화 역시 축의 시대 문명 가운데 하나로 여겼던 이유는, 세계에도 이중화二重化가 출현했고 중국에도 초월의 관념이 출현했기 때문이지요.

리_____ 제가 야스퍼스에 대해 회의하는 점은, 그가 초월을 기준으로 삼았던 건 그가 신을 믿었기 때문이라는 거예요. 그의 실

존주의는 명확한 유신론이에요

퉁_____ 야스퍼스는 유가와 도가 역시 초월적이라고 인정했는데요.

리_____ 하지만 서양에서 말하는 초월에는 두 개의 세계가 전제되어 있어요. 그것이 일관된 전통이었죠. 플라톤이 두 개의 세계를 말했고 기독교 역시 두 개의 세계예요. 칸트에 이르러서 논의된 본체와 선험성 역시 두 개의 세계를 함축하고 있지요. 하지만 중국에는 두 개의 세계가 없어요. 오로지 하나의 세계뿐이죠. 하나의 세계에서는 초월할 방법이 없어요. 신이 없고 다른 세계가 없는데, 어디로 초월을 하나요? 중국을 그 다른 세계로 옮겨놓지 않는 이상 불가능하죠. 탕이제湯一介**8**가 그렇게 하려는 것 같긴 하군요.

퉁_____ 결국 탕이제 선생까지 언급되었네요. 간단히 말하자면, 야스퍼스는 중국에도 초월성이 있다고 인정했는데요. 그 다음에 살펴볼 문제는 바로 다른 축의 시대 문명들과 비교했을 때 무엇이 중국의 초월성의 특징인지에 관한 겁니다. 위잉스와 두웨이밍杜維明은 이 문제에 해답을 내놓고자 했는데요.

리_____ 위잉스는 나중에 바뀌었습니다. 그는 내재적 초월을 말하지 않고 '내향적 초월inward transcendence'을 말했지요.

퉁_____ 내향적 초월이라는 표현은 제가 이해하기로는 기독교 및 신학의 영향을 회피한 개념인데요. 만약 우리가 초월이라는 용어를 넓은 의미에서 본다면, 선생님의 말을 인용해서 이해할 수 있을 것 같은데요. 『미학사강』에서 심미의 세 층위를 언급하셨지요. "귀와 눈의 즐거움悅耳悅目" "마음의 즐거움悅心悅意" "정신의 즐거움悅志悅神"**9**, 여기서 정신의 즐거움이 바로 초월이 아닐까요? 하하하.

리_____ 그건 아니에요. 제가 언급한 '신'은 정말로 신God이 있다는 게 아니에요. 제가 가리키는 '신'은 바로 아인슈타인이 말한 의미에서의 '우주'입니다. 사실은 칸트 역시 이렇게 말했지요. 중국의 전통 철학 안에도 이런 의미가 담겨 있고요. 우주는 왜 존재하는가? 왜 이처럼 규율적으로 존재하는가? 이것은 이해할 수 없는 것이지요. 인간 이해의 극한이에요. 인간의 이해로는 도달할 수 없기 때문에 그것을 '이성의 신비'라고 하지요. 바로 제가 말한 '신'입니다. 두 해 전에 글을 통해 자세히 말한 적이 있지만 많은 주의를 끌지는 않았어요.

퉁_____ 아인슈타인의 명언이 생각나는데요. "이 세상에서 가장 이해할 수 없는 말은 이 세상을 이해할 수 있다는 말이다."10 방금 말씀하셨던 마르크스주의와 중국문화가 부합하는 지점으로 다시 돌아가서 이야기하자면, 실제로는 중국문화도 세계를 이중으로 나누지 않습니까. 다만 그것이 기독교와는 달라서, 하나는 외재적이고 다른 하나는 내재적인 게 아니라 가장 기본적인 세계를 이상 세계와 현실세계로 나눈 것이죠.

리_____ 저의 책 안에 있는 소제목 가운데 '두 개의 본체론雙本體論'이라는 게 있어요. 바로 도구 본체와 심리 본체인데, 본체를 두 가지로 구분하고자 한 것이죠. 하지만 이건 초월이라고 할 수 없어요.

퉁_____ 그런 의미에서 말하자면 중국에는 초월이 없군요. 선생님께서 여러 번 언급하시길, 중국은 신앙이 결여된 상황이 출현하기가 비교적 쉽다고 하셨지요.

리_____ 맞습니다. 중국 전통에는 초월이 없어요. 중국은 천天과 인人의 이질異質이 아닌 천인합일을 이야기하지요.

퉁____ 저의 일방적인 견해를 말씀드리자면 이렇습니다. 선생님 말씀대로라면 중국문화 전통 가운데의 어떤 것, 그것을 선생님께서는 초월이라 부르고 싶어하지 않으시지만 결국 그것 역시 펑유란 선생이 말한 것 같은 천지경지가 아닌가요.

리____ 하하하, 제 생각엔 퉁 선생이 기어코 '초험'을 추구할 필요는 없는 것 같군요. 야스퍼스의 기준을 기준으로 삼을 필요는 없어요. 중국 자체를 놓고 이야기하면 됩니다. 중국은 하나의 세계를 말하는데, 그렇다고 이 세계에 이상이 없다는 게 아니에요. 물론 이상이 있습니다.

퉁____ 그렇지요. 중국이 마르크스주의를 받아들인 것처럼 말이죠. 결국엔 마르크스주의는 이상과 현실을 결합하고자 한 것이지요.

리____ 중국에는 신이 없고 위안을 받을 곳도 없고 의지할 데도 없기 때문에 인간의 생존이 더욱 비참하고 고통스럽다고 제가 말한 적이 있어요. 저는 장타이옌이 굉장히 잘 말했다고 생각합니다. 그는 중국의 전통 방식에 대해 말하길, "자신에게 의지하지 타인에게 의지하지 않는다"고 했어요. 외부의 힘이 아닌 자신에게 의지한다는 거죠. 외부의 힘에는 신도 포함됩니다. 장타이옌은 "검증할 수 없는 말은 하지 않는다"는 말도 했지요. 이 두 가지 말은, 중국 문화는 경험을 초월한 절대적인 것을 말하지 않는다는 의미를 굉장히 잘 개괄했어요. "공자는 괴력난신怪力亂神에 대해 말하지 않았다"[11]고 하는데, 공자가 말하지 않은 것 가운데 '신'이 포함되어 있지 않습니까.

퉁____ 하지만 초월이라는 게 존재하지 않으면 많은 문제가 생겨나게 마련인데요.

리_____ 존재의 문제죠. 그래서 어떤 이는 공교孔教를 건립해야 한다고 제기하기도 하지요. 하지만 저는 10년 전에 말하길 그럴 수 없다고 했습니다. 공교를 건립하는 건 공학孔學의 종지宗旨에 부합하지 않아요. 중국은 종교를 세우지 않았지만 여전히 지속되고 발전하지 않았습니까? 아무리 고난을 겪을지라도 소나무와 잣나무는 시들지 않지요. 저는 공교를 건립한다고 해서 도덕이 완벽해지고 모든 일이 순조로울 거라고는 믿지 않습니다.

퉁_____ 종교에 대해 말하자면, 사실은 서양이라 하더라도 제가 만난 지식인 가운데 종교를 믿는 사람은 아주 적었습니다. 선생님과 하버마스의 경우를 보면, 선생님도 젊은 시절에는 종교 문제에 대해 그다지 말씀하시지 않았지요. 노년에 접어든 뒤로 종교에 대해 많이 말씀하셨고요. 그리고 제가 관찰하기로는 하버마스도 최근 몇 년 동안 종교에 대해 많이 말하는데요. 물론 여기에는 명확한 사회적 원인이 있겠지요. 현대사회에 생겨나는 논쟁들, 예를 들면 유전자 관련 논쟁에서 세속적 논거는 갈수록 그 역량이 부족해지니까 그는 신학적 논거의 도움을 받으려 하지요. 하지만 제 생각에는 개인적 삶의 경력과도 관계가 있을 것 같은데요.

리_____ 사람이 늙으면 죽음의 문제에 직면하게 되지요. 종교가 존재하고 출현하게 된 원인은 아주 많은데, 죽음의 문제가 차지하는 비중이 큽니다.

퉁_____ 신학자들의 초청을 받아 하버마스가 강연을 한 적이 있는데요. 그때 그는 이미 세상을 떠난 오랜 벗을 언급했지요. 그 친구는 종교 신자가 아니었지만 임종하기 전에 유언하길, 영결식은 교회에서 치르되 종교의식은 거행하지 말라고 했습니다. 하버마스는 이 일을 굉장히 잘 해석했는데요. 지금은 이처럼 무신론자라 할지라도 세속의 언어로는 굉장히 불충분하다는 것을 느낀다는 겁니다.

리_____ 제가 미육美育으로 종교를 대신하자고 한 것도 새로운 경지를 추구하려는 겁니다. 신이 없는 '열신悅神'[12]의 경지 말이에요.

퉁_____ 신이 없는 '초월의 경지'를 말씀하시는 건가요?

리_____ 아니요. 신이 없는 '천지경지'입니다. 펑유란 선생의 술어를 빌린 것이죠. 『화하미학』에서 사용한 적이 있습니다.

퉁_____ 하하하, '초월'이라는 용어를 사용하지 않으시네요. 저의 꾐에 넘어가고 싶지 않으시군요. '당대 중국인의 정신생활에 관한 조사 연구'라는 국가급 프로젝트를 주관한 적이 있는데요. 전국 20개의 성省과 시, 자치구에서 광범위한 조사 연구가 이루어졌습니다. 설문지 내용은 중국인의 정신생활에 관한 건데, 취미 생활과 신앙도 포함되어 있었지요. 가장 중요한 핵심은 물론 영성靈性 생활이었습니다. 설문지에는 종교 신앙이 있는지에 관한 질문도 있었는데, 통계 결과 16세 이상의 중국인 가운데 대략 31~32퍼센트가 '있다'고 선택했습니다. 여기서 종교 신앙의 의미는 광범위한 것으로, 조상숭배도 포함되었지요. 그러니까 3억에 달하는 사람들이 자신은 종교 신앙이 있다고 답한 거예요. 나중에 『중국일보中國日報』에서 우리의 조사 결과를 발표했는데, 국내외의 광범위한 관심을 불러일으켰지요. 반향이 그렇게 컸던 이유는 지금까지 관방의 통계가 1965년도 것이었거든요.

리_____ 그래요. 지금은 종교를 믿는 사람들이 갈수록 많아지고 있어요. 현대의 삶은 전통사회에서의 삶과 같은 안정성·중복성·예측가능성이 없지요. 우연성과 불확실성이 대폭 증가했고 사람들은 자신의 운명을 장악할 수 없다고 느낍니다. 이로 인해 종교를 믿는 사람들이 갈수록 많아지지요. 전에는 신불에게 비는 이들 대부분이 장사하는 사람들이었는데 지금은 많은 사람이 신을 찾지요.

퉁＿＿＿＿ 듀이가 『확실성의 탐구』에서 말하길 이전에는 종교 신앙으로 불확실성에 대처했는데, 공업화 시대에는 과학적 방법으로 불확실성에 대처할 수 있다고 했지요. 지금은 그것으로 안 되는 것 같습니다.

리＿＿＿＿ 개체 생명의 불확실성은 과학적 방법으로 대처할 수 있는 게 아니지요. 자아는 결국 자신의 무력함과 미미함을 느끼게 마련이에요. 기대고 귀의할 곳을 찾고 싶어지지요. 자아의 생존의 의미를 캐묻게 마련입니다. 현대화로 인해 이 문제가 부각되었지요. 전쟁도 없고 이상주의도 없고 혁명주의도 없을 때 사람들은 무엇을 위해 살아가는지 캐묻게 마련입니다. 이 커다란 문제는 답을 찾아야만 해요. 기탁할 바를 찾아야 하지요. 제가 늘 하는 말인데, 불교에서는 태어나지 않는 게 가장 좋은 것이라고 하지요. 태어나는 즉시 생로병사 등 온갖 문제가 생겨나니까요. 하지만 원점으로 돌아가서 따져보자면, "태어나지 않았으면" 하는 것도 태어난 이후에야 갖게 되는 생각이고, 그래도 살아가야 하지요. 그래서 저는 "모든 게 공空일지라도 살아가야 한다"고 말합니다.

퉁＿＿＿＿ 맞습니다. 모든 문제는, 이미 태어났다는 사실에 바탕하고 있지요.

리＿＿＿＿ 인생의 한 측면은, 소동파蘇東坡의 사에서 "어느 때가 되어야 아득바득함을 망각할 수 있으려나"라고 읊은 것처럼 언제가 되어야 비로소 생계를 염두에 두지 않을 수 있는지 묻는 것이죠. 하지만 다른 측면으로는, "한가함이라는 근심이 가장 괴롭다"는 말처럼 정말로 생계를 유지할 필요가 없고 아무 일도 하지 않을 때 삶과 죽음이라는 종극의 문제를 보다 쉽게 떠올리게 마련입니다.

퉁_____ 제가 상하이 사회과학원에 있을 때 고참 간부 담당 업무를 했는데요. 그래서 중환자실에 여러 해 동안 계신 분들과 임종을 맞은 분들을 보러 병원에 자주 달려갔습니다. 늘 많은 걸 느꼈지요.

리_____ 인간은 동물이에요. 생을 추구하는 것은 아주 강한 본능이지요. 중국철학이 서양철학과 크게 다른 점은 바로 중국이 인간의 본능을 매우 중시한다는 데 있습니다. 제가 말한 낙감문화는 바로 생존을 중시한 것이지요. 이건 머우쭝싼이 말한 정신생명과는 달라요. 육체가 없는데 정신은 어디서 나오나요? 그래서 육체라는 대전제를 중시해야 합니다. 인간의 육체, 생리생명은 아주 중요해요. 미국에서 실시한 어느 조사에서 자신이 몇 살까지 살 수 있다고 생각하는지 물었더니, 대다수가 자신은 100세까지 살 수 있다고 낙관적으로 생각한다더군요. 이건 생물의 진화 과정에서 생겨난, 생을 추구하는 인간의 본능을 반영하는 것이죠.

퉁_____ 그것도 일종의 '내재화'이군요. 내재적인 심리구조를 형성하는 것이지요. 철학을 연구하는 사람은 굉장히 운이 좋은 것 같아요. 누구나 다 직면하게 되고 이해하고자 하는 문제들을 토론할 수 있으니까요. 선생님께서 말씀하신 심리구조에 대해서 방금 든 생각인데요. 각 개체를 놓고 말하자면, 한 개인이 설령 공부하지 않고 오직 가정생활만 하며 동반자와의 교류만 있다 하더라도 심리구조를 형성할 수 있을 겁니다. 하지만 심리구조를 민족의 것으로 이해한다면 도덕실천의 누적-침전으로 이해한다면, 개체는 공부하고 교육을 받아야 하겠지요.

리_____ 그렇지요. 어제 열렸던 중국문화논단의 연례 회의는 어땠나요?

퉁_____ 어제 회의의 주제는 '이상적인 정체政體'였습니다. 제 견해를 말씀드리지요. 작년에 제가 푸단復旦 대학에서 프랜시스 후쿠야마Francis Fukuyama와 가졌던 대화 역시 이상적 정체에 관한 것이었는데요. 후쿠야마는 중국이 '나쁜 황제'의 문제를 해결하지 못했다고 여기더군요. 제 대답은 이랬습니다. '그건 확실히 문제다. 우리는 그 문제를 굉장히 중시하고 그것을 해결하기 위해 방법을 찾고 있다. 이미 많은 성취를 거두었다는 걸 인정해야 한다.' 그런데 '나쁜 공민公民'의 문제도 있는 게 아닐까요? 예를 들면 소비주의가 만연한 상황에서 공민이 현재의 생활방식을 계속해서 바꾸고자 하지 않는다면 인류의 미래는 정말로 무시무시하지요.

어제 회의에서 많은 학자가 예로부터 중국은 정도政道를 중시한 반면 정체政體는 경시했다고 하면서 정체에 대한 우리의 견해를 논증했는데요. 그런데 저는 중국이 예로부터 정도를 중시하고 정체를 경시했다는 것을 출발점으로 삼아서 두 가지 결론을 얻을 수 있었습니다. 예로부터 그랬다는 게 바로 오늘날에도 정도를 중시하고 정체를 경시하려는 이유가 될 수 있다는 거예요. 하지만 완전히 뒤집어서 말할 수도 있지요. 오늘날에는 정체 문제를 홀시할 수 없다는 겁니다. 무엇인가 부족하면 중요해지게 마련이죠. 물과 공기 가운데 어떤 게 우리에게 중요한가요? 모두 중요하지요. 하지만 비교해보자면, 물이 모자라면 물이 중요하고 공기가 모자라면 공기가 중요하지요. 현재 중국을 놓고 말하자면, 정체와 정도 가운데 정체가 보다 중요합니다.

리＿＿＿ 맞습니다. 지금 중국에 부족한 것은 바로 형식정의입니다. 사회적 도덕을 건립하고 공공이성을 형성해야 해요. 서양은 충분한데 우리는 너무 부족하지요.

퉁＿＿＿ 저의 소견을 말씀드리자면, 사상계에도 평형 상태가 필요합니다. 단 하나의 극단적 관점이 성행하는 것보다는 하나의 극단적 관점이 제기되는 동시에 또 다른 극단적 관점이 나와서 그것에 맞서는 게 낫지요. 물론 가장 좋은 건, 이것이 아니면 저것이라는 식의 극단적 관점이 출현하지 않는 것이고요. 문제는 지금 상황이 온갖 극단적 관점이 허다하게 존재한다는 건데요. 우리는 반드시 깨어 있는 정신을 유지하기 위해 힘써야 합니다.

리＿＿＿ 정말 맞는 말씀이에요. 퉁 선생의 정신은 깨어 있네요.

퉁＿＿＿ 저는 우리 자신의 전통을 오롯이 발굴할 수 있다고 생각하는데요. 제가 리다자오를 굉장히 중시하는 이유는 그가 중국 공산당의 창시인이자 우리 자신의 전통이기 때문입니다. 그를 어디에 두더라도 새롭게 발견하고 사용할 수 있어요. 게다가 명분이 정당하고 말도 이치에 맞고요. 우리에게는 훌륭한 전통과 혁명의 유산이 있습니다. 물론 검토가 필요한 점도 있지만요. 특히 너무 큰 착오를 범하고 너무 많은 길을 돌아온 상황이잖아요. 만약 우리의 유산을 진지하게 점검하지 않고 가치 있는 것을 진지하게 발굴하지 않는다면, 우리는 공연히 손해를 보게 될 겁니다.

리＿＿＿ 늘 말하지만 최근 30년 동안 상당히 괜찮게 발전했어

요. 많은 국가와 사회제도가 겪은 원시축적primitive accumulation의 고
난도 피했고요. 중대한 자연재해에 직면했을 때에도, 중국은 중앙
에서부터 지방에 이르기까지 극히 효율적인 동원능력과 조직능력
을 갖고 있어요. 이걸 대체할 수 있는 다른 역량은 없지요. 이건 마
오쩌둥 시대에 건립한 겁니다. 소중히 여겨야 하는 유산이지요. 저
는『혁명과 고별하다告別革命』에서, 평등 관념이나 사회정의 관념 같
은 가치는 없애버릴 수 없는 거라고 했습니다.『혁명과 고별하다』는
그때 당시 호된 비판을 아주 많이 받았지요. 지금 돌이켜봐도 한
글자도 바꿀 필요가 없다고 말할 수 있습니다.

　퉁_____ 시간이 지나면 모든 게 천천히 가라앉으면서 또렷해질
겁니다. 선생님은 지금 젊은이들 마음속에서도 여전히 인기 있는
분이에요. 마칠 시간이 되었군요. 감사합니다.

　리_____ 오늘 아주 즐거운 대화였어요. 이곳까지 찾아와 이야기
를 나눠주셔서 감사합니다.

2011년 8월 7일
베이징 추이화후퉁翠花胡同에서

리쩌허우 인터뷰 목록(2006~2011)

2006년에 『리쩌허우 근년 문답록: 2004~2006』을 출간한 이후에도 꾸준히 글을 발표했다. 중복된 부분이 너무 많아서 내용은 싣지 않고 찾아보는 데 참고할 수 있도록 목록만 싣기로 한다. 이밖에도 『중국 철학이 등장할 때가 되었는가?』의 뒷부분에 몇 편의 글[1]이 실려 있다.

리쩌허우, 2011년 10월

- 「공자 탄신, 유가와 중국문화孔誕, 儒家與中國文化」(2006), 위천予沈, 『원도原道』 제14집輯, 2007.[2]
- 「'4대주의'와 중국 현대미술'四大主義' 與中國現代美術」(2006), 판공카이潘公凱, 미발표.
- 리쩌허우, 가국천하를 논하다李澤厚論家國天下」(2006), 수타이핑舒泰

峰, 『랴오왕동방주간瞭望東方週刊』, 2006. 11. 30.

• 「유학 제3기 30년 좌담儒學第三期三十年座談」(2007), 황완성黃萬盛,
『원도』제15집, 2008.

• 「그들은 엘리트와 평민 사이의 교량이다他們是精英和平民之間的橋梁」
(2007), 장젠張健, 『남방주말南方週末』, 2007. 3. 22.

• 「『논어』의 생존 지혜는 보편성을 지닌다『論語』的生存智慧具有普遍性」
(2007), 천위안陳遠, 『신징바오新京報』, 2007. 7. 6.

• 「모든 여성은 아이를 낳아야 한다每一個女人都需要生一個孩子」(2007),
주후이징朱慧憬, 『신주간新週刊』, 2007. 7. 15.

• 「비판의 예봉을 유지하길 바란다希望保持批判鋒芒」(2007), 양민陽敏,
『난펑창南風窓』, 2007. 8.

• 「나와 1980년대我和八十年代」(2008), 마궈촨馬國川, 『경제관찰보經濟
觀察報』, 2008. 6. 9.

• 「학자 리쩌허우學者李澤厚」(2009), 천샤오陳曉, 『싼롄생활주간三聯生
活週刊』, 2009. 10. 12.

• 「2020년, 미래 10년은 어떻게 될 것인가?2020年: 未來10年會怎樣?」
(2009), 천팡陳芳, 봉황망鳳凰網, 2009. 12. 29.

• 「중국은 봉건자본주의의 관문을 넘어서야 한다中國要過封建資本主
義這一關」(2009), 장리펀張力奮, 『파이낸셜타임즈金融時報』중국어판,
2009. 12. 31.

• 「문화 중량과 해외 전망文化重量與海外前景」(2010), 왕웨촨王岳川, 『중
화독서보中華讀書報』, 2010. 7. 24.

• 「대국 문화와 당당한 기상大國文化與正大氣象」(2010), 왕웨촨, 『중화
독서보』, 2010. 8. 4.

- 「1990년대 이후 태어난 세대가 놀며 즐기는 것처럼 보여도 언제나 용감히 나설 수 있다90後看似嬉戲逍遙, 却可隨時挺身而出」(2010), 루엔盧雁,『동방조보東方早報』, 2010. 7. 6.

- 「팔순 리쩌허우의 사흘 동안의 엑스포 참관八旬李澤厚的世博三天」(2010), 루엔,『동방조보』, 2010. 9. 9.

- 「리쩌허우, 사상과 학문을 다시 말하다李澤厚再談思想與學問」(2010), 장밍양張明揚,『동방조보』, 2010. 10. 24.

- 「노년의 리쩌허우耄耋之年李澤厚」(2010), 우하이윈吳海雲,『봉황주간鳳凰週刊』, 2010년 제28기.

- 「현실이 미를 곤란하게 만든다現實讓美變得困難」(2010), 위안링袁凌,『봉황주간』, 2010년 제28기.

- 「리쩌허우, 사상의 강물이 앞으로 세차게 흘러가다李澤厚: 思想之河汨汨向前」(2010), 리양李揚,『문회보文匯報』, 2010. 11. 22.

- 「지금 중국은 아직도 계몽이 필요하다當下中國還是需要啓蒙」(2010), 우윈푸武雲溥,『신징바오』, 2010. 11. 23

- 「어떤 현대성이 필요한가?需要什麽樣的現代性?」(2010), 친샤오秦曉 · 마궈촨,『재경財經』, 2010년 제24기.

- 「신해혁명과 고별하다告別辛亥革命」(2010), 마궈촨,『신루이信睿』, 2011년 제6기.(『재경』, 2011. 10. 제목은 "혁명은 쉽지 않고 개량은 더 어렵다革命不易, 改良更難"로 수정했고 글자의 첨삭도 있다.)

- 「교육은 커다란 문제다教育是個大問題」(2010), 린차쥐林茶居 · 주융퉁朱永通,『교사월간教師月刊』, 2011년 제1기.

- 「중국 정신은 포용에 있다中國精神在於包容」(2011), 왕펑王鋒,『화상바오華商報』, 2011. 11. 5

- 「언어학의 세기를 벗어나다走出言語學世紀」(2006), 류짜이푸劉再復, 『리쩌허우 미학개론李澤厚美學槪論』(류짜이푸 지음), 2009.
- 「존재의 '최후의 고향'에 대하여關於存在的'最後家園'」(2006), 상동.
- 「노장 철학과 하이데거의 근본적인 차이老莊哲學與海德格兒的根本區別」(2006), 상동.
- 「미조구치 유조의 아시아 진술에 대한 질의對溝口雄三亞洲表述的質疑」(2006), 상동.
- 「반反이분법'과 '포스트모더니즘'에 반대한다反'反二分法'與'後現代主義'」(2006), 상동.
- 「리쩌허우와의 미학 대담록與李澤厚的美學對談錄」(2006), 상동.
- 「5·4 신문화를 함께 살피다共鑑五四新文化」(2009), 류짜이푸, 『만상萬象』, 2009년 제7기.
- 「교육에 관한 두 차례의 대화關於敎育的兩次對話」(2009), 류짜이푸, 『동오학술東吳學術』, 2010년 제3기.
- 「몸 둘 곳 없이 방황하다가 다시 대지에 서다彷徨無地後又站立於大地」(2010), 류짜이푸, 『루쉰연구월간魯迅硏究月刊』, 2011년 제2기.

다시 리쩌허우를 말하다[1]

– '철학 연구'가 아닌 '철학 창작'

류쉬위안[2]

우선 책의 제목에 대한 리쩌허우 선생의 견해를 전달하고자 한다. "중국 철학이 등장할 때가 되었는가?" 리 선생은 이것이 그의 등장이 아님을 분명히 밝혔다. 자신은 퇴장한다고 했다. 이미 여든이 넘었기 때문이다. 그는 젊은 세대가 등장하길 바란다. 그리고 중국철학, 중국 사상, 중국 전통이 세계에서 더 큰 목소리를 낼 수 있기를 바란다. 어떤 사람은 제목이 너무 거창하다고 했다. 제목에 비해서 내용이 간략해 보이고 제목을 감당하기 어렵다는 거였다. 그래서 리 선생은 다시 진지한 이야기를 통해 이 화제를 보충하길 희망했다

이 책(『중국 철학이 등장할 때가 되었는가?』)은 주로 리 선생의 학술 경력과 중요 저작을 회고하고, 그의 '정 본체' 철학의 사고 맥락

을 두드러지게 분석한 것이다. 또한 이 책은 '철학 연구'가 아닌 리 선생의 '철학 창작'을 두드러지게 강조했다. 리 선생은 창조적인 작업을 많이 했다. 칸트에 대해 쓰더라도 자신의 생각을 표현했다. 중국에 무수한 철학 교수와 철학 연구자가 있지만 진정으로 창조성을 갖춘 이, 철학·미학·사상사 등의 영역에서 자신의 독창적 견해를 제기한 이, 세계철학의 발전에 흔적을 남긴 이는 결코 많지 않다. 리 선생은 의심할 바 없이 출중한 존재다.

　나로서는 이번 대담이 대화 형식에 대한 새로운 체험이었다. 나는 대화하는 쌍방의 관계가 너무 가까워서도 안 되고 너무 멀어서도 안 된다는 것을 발견했다. 대화하는 두 사람은 마치 두 개의 자석과 같아서, 너무 가까우면 한데 붙어버려 장력張力이 사라지고 대화 역시 독백이 되고 만다. 하지만 너무 멀어도 안 되는데, 서로에 대한 이해가 너무 부족하면 자장磁場이 형성될 수 없다.

　리 선생의 글을 읽으면서 나는 다음과 같은 사실을 발견했다. 리 선생의 글은 굉장히 읽기 좋다. 「무사 전통을 말하다」처럼 내용이 심오해서 이해하기 어려울지라도 감칠맛이 나며 리듬감이 충만하고 종종 카덴차가 나타난다. 그런데 자문자답하는 대화는 비교적 읽기 힘든 것들도 있다. 이건 그가 글을 쓸 때 상대하는 것은 독자이기에 일정한 거리를 유지하지만, 자문자답인 경우에는 거리가 굉장히 가깝기 때문이다. 간격이 거의 없을 정도로 가깝다. 이것은 마치 츠바이크의 「체스 이야기」 속의 주인공이 게슈타포에 의해 오랫동안 독방에 감금된 채 스스로 자신을 상대로 체스를 두면서 속도가 갈수록 빨라지고, 탈출한 뒤에는 세계 챔피언도 그의 속도를 감당할 수 없었던 것과 같다. 자기와 자기의 대화는 바로 그렇다.

때로는 밀도가 굉장히 높게 마련이다

두 사람의 대담은 스승과 제자가 아니어야 바람직하다. 제자는 스승의 사고 범위를 뛰어넘기가 가장 어렵고 결국엔 강의가 되어버리기 때문이다. 또한 동업에 종사하는 사이가 아니어야 바람직하다. 동업자끼리의 대화는 전문성이 너무 강하기 때문이다. 그렇게 되면 대화보다는 차라리 글을 읽는 게 낫다. 또한 '팬'이 아니어야 바람직하다. 우러러보기가 십상이기에 새로운 견해가 있기는 어렵기 때문이다. 새로운 불꽃이 튀기기는 더욱 어렵다. 충분히 이해하되 어느 정도의 생소한 느낌을 지닌 대화, 강한 흥미로 가득하되 의혹을 풀고자 분발하는 대화, 묻고 배우고자 하되 어느 정도의 논변성을 지닌 대화, 학술성을 지녔으되 흥미가 있는 대화, 이것이야말로 이상적인 대화다. 류짜이푸·리쩌허우 선생의 대화인 『혁명과 고별하다』는 두 사람 공통의 체험과 사고가 담겨 있지만 그렇다고 완전히 동일하지는 않다. 한 명은 문학가이고 다른 한 명은 철학자라서 내재적인 자장이 매우 풍부하다. 읽기에도 좋고 오래도록 음미할 만하다. 나는 비록 거기에 도달하지 못하지만 마음속으로 동경한다. 이어서 나올 '2011년의 담화록'**3**이 지금의 책보다 더 나아질 수 있도록 노력하련다.

– '시행착오'를 통해 활로를 찾다

샤오궁친**4**

내가 가장 즐겨 읽는 것은 사상가의 인생 담화록이다. 대대로 전해지는 사상가의 명저는 피를 토해내며 우는 두견새의 울음과 같지만 그의 담화록은 오히려 산속의 맑은 샘물과 같다고 생각한다. 푸른 돌 사이로 가볍게 마음대로 생생하게 흘러간다. 예전에 『괴테와의 대화』를 읽었을 때 이런 체험을 했다. 리쩌허우의 이 얇은 담화록 역시 마찬가지다.

아마도 바로 이 때문에 일반 독자에게는 사상가의 대화록이 그의 장편 학술 논의보다 훨씬 흡인력을 지닐 것이다. 충분한 지혜를 지닌 사상가라면 그의 사상의 물꼬를 터줄 수 있는 담화자를 만나기만 하면, 사전에 그 어떤 준비도 할 필요 없이 인생의 식견과 경험과 깨달음이 일상언어를 통해 마치 가로놓인 병의 물처럼 자연스럽게 흘러나오게 마련이다. 그는 고심하며 복잡한 논리와 추상적 개념을 가지고 자신의 생각을 포장할 필요가 없다. 또한 그는 논문을 쓰는 것처럼 책상 앞에 단정히 앉아서 경전을 인용하며 빈틈없는 이론적 논증을 고려할 필요가 없다. 때로는 아무 신경도 쓰지 않고 생각나는 대로 내뱉은 몇 마디 말에 풍부한 사고와 의미가 이미 깃들어 있다. 리쩌허우의 담화록에는 이런 특징이 돋보이는 곳이 여러 군데가 있는데, 예를 들자면 다음과 같다.

- 중국의 길은 어떻게 가야 하는가에 관해서, 저는 돌다리도 두들겨보고 건너라는 덩샤오핑鄧小平의 말에 여전히 찬성합니다. 지금은 "중국은 어떤 방향으로 가서는 안 된다"는 것을 반드시 제기해야 한다고 생각해요.5
- 중국은 경험적 합리성을 강구하지요. 서양처럼 선험적 이성을 강구하지 않아요. 선험적 이성은 절대적인 거죠. 중국은 경험에 근거해서 합리적으로 변화해야 합니다.
- 각 개인의 잠재능력을 진정으로 발견하고 발휘함으로써 각 개인의 '전면적인 발전'을 실현하도록 해야 한다고 생각합니다. 여기에는 각자의 장점을 집중적으로 발전시키는 것도 포함되지요. 몸과 마음이 건강하기만 하다면, 한 가지를 집중적으로 발전시키는 것도 일종의 전면적인 겁니다. 이런 발전이야말로 인생 최대의 기쁨이지요.
- 제가 줄곧 개량에 찬성해오긴 했지만, 그렇다고 해서 혁명을 단번에 말살하려고 한 건 아니에요. 평등이나 사회정의 같은 관념은, 혁명이 있었던 곳에서 그렇지 않은 곳보다 훨씬 강하다

고 거듭 강조했지요. 그건 여전히 귀중한 유산이고, 아끼며 지켜나갈 가치가 있습니다.

- 민족주의를 선전하는 것이 나라가 가난하고 약할 때는 장점이 있어요. 사람들을 진작시킬 수 있으니까요. 하지만 나라가 강대해지기 시작할 때 민족주의를 마구 선양하는 것은 아주 위험합니다.

- 민족주의와 포퓰리즘의 합류는 바로 '국가 사회주의', 즉 나치즘입니다. 이것은 지금 중국이 어디론가 나아가는 데 있어서 가장 위험한 방향이에요.

- 왕궈웨이·천인커·첸중수, 지금 사람들의 부러움을 사는 이 세 명의 대가는 독서와 자료가 많기로 논하자면, 아마도 왕궈웨이가 천인커보다 못하고 천인커는 첸중수보다 못할 겁니다. 하지만 학술적 업적으로 논하자면, 공교롭게도 순서가 완전히 반대일 겁니다.

- 비평가는 이성적인 문자를 사용해서 감각을 표현해야 합니다.

리쩌허우는 사상사를 연구하는 학자이지만 일반적인 사상사 학자와는 다르다. 그는 역사에 대한 뛰어난 학식史學·식견史識·재능史才을 지니고 있기 때문이다. 여러 어려운 문제에 대해서 그는 거뜬히 자신의 견해를 제시한다. 자주 몇 마디 말로 핵심을 찌른다.

자유주의에 대해, 그는 '천부인권'은 존재하지 않는 것이지만 특정한 시대에서는 특수한 기능을 했다고 말한다. 미신 타파와 계몽에는 일정한 역할을 했다는 것이다. 나는 이런 분석이 매우 정확하다고 생각한다. 많은 '자유파' 인사들이 '천부인권'이라는 틀을 세계와 중국에 덧씌우려고 하기 때문이다. 그들은 그 틀이 좋은 것이고 그것을 적용하지 않으면 반동이라고 생각한다. 반동은 투쟁해야 하고 투쟁은 목숨을 걸고 싸우는 것이기에 많은 문제가 생겨나게 된다.

민족주의에 대해, 리쩌허우는 담화록에서 굉장히 깊이 있는 관점을 제시했다. 그는 국가가 강대할 때 특히 민족주의를 방지해야 한다고 강조한다. 왜냐면 현대사회에서는 상품화·세속화로 인해 기본정신이 굉장히 용속한데, 민족주의는 바로 이러한 용속함을 반대하는 데서 정신적 보상을 추구하기 때문이다. 따라서 개발도상국에서 어느 시기에 민족주의의 팽창이 나타나면 실제로 그것은 낭만주의다.

'신좌파'에 대해, 그는 많은 '자유파' 지식인처럼 그들을 깡그리 부정하지는 않는다. 그는 '신좌파'에도 공감할 만한 점이 있다고 여긴다. 신좌파는 중국을 미국화하지 말라고 주장한다. 중국은 오직 자신의 특징에 근거해서 자기의 길을 가야만 새롭고 건강한 발전 방향을 찾을 수 있다는 것이다. 하지만 리쩌허우는 '신좌파'에게 굉장히 심각한 문제가 있음을 지적한다. 예를 들면 '신좌파'는 중국의 자본주의를 타파하고자 하며, 중국의 개혁을 자본주의로 간주해서 비판한다. 리쩌허우가 보기에 이것은 대상을 잘못 찾은 것으로, 지금 중국에 존재하는 문제는 이런 게 아니며 지금 중국에는 발전과 진보가 필요하다는 것이다.

이런 것들을 비판한 뒤에 중국은 어떻게 해야 하는가? 리쩌허우는 굉장히 의미 있는 관념을 내놓았다. 즉 중국은 어떤 길을 가면 안 되는지를 우선 고려해야 한다는 것이다. 우리는 이성에 근거해서 목표를 단정하거나 설계하면 안 된다. 인간의 분석 능력은 한계가 있기 때문이다. 이성원칙에 따라 설계한 목표는 종종 굉장히 위험하다. 그렇다면 어떻게 할 것인가? 시행착오다. 실행과 실패를 거듭하면서 새로운 기회를 찾는 것이다. 어떤 길이 막다른 골목인지 알아야 한다. 경제적 방법을 통해서 우리의 길을 새롭게 찾아내야 한다. 내가 보기에 여기에는 보수주의의 경험론적 지혜가 담겨 있다. 리쩌허우가 이런 관점에 동의하든지 하지 않든지, 나는 그렇게 생각한다.

중국의 발전에 대한 리쩌허우의 견해는 탁월하다. 십여 년 전 리쩌허우는 미래의 중국의 목표에 대해 언급하길, 우선은 경제발전이고 그 다음이 개인의 자유, 사회 정의, 정치 민주화라고 했다. 이것은 그의 상식 철학과 경험론적 사고에 기초한 것이지, 유토피아적 원칙으로부터 도출한 게 아니다.

최근 십년 동안 중국에는 아주 뚜렷한 문제가 있는데, 바로 사상계에서부터 대중에 이르기까지 사회적 공감대가 점차 사라지고 있다는 것이다. 공감대가 점차 와해되는 위험한 추세가 사회 전체에 나타나고 있다. 이런 상황에서 리쩌허우가 제기한 사상과 관념, 즉 경험의 시행착오라는 각도에서 어느 길을 가서는 안 되는지를 탐구하는 것은 특별히 중요한 현실적 의미를 지닌다.

여러 해 전에 리쩌허우와 류짜이푸는 '혁명과의 고별'을 제기했는데, 유감스럽게도 많은 사람이 제대로 이해하지 못했다. 혁명과 고별해야 한다고 하자 공산당과 고별해야 한다는 의미로 이해했던 것이다. 사실, 우리가 경직된 이데올로기에 따라 문제를 생각하지 않는다면 리쩌허우가 고별하려는 것은 급진주의 사유방식, 특히 개혁개방에서의 급진주의 사조임을 발견할 수 있다. 이것은 바로 집권당이 힘써서 강조하고 있는 것이기도 하다. 덩샤오핑이 말하길, 중국에는 '이치를 아는 사람'이 필요하다고 했다. 이치를 아는 사람이 없으면 다 같이 운수가 사나워진다. 지금 특별히 우리는 이치를 아는 사람이 필요하고 이성적인 책을 많이 읽어야 한다. 이렇게 함으로써 우리 민족은 요즘 생겨나려 하는 민족 공감대의 분열을 피하고 중국 현대화의 곤경에서 벗어날 수 있어야 한다.

우리의 이 시대에 많은 것이 부족했지만, 가장 부족한 건 본토의 사상가다. 중국에서 학문하는 사람은 많지만 학자 가운데 뛰어난 사상가는 드물다고 할 수 있다. 그 원인을 따져보면 정치적 간섭, 문화적 분위기의 제약, 세속화의 영향도 있겠지만 보다 중요한 것은, 사상가에게는 특별한 자질이 필요하기 때문일 것이다. 즉 사변 능력 외에도 하나를 통해 열을 아는 연상 능력, 시대에 대한 특별한 문제의식, 통찰력, 오성悟性을 갖춰야 한다. 심지어는 낭만적인 마음과 참된 성정性情도 필요하다. 이러한 품성들이 동시에 결합되어야 하니, 이런 사람이 얼마나 보기 드문지 상상할 수 있을 것이다. 리쩌허우는 사상가가 부족한 이 시대에서 보기 드문 예외다. 물론 리쩌허우가 이 시대의 큰 열매가 될 수 있었던 것은 그가 담화록에서 알려준 우연한 일과도 조금은 관계가 있을 것이다. 베이징에서 반우파 투쟁이 고조에 달했던 그 달에, 리쩌허우는 마침 둔황 천불동千佛洞에서 벽화를 연구하느라 다행히도 재앙을 피할 수 있었다.

— 중국은 어떻게 가능한가?

류짜이푸6

리쩌허우는 칸트를 가장 숭배한다. 칸트 철학의 총체적 주제는 "인식은 어떻게 가능한가"이다. 리쩌허우 연구의 총체적 주제는 "인류는 어떻게 가능한가"이다. 이 문제에 대해 서양철학에서는 두 가지 답을 내놓았다. 하나는 신이 인류를 가능하게 한다는 것이고, 또 하나는 진화가 인류를 가능하게 한다는 것이다. 리쩌허우는 이 두 가지 답을 버렸다. 그의 답은, 인류가 인류를 가능하게 만든다는 것이다. 인류는 주체의 실천을 통해, 역사의 누적-침전을 통해 자아를 실현한다는 것이다.

이어서 상대적으로 구체적인 문제가 하나 있는데, 향후 대담의 중점이 되었으면 하는 주제이기도 하다. 그것은 바로, "중국은 어떻게 가능한가"이다. 리쩌허우의 관점은, 중국은 반드시 자기의 길을 가야 한다는 것이다.

학술적 측면에서 리쩌허우의 견해를 살펴보자면, 첫째 그는 린위성 선생의 '창조적 전환'에 변화를 주어 '전환적 창조'를 제기했다. 린 선생의 표현법은 타자로의 전환, 즉 서양의 기존 방식으로의 전환으로 오해되기 쉽다. 리쩌허우는 단순히 서양처럼 바뀌어서는 안 된다고 생각한다. 또한 우리가 이미 지니고 있는 소위 '중국 모델'을 단순히 견지해서도 안 된다고 생각한다. 우리는 중국 자신의 현대화 방식을 창조해야 한다. 지금으로서 말할 수 있는 것은, 중국이 이러한 자기 방식을 창조할 수 있어야 하며 향후 20-30년 동안의 이 시기를 다잡아야 한다는 것이다.

둘째는 서체중용이다. 이것은 서양을 주체로 삼고 중국은 그저 응용만 한다는 게 아니다. 관건은 '용用'에 있다. 서양의 보편가치와 문명의 성과를 중국으로 가져와서 어떻게 사용할 것인가? 민주 이념을 예로 들자면, 지금 세계의 많은 민주정치는 투표에 의한 선거 정치인데 이를 목표로 삼는다면 중국의 장구한 이익을 고려할 수가 없기에 문제가 매우 크다. 하지만 우리는 민주 이념을 견지해야 하는데, 그렇다면 어떻게 할 것인가? 이런 것들이 모두 관건이다.

셋째는 경제 발전, 개인의 자유, 사회 정의, 정치 민주화로 이어지는 4가지 순서설이다. 이러한 논조는 매우 심한 비판을 받았다. 정치 민주화를 가장 뒤에 두었기 때문이다. 하지만 중국은 자신의 방식을 창조해야 하고 반드시 이러한 과정이 필요하다. 러시아는 이렇게 하지 않았다. 우선 정치 민주화를 했지만 그게 어디 통했는가? 십 몇 억에 달하는 중국은 우선 경제를 발전시켜야 한다. 우리에게는 과거의 교훈이 있기 때문이다. 경제가 발전하면 차츰 자신의 말을 할 수 있게 된다. 그리고 중산층이 되면 비교적 말에 책임을 지니게 된다. 그 다음이 사회 정의로, 이것은 단번에 우선순위가 될 수 없다. 덩샤오핑은 우선 일부 사람들이 먼저 부유해지도록 했다. 중국이 동력을 지닌 국가가 되도록 한 것이다. 그의 공로는 윤리주의가 아닌 역사주의를 우선순위에 둔 데 있다. 그는 판도라의 상자를 열었다. 하지만 다음 걸음은 아직 완성되지 않았다. 서양의 계몽학자들은 뛰쳐나온 욕망을 어떻게 해야 할지 생각하느라 머리가 깨질 지경이었다. 그들이 생각해낸 공식은 욕망으로 욕망을 제어하는 것이다. 경제·정치·대중매체, 심지어는 종교에도 상호 제어가 이루어진다. 이것은 현재 중국으로서는 할 수 없는 것이다. 그래서 마지막이 정치 민주화다.

이밖에도 "혁명과 고별하다"가 있다. 폭력 혁명은 빈곤한 시기에 발생하는 게 아니라 경제가 급속히 성장하는 시기에 발생하기 마련이다. 경제가 급속히 성장하면 양극 분화가 생겨나고 사회모순이 격화되게 마련이기 때문이다. 5·4 운동을 통해서 받아들인 서양의 문화에는 오류가 있다. 존재는 절대적으로 평등하다고 여기지만 사실상 사회모순은 영원히 존재한다. 평등은 인격과 영혼에 있어서의 평등이지, 경제적 평등은 영원히 이루어질 수 없는 이상향이다. 이를 명확히 해야만 한다. 그렇지 않으면 반드시 혁명을 야기하게 된다. 물론 이와 동시에 현격한 빈부차를 조절하고 사회적 공평을 확보해야 한다.

계급 모순은 어떻게 해결할 것인가? 두 종류의 기본적 해결 방법이 있다. 하나는 계급조화이고 다른 하나는 계급투쟁이다. 계급조화는 바로 대화·협상·타협이다. 계급투쟁의 격렬한 형식은 바로 폭력 혁명인데, 대규모의 군중성 유혈 폭력으로 정권을 뒤엎는 것이다. 어떤 방식이 보다 나은가? 우리는 계급조화의 방식이 가장 낫다고 생각한다. 중국문화의 대大전통에는 문치에 대한 숭상尚文이 있고, 소小전통에는 농민 기의가 있다. '혁명과의 고별'은 소전통과 고별하고 대전통으로 돌아가는 것이다. 20세기에 전 인류는 두 차례의 죽음 체험을 공동으로 겪었다. 그리고 중국은 세 차례의 내전을 겪었다. 이토록 큰 체험과 교훈을 통해 설마 뭔가를 배우지 못했단 말인가?

이 책의 교정지를 넘긴 다음에 우연히 레이 몽크Ray Monk의 『비트겐슈타인 평전』을 읽다가 매우 재미있는 자료를 발견했다. 하지만 이미 인쇄에 넘긴 터라 추가할 수 없었다. 재판을 기다렸다가 이제 보충한다.

이 책의 1장 '태초에 말씀이 있었다'와 '하늘의 운행은 강건하다'에서 이렇게 말했다.

생존의 경험은 언어보다 비중이 큽니다. 비트겐슈타인은 언어의 의미는 그것의 쓰임새에 달려 있다고 했는데, '쓰임새'란 무엇일까요? 바로 생활방식이에요. 이것은 비트겐슈타인의 '생활양식'과 '심리' 탐구의 연장이지만 단어의 용법과 어의 분석에만 머무는 건 아니랍니다.

『비트겐슈타인 평전』(저장浙江대학판, 582~583쪽)에 이런 단락이 나온다.

비트겐슈타인이 주력한 점은, 철학자의 주의력을 단어와 문장으로부터 우리가 그것을 사용하는 상황 속으로 옮겨 놓는 것, 그것들에 의미를 부여하는 콘텍스트로 옮겨 놓는 것이었다.

"내가 말에 점점 근접할수록 최종적으로는 논리를 묘사하지 못하게 되는 것이 아닐까? 당신은 반드시 언어의 실천을 관찰한 다음에야 논리를 볼 수 있게 된다."

괴테의 『파우스트』에 나오는 "Im Anfang war die Tat"(태초에 행위가 있었다)는 말이 비트겐슈타인의 태도를 개괄해준다. 비트겐슈타인은 이 말에 동의하며 인용했고, 이 말은 『확실성에 관하여』의 모토로 간주할 만하다. 실제로 이 말을 비트겐슈타인 후기 철학 전체의 모토로 간주할 수도 있다.

우연히도 일치하지 않는가? 사실, 이러한 우연의 일치가 보다 두드러지는 건 내가 1990년대 중엽에 쓴 『논어금독』에서다.

『논어』에서 공자는 '말재주侫'와 '교묘한 말巧言'에 여러 번 반대하고 '어눌함木訥'을 좋다고 여겼는데, 이는 오늘날 서양철학에서 언어를 집으로 간주하고 인간의 근본으로 간주하는 것과 매우 다르다. 아마도 이것은 바로 "태초에 문자字(언어言)가 있었다"와 "태초에 행위(도道)가 있었다"의 구별일 것이다. '도'는 길이다. 유학에서는 행위와 활동이 먼저이고, 인도에서 천도로 이어지며, 전자가 나타난 다음 후자가 분명해진다. 괴테의 『파우스트』에서는 태초에 문자가 있었다고 하지 않는다. 태초에 힘力이 있었던 것이 아니고 마음心이 있었던 것도 아니며, 태초에 행위act가 있었다고 한다. 이는 중국의 철리와 매우 상통한다. 즉 언어보다 높고 언어를 초월하는 '무엇'이 있었다. 그것은 문자·마음·힘이 결코 아니고, 인간(파우스트에게는 아마도 하나님일 것이다)의 '행함行', 즉 실천·행위·활동이다. 『논어』 전체를 관통하고 있는 것은 행위가 언어보다 뛰어나다는 관점이다.(「이인里仁」)

이렇게 비교해보니 재미있지 않은가? 핵심 논점과 관련되어 있기 때문에 특별히 끄집어내 언급했다. 함께 음미하길 바란다.

1장 철학을 '언어에서 벗어나도록' 할 수 있을 것인가

1_ "君子欲訥於言而敏於行."

2_ "巧言令色鮮矣仁."

3_ "聽其言而觀其行."

4_ "剛毅木訥近仁."

5_ "天何言哉."

6_ "知者不言, 言者不知."

7_ "天地有大美而不言, 四時有明法而不議, 萬物有成理而不說."

8_ 리쩌허우는 린위성林毓生이 제기한 '창조적 전환'을 뒤집어 '전환적 창조'라는 개념을 제시했다. 리쩌허우는 이미 정해진 모델(미국 모델) 속으로 전환하는 '창조적 전환'에 의문을 제기하며 새로운 모델을 창조할 것을 주장했다. 그가 말한 전환적 창조는 혁명적 창조가 아니라 천천히 바꿔가는 창조로, 혁명이 아닌 개량을 요구하는 맥락과 한데 연결되어 있다.―옮긴이

9_ 비트겐슈타인은 언어가 있기 전에 생활양식이 있었고 언어의 의미가 생활양식 속에서 규정된다고 보았다. 비트겐슈타인의 심리철학에 대한 번역본으로는 『심리철학적 소견들』(이기흥 옮김, 아카넷, 2013)이 있다.―옮긴이

10_ '적전積澱'은 누적과 침전을 결합한 단어로, 리쩌허우가 만들어낸 미학 용어다. 오랜 역사 속에서 형성된 심층문화심리와 관련된 '적전'이라는 용어는 리쩌허우 미학 이론의 핵심이기도 하다. 적전을 일반적으로는 '침적'이라고 번역하지만, 침적이라는 단어로는 적전에 담긴 함의를 제대로 전달할 수 없다고 판단하여 '누적-침전'으로 옮겼다.―옮긴이

11_ 『비판철학의 비판批判哲學的批判』. '구조'는 칸트가 "순수이성비판"에서 사용한 '스키마schema'를 의미한다.―옮긴이

12_ '물에 녹아든 소금水中之鹽'처럼 자연스러운 이해를 핵심으로 하는 '4요소'

의 자유 운동.

13_ 도약 유전자는 '점핑 유전자Jumping Genes'라고도 한다. 점핑 유전자는 DNA 내에서 점핑하며 돌아다니면서 유전체 사이에 끼어들기도 하고 스스로 증식하기도 하면서 돌연변이를 일으키는 역할을 한다. 『사이언스Science』에 실린 「정신분열증과 관계된 '점핑 유전자'Jumping Genes' Linked to Schizophrenia」(2014.1)에 의하면, 점핑 유전자는 환각·망상을 비롯한 다양한 인지장애를 초래한다. 즉 점핑 유전자는 피카소 같은 천재들의 탄생과 관계가 있는 동시에 정신분열증 같은 정신 질환과도 관계가 있다고 한다. ─옮긴이

14_ "天地之大德曰生." 『주역』 「계사전繫辭傳」에 나오는 구절이다. ─옮긴이

15_ "生生之謂易." 『주역』 「계사전」에 나오는 구절이다. ─옮긴이

16_ "天生百物人爲貴."

17_ 『철학강요哲學綱要』, 84쪽.

18_ 『중국문화中國文化』 2011년 가을호에 발표(글 제목은 「육십년대 잔고六十年代殘稿─옮긴이)되었다.

19_ 「공자 재평가孔子再平價」, 『화하미학華夏美學』 등.

20_ "不學詩無以言." 『논어』 「계씨季氏」에 나오는 구절이다. ─옮긴이

21_ "不學禮無以立." 『논어』 「계씨」에 나오는 구절이다. ─옮긴이

22_ 왕심재王心齋(왕간王艮, 1483-1541)를 가리킨다. ─옮긴이

23_ "樂是樂此學, 學是學此樂."

24_ 공안낙처孔顔樂處는 공자와 안회顔回가 즐겼던 안빈낙도安貧樂道의 경지를 의미한다. 『논어』 「술이述而」에서 공자는 이렇게 말했다. "거친 밥을 먹고 물을 마시고 팔을 베고서 누웠어도 즐거움이 그 가운데 있다. 의롭지 않은데도 부귀한 것은 내게 뜬구름과 같다.飯疏食飮水, 曲肱而枕之, 樂亦在其中矣. 不義而富且貴, 於我如浮雲." 또 『논어』 「옹야雍也」에서는 공자가 안회를 이렇게 칭찬했다. "훌륭하구나. 안회여! 대그릇에 담긴 밥과 표주박에 담긴 물을 마시며 누추한 곳에서 산다. 다른 이들은 그 고통을 견디지 못하거늘 안회는 그 즐거움을 바꾸지 않는다. 훌륭하구나, 안회여!賢哉, 回也! 一簞食, 一瓢飮, 在陋巷. 人不堪其憂, 回也不改其樂. 賢哉, 回也!" '공안낙처'는 유학자들이 최고의 인격 이상이자 최고의 도덕적 경지로 받들었던 명제다. 수신을 통해 공자와 안회가 즐긴 경지를 실현하는 것이 그들 삶의 목표였다. ─옮긴이

25_ "禮後乎?"

26_ "禮云, 禮云, 玉帛云乎哉?"

27_ "求放心."

28_ "求則得之, 舍則失之."

29_ "養不教, 父之過, 教不嚴, 師之惰." 『삼자경三字經』에 나오는 구절이다. ─옮긴이

30_ 마오쩌둥毛澤東은 「중국 혁명전쟁의 전략 문제中國革命戰爭的戰略問題」(1936)에서 "우리의 전략은 '한 명으로 열 명을 상대하는 것以一當十'이고 우리의 전술은 '열 명으로 한 명을 상대하는 것以十當一'이다"라고 했다. ─옮긴이

31_ '신新삼론'이란 소산구조Dissipative Structure론, 협동론(협동학, Synergetics), 돌발론Catastrophe Theory을 가리킨다. 이 셋을 합하여 'DSC론'이라고 한다. ─옮긴이

32_ 위광위안于光遠(1915-2013)은 칭화清華 대학 물리학과를 졸업했는데, 철학과 사회과학 연구에 종사했다. ─옮긴이

33_ 1978년 12월에 열린 11차 삼중전회三中全會가 중국의 개혁개방 역사의 신시기를 열었다는 의미로서, 신시기라는 개념은 1978년 11차 삼중전회 이후를 가리킨다. ─옮긴이

34_ 이 책의 리쩌허우와 류쉬위안의 대담은 2011년에 이루어진 것이고, 위광위안은 2013년에 사망했다. ─옮긴이

35_ 동형성同形性(isomorphism)은 두 사물의 구조가 유비적임을 의미한다. ─옮긴이

36_ 『중국고대사상사론中國古代思想史論』, 1985.

37_ 『중국고대사상사론』.

38_ 장쥔마이張君勱·탕쥔이唐君毅·머우쭝싼牟宗三·쉬푸관徐復觀.

39_ "長歌當哭."

40_ E(에너지)는 m(질량)에 c(속도)를 2제곱한 값과 같다. ─옮긴이

41_ "兩耳不聞窓外事, 一心專讀聖賢書." 『증광현문增廣賢文』에 나오는 구절이다. 『증광현문』은 명대明代에 편찬된 아동 계몽서로, 『석시현문昔時賢文』『고금현문古今賢文』이라고도 한다. ─옮긴이

42_ 러셀의 기독교 비판 사상은 『나는 왜 기독교인이 아닌가』를 참고하길 바란다. ─옮긴이

43_ 린위성(1934-)은 위스콘신대학 역사학과 교수로 있었다. ─옮긴이

44_ "明察秋毫而不見輿薪." 작은 것은 보면서 큰 것은 보지 못하는 경우를 비유한 말이다. 『맹자』「양혜왕梁惠王」에 다음 문장이 나온다. "시력은 아주 가는 털

끝을 보기에 충분하지만 수레에 가득한 땔나무를 보지 못한다.明足以察秋毫之末而不見興薪."— 옮긴이

2장 왜 '도'가 제1범주인가

1_ 리쩌허우가 말하는 '도度'란 딱 알맞음, 딱 들어맞음이다. 리쩌허우는 인간의 생존을 위한 생산 활동에서 '도'가 생겨났으며, '도'가 예술 창조의 동력이라고 했다.— 옮긴이

2_『철학탐심록哲學探尋錄』.

3_ "樂與政通."『예기』「악기樂記」에 나오는 구절이다.— 옮긴이

4_ 인간관계와 자연 두 방면의 경험을 포함한다.

5_ "君子以自强不息."

6_ 피아제는 인지과정을 조직화와 적응으로 나누어 설명했는데, 환경의 요구에 맞춰 가는 경향인 적응은 다시 동화assimilation와 조절accommodation의 두 가지 차원으로 나뉜다. 리쩌허우가 말한 내용은 조절에 해당한다. 조절이란 새로운 경험과 기존에 가지고 있던 도식scheme 간의 불일치인 불평형의 상태에서 인지적 평형의 상태로 돌아가기 위해 기존에 가지고 있던 도식을 변경하거나 새롭게 만들어가는 과정을 말한다.— 옮긴이

7_ 물자체物自體는 칸트 철학의 기본 개념으로, 인간의 인식과 독립해서 그 자체로 존재하며 현상의 궁극적 원인인 물物의 본체를 가리킨다. 칸트는 물자체를 인식불가능한 것으로 보았다.— 옮긴이

8_ 북송의 철학자 장재張載(1020~1077)의「서명西銘」마지막 구절에 나오는 말이다. "하늘이 부귀와 복록을 주심은 나의 삶을 풍요롭게 하려 하심이고, 빈천과 걱정근심을 주심은 나를 절차탁마하여 성취를 이루게 하려 하심이다. 나 살아서는 사리에 순종하고 죽어서는 평안하리라.富貴福澤, 將以厚吾之生也, 貧賤憂戚, 庸玉汝於成也. 存吾順事, 歿吾寧也."— 옮긴이

9_ 이해를 돕기 위해 뒤에 이어지는 문장을 소개한다. "바꿔 말해도 분명하다. 감정이 있는 작품에는 사상이 없을 수가 없다. 이것은 매우 자연스러운 것이다. 감정이 깊어질수록 사상 역시 깊어지는 것이다."— 옮긴이

3장 능히 포용하고 학습하고 흡수하고 소화할 수 있다

1_「과학은 진정한 이론적 사유여야 한다科學應該是眞正的理論思惟」, 『문회보文匯報』, 1982.4.9.

2_「만술장선漫述莊禪」은 1985년 『중국사회과학』 제1기에 발표되었으며, 『중국고대사상사론』에는 「장자·현학·선종에 대한 만필莊玄禪宗漫述」이라는 제목으로 실려 있다. ― 옮긴이

3_ 사유과학은 노에틱 사이언스Noetic Science 혹은 지력知力과학이라고도 한다. ― 옮긴이

4_ "예를 들면 정감 원칙" 및 "이는 각 개체의 선천적 소질 및 후천적 경험과 각기 서로 다른 관계가 있다"를 제외한 괄호 안의 내용은 원문을 참고하여 옮긴이가 보충해 넣은 것이다. ― 옮긴이

5_ 물리학자인 첸쉐썬錢學森(1911-2009)은 인체과학에도 많은 업적을 남겼는데, 다음 4권의 저서를 통해 중국 인체과학의 기초를 닦았다. 『인체과학을 논하다論人體科學』 『인체과학의 창건創建人體科學』 『인체과학과 현대 과학기술 발전 종횡관人體科學與現代科技發展縱橫觀』 『인체과학과 현대 과학기술을 논하다論人體科學與現代科技』. 또한 그는 노에틱 사이언스의 창건을 주장하기도 했다. ― 옮긴이

6_ 후설의 『논리학 연구Logische Untersuchungen』(1900-1901) 두 권 및 듀이의 『논리이론 연구Studies in Logical Theory』(1903)를 가리킨다. ― 옮긴이

7_ 마이클 폴라니(1891~1976)는 지식을 명시적 지식codified knowledge과 묵시적(암묵적) 지식tacit knowledge으로 구분했다. 묵시적 지식은 말로 표현되기 어려운 체화된 지식이다. ― 옮긴이

8_ "先生之風, 山高水長." 북송 범중엄范仲淹(989-1052)의 「엄선생사당기嚴先生祠堂記」에 나오는 구절이다. 엄 선생은 한나라 때의 엄자릉嚴子陵(기원전 37-43)을 가리킨다. ― 옮긴이

9_ "寒極生熱, 熱極生寒."

10_ "水曰潤下, 火曰炎上, 木曰曲直, 金曰從革, 土爰稼穡."(『상서尙書』 「홍범洪範」)

11_ "陰陽者, 數之可十, 推之可百"『황제내경黃帝內經』 「소문素問」에 나오는 말로, 음양의 광범함에 대한 이야기다. 음양을 추론하면 열에서 백, 백에서 천, 천에서 만으로 그리고 계속해서 연역해나갈 수 있다는 내용이다. ― 옮긴이

12_ "水火者, 百姓之所飮食也. 金木者, 百姓之所興作也. 土者, 萬物之所資生也.

是爲人用."(『상서』「홍범」)

13_ "陰陽不測之謂神."

14_ "知幾其神乎."

15_ "必也正名乎."

16_「포이어바흐에 관한 테제」(1845)의 마지막 11번째 테제에 나오는 말이다. ― 옮긴이

17_ "學而優則仕." 『논어』「자장子張」에 나오는 구절로, 다음 두 가지로 해석할 수 있다. "배워서 뛰어나면 벼슬을 한다." "배우고 여유가 있으면 벼슬을 한다." 본문의 맥락을 고려해서 전자로 옮겼다. ― 옮긴이

18_ "學成文武藝, 貨與帝王家." 원元나라 잡극雜劇「마릉도馬陵道」의 시작 부분에 나오는 말이다. ― 옮긴이

19_ "變則通, 通則久."

20_ 스탈린이 말하길, "한 명의 죽음은 비극이지만 백만 명의 죽음은 통계수치에 불과하다"고 했다. ― 옮긴이

21_ "보잘것없는 사람도 여럿이면 제갈량諸葛亮의 지혜가 나온다"는 의미의 중국 속담이다. ― 옮긴이

22_ 마오쩌둥은 『조직하라組織起來』(1943)에서 이렇게 말했다. "'신기료장수 셋이 합하면 한 명의 제갈량이 된다.' 이것은 바로 군중은 위대한 창조력을 지니고 있다는 말이다." ― 옮긴이

23_ "중대 위에 지부를 건립한다支部建在連隊上"는 1927년 9월 29일에 마오쩌둥이 제기한 것으로, 홍군紅軍의 연대聯隊에 당의 기층조직인 지부위원회支部委員會를 건립함으로써 군대에 대한 중국공산당의 절대적인 영도권을 보증하는 것이 목적이었다. ― 옮긴이

24_ 오칠 간부학교五七幹校는 문화대혁명 기간에 마오쩌둥의 '오칠지시五七指示'를 관철시키기 위해서 간부·과학기술자·대학교수 등을 농촌으로 하방시켜 노동하면서 재교육을 받도록 한 곳이다. ― 옮긴이

25_ 1955년 10월에 임금제로 바뀌기 이전에는 홍군이 일률적으로 식량과 약간의 용돈을 받았는데, 이를 '공급제供給制'라고 한다. ― 옮긴이

26_ 8급 임금제八級工資制는 1950~1980년대에 중국 기업에서 실행한 임금제도다. 각종 생산노동의 복잡한 정도와 노동자의 기술 숙련도 등의 기준에 따라 8등급으로 나누어서 각 급별로 서로 다른 임금을 지급했는데, 1급의 임금이 가장 적고 8급의 임금이 가장 많다. ― 옮긴이

27_ 1965년 제3기 전인대全人大 상무위원회 제9차 회의에서 「중국인민해방군 계급 취소에 관한 결정關於取消中國人民解放軍軍銜的決定」을 통과시킨 이후 군대의 계급이 폐지되었다. 군대의 계급제가 회복된 것은 1988년이다. 군대의 계급이 폐지되었던 시기를 대표하는 군복이 65식式 군복인데, 모자 가운데에 붉은색 별 1개가 있고 양쪽 팔은 홍기紅旗를 두른 형태다. — 옮긴이

28_ "盜跖莊蹻流譽後, 更陳王奮起揮黃鉞." 마오쩌둥의 「하신랑賀新郞·독사讀史」에 나오는 구절이다. 도척盜跖·장교莊蹻·진왕陳王(진승陳勝)은 통치자의 권위에 도전한 인물로 언급한 것이다. 마오쩌둥은 지속적 혁명을 통해서만 자본주의에 오염되지 않고 공산화를 실현할 수 있다고 믿었는데, 이 구절은 바로 이러한 지속적 혁명을 의미하는 것이다. — 옮긴이

29_ 『미학개론美學槪論』은 중화인민공화국 성립 이후 국가 주도하에 전국의 미학 연구자를 조직해 편찬한 첫 번째 미학 교재로, 왕자오원王朝聞이 책임편집을 맡았고 리쩌허우도 집필진 가운데 한 명이었다. 편찬 단계에서의 원래 서명은 『미학원리美學原理』였는데, 1981년에 정식으로 출판할 때 『미학개론』으로 바꿨다. — 옮긴이

30_ 「미감·미·예술을 논하다論美感·美和藝術」(1956)를 가리킨다. — 옮긴이

31_ 『경제학-철학 수고』를 가리킨다. — 옮긴이

32_ 본문에 나오는 차이이蔡儀의 의견은 차이이의 「리쩌허우 미학사상의 실질 및 그 특징을 논평하다評李澤厚美學思想的實質及其特點」(『문학평론文學評論』, 1990년 제5기)에 실려 있다. — 옮긴이

33_ "王楊盧駱當時體, 輕薄爲文哂未休." 「장난삼아 여섯 수의 절구를 짓다戲爲六絶句」 중 두 번째 시에 나오는 구절이다. 왕·양·노·낙은 초당 사걸初唐四傑로 불리는 네 명의 시인, 왕발王勃·양형楊炯·노조린盧照隣·낙빈왕駱賓王을 가리킨다. — 옮긴이

34_ "爾曹身與名俱滅, 不廢江河萬古流."

35_ 「계몽 주체성과 30년 사상사-리쩌허우를 중심으로啓蒙主體性與三十年思想史-以李澤厚爲中心」.

4장 이성의 신비와 종교 경험

1_ 펑유란馮友蘭은 인생의 4가지 경지境界로서, 자연경지·공리功利경지·도덕경

지·천지경지를 이야기했다. 이 4가지 경지는 깨달음의 깊이에 따라 결정되며 인격 완성의 정도를 나타낸다. 가장 높은 경지가 천지경지로, 천지를 위해 살고 천지를 위해 죽을 수 있는 이의 경지다.—옮긴이

2_ 한편 신비 경험은 우리가 알 수도 있다.

3_「중일 문화심리 비교에 관한 시론中日文化心理比較試說略稿」.

4_ 러셀의 입장은, 우주의 제일 원인에 대해 질문하는 것은 불가능하다는 것이다. 전체는 개개의 집합이므로 개개의 원인을 찾는 것으로 족하지, 전체 집합에 대한 원인을 다시 찾을 필요는 없다고 보는 것이다.—옮긴이

5_ "미학은 제1철학이다". 이것의 출발점은 심미를 통해 형식감을 체험하고 파악하는 것이며, 이것의 종점은 가장 높고 원대한 신앙 정감이 되는 것이다

6_ "與天地合其德, 與日月合其明, 與四時合其序, 與鬼神合其吉凶. 先天而天弗違, 後天而奉天時."

7_ 뒤르켐은 모든 종교가 성聖과 속俗의 두 세계를 구분한다고 했다.

8_ 스티븐 호킹이 『위대한 설계』에서 말한 모형 의존적 실재론model-dependent realism과 관련된 내용이다. 모형 의존적 실재론이란 우리가 세계를 인식할 때 하나의 준거 틀로서 어떤 모형에 의존한다는 것이다. 호킹은, 모형 의존적 실재론은 과학적 모형뿐만 아니라 우리가 일상세계를 해석하고 이해하기 위해서 창조하는 의식적·무의식적 정신적 모형들에도 적용된다고 주장한다.—옮긴이

9_ 펑유란은 천지경지를 지천知天, 사천事天, 낙천樂天, 동천同天으로 나누었다. 그는 동천 즉 하늘과 하나가 되는 것이야말로 진정한 천지경지이며, 지천·사천·낙천은 동천에 이르기 위한 예비 단계로 보았다.—옮긴이

10_ 마르틴 부버(1878-1965)는 『나와 너Ich und Du』(1923)에서 두 종류의 초월관에 반대했는데, 하나는 개체가 자신의 유한성을 우주의 무한함에 던져 넣음으로써 자아의 초월을 획득하는 것이고 또 하나는 무한한 시간의 흐름 속에 있는 우주를 나我의 자아완성의 내용으로 간주함으로써 나의 영원함을 빚어내는 것이다. 본문에서 '자성自聖'이라고 표현한 것은 후자에 해당한다.—옮긴이

11_ "堂上不合生楓樹, 怪底江山起煙霧."「펑셴의 유소부가 그린 산수 병풍에 대한 노래奉先劉少府新畵山水障歌」에 나오는 구절이다.—옮긴이

12_ 곽상郭象의 『장자주莊子注』에 나오는 다음 문장을 원용한 것이다. "대저 성인은 비록 묘당 위에 있어도 그 마음은 산림 가운데에 있는 것과 다를 바가 없다.夫聖人雖在廟堂之上, 然其心無異於山林之中."—옮긴이

5장 무사 전통의 정감-이성 구조

1_ "자왈 시운子曰詩云"은 "공자가 이르기를, 『시경』에서 이르기를"이라는 의미로 유가의 말을 뜻한다. — 옮긴이

2_ 한한·정정·주주·육륙·왕왕은 한유韓愈, 이정二程(정호程顥·정이程頤), 주희朱熹, 육구연陸九淵, 왕양명王陽明을 가리킨다. — 옮긴이

3_ "太一生水" 궈뎬郭店 죽간竹簡에 나오는 구절이다. — 옮긴이

4_ 무군巫君 합일로 왕이 군대를 통솔했다.

5_ "運用之妙, 存乎一心." 『송사宋史』 「악비전岳飛傳」에 나오는 문장으로, 악비가 종택宗澤에게 한 말이다. — 옮긴이

6_ "兵無成勢, 水無恒形, 能因敵變化而取勝者, 謂之神."

7_ "道可道非常道."

8_ "전쟁 무기를 만들기 위해 숲의 나무를 깎은 이래로 어느 날인들 전쟁이 없었던 적이 있는가? 대호의 전쟁은 70번을 싸운 뒤에야 끝났고, 황제의 전쟁은 52번을 싸운 뒤에야 끝났고, 소호의 전쟁은 48번을 싸운 뒤에야 끝났고, 곤오의 전쟁은 50번을 싸운 뒤에야 끝났다. 목야의 전투에서는 피가 넘쳐흘러 절굿공이를 띄웠다.自剝林木而來, 何日而無戰? 大昊之難, 七十戰而後濟, 黃帝之難, 五十二戰而後濟, 少昊之難, 四十八戰而後濟, 昆吾之戰, 五十戰而後濟. 牧野之戰, 血流漂杵." — 옮긴이

9_ "何日而無戰?"

10_ 조상은 살아서는 인간이고 죽어서는 신이 된다.

11_ "事死如事生."

12_ "夔曰, 於! 予擊石拊石, 百獸率舞."

13_ "達於樂而未達於禮."

14_ "古之人也."

15_ 무술 의례에서의 정감 상태 즉 광적인 정서가 이지적인 억제력에 의해 제어됨으로써 상상·이해·인지 등의 여러 요소를 포용한 정감 상태로 발전한 것을 가리킨다. — 옮긴이

16_ "器者所以藏禮." 완원阮元의 『연경실삼집擘經室三集』 권3 「상주동기설商周銅器說」에 나오는 문장이다. — 옮긴이

17_ 『설문해자說文解字』의 다음 문장에 나오는 말이다. "예는 이履다. 신을 섬김으로써 복을 부르는 것이다. 시示의 뜻을 취하고 예豊의 뜻을 취했다.禮, 履也,

所以事神致福也. 从示从豊." —옮긴이

18_ 「유학 4기를 말하다說儒學四期」를 참고하길 바란다.

19_ "古禮最重喪服."(피석서皮錫瑞, 『경학통론經學通論』)

20_ "道始於情"

21_ "天意從來高難問." 장원간張元干의 「하신랑賀新郎·신주로 가는 시제 호방형를 보내며送胡邦衡待制赴新州」에 나오는 구절이다. 소흥紹興 12년(1142)에 주전파였던 호방형(호전胡銓)이 주화파인 진회秦檜의 박해를 받아 신주로 유배되어 갈 때, 장원간이 이 사를 지어 그를 전송했다. 이 사로 인해 장원간은 결국 삭탈관직을 당했다. —옮긴이

22_ "禮因人之情而爲之."

23_ "每自檢諸慾, 惟色根難斷. 嘗經歷人情, 惟好色最眞."(안원顔元)

24_ "眞無慾者, 除是死人."(진확陳確)

25_ "食色性也."

26_ "天命之謂性."

27_ 매킨타이어Alasdair MacIntyre(1929-)의 원저의 제목과 내용을 감안하여 『덕을 찾아서』라고 번역했다. 원제는 'After Virtue'(1981)이다. 한국어 번역본 제목은 『덕의 상실』(이진우 옮김, 문예출판사, 1997)이다. 중국어 번역본 제목은 『덕성을 추구하며追求德性』『미덕을 추구하며追尋美德』 두 종류가 있고, 리쩌허우는 전자를 사용했다. —옮긴이

28_ "樂者樂也." 『순자』 「악론樂論」에 다음과 같은 기록이 있다. "음악이란 즐거움으로, 인간이라면 누구나 다 가지고 있는 감정이다. 따라서 인간에게 음악이 없을 수 없다.夫樂者, 樂也, 人情之所必不免也. 故人不能無樂." —옮긴이

29_ "樂極生悲"

30_ "怒傷肝, 喜傷心." 『황제내경』 「소문」에 다음과 같은 기록이 있다. "분노는 간을 상하게 하고, 기쁨은 심장을 상하게 하고, 근심은 폐를 상하게 하고, 생각은 비장을 상하게 하고, 두려움은 신장을 상하게 한다.怒傷肝, 喜傷心, 憂傷肺, 思傷脾, 恐傷腎." —옮긴이

31_ 「중일 문화심리 비교에 관한 시론」을 참고하길 바란다.

32_ "不改其樂."

33_ 「시편」 51장 5절에 나오는 다윗의 고백이다. —옮긴이

34_ "父母之體, 不可毁傷."

35_ 『부생논학浮生論學』, 화샤華夏출판사, 2002. 리쩌허우와 천밍陳明의 2001

년 대담록이다. —옮긴이

6장 '본체' '본체론' '철학' 등의 용어를 사용해야 하는가

1_ "西學爲體中學爲用, 剛日讀史柔日讀經."

2_ "中學爲體西學爲用"

3_ "剛日讀經柔日讀史"

4_ 증국번曾國藩(1811-1872)은 '중체서용中體西用'을 주장한 대표적 인물이다. "홀숫날에는 경전을 읽고 짝숫날에는 역사를 읽으라"는 구절은 「학문 탐구의 방법에 대하여 여러 아우에게 보내는 편지致諸弟述求學之方法」라는 증국번의 편지에 나오는 내용이다. —옮긴이

5_ 쭝푸宗璞(1928-)는 필명이고 본명은 펑중푸馮鐘璞다. 소설 및 산문 작가다. —옮긴이

6_ '정원육서貞元六書'는 『신이학新理學』 『신사론新事論』 『신세훈新世訓』 『신원인新原人』 『신원도新原道』 『신지언新知言』을 가리킨다. —옮긴이

7_ 연구에 의하면 '시是'는 한대에 비로소 있었다고 한다.

8_ 즉 본체론으로, '시론是論'이라고 해야 할 것이다.

9_ "依自不依他."

10_ "語絶於無驗."

11_ 예禮·악樂·사射·어御·서書·수數는 각각 예절, 음악, 활쏘기, 말 타기(혹은 마차 몰기), 글쓰기, 산술에 해당한다. —옮긴이

12_ 후성胡繩(1918-2000)은 1985년부터 1992년 2월까지 중국사회과학원 원장을 지냈다. —옮긴이

13_ 국민당이 공산당에 대해 줄곧 이런 식으로 선전했다.

14_ 톈자잉田家英(1922-1966)은 마오쩌둥의 비서를 지낸 인물로, 장칭江靑과 천보다陳伯達에게 밉보여서 결국 "마오쩌둥의 저작을 곡해했다"는 죄명을 쓴 채 죽었다. 문화대혁명이 시작된 직후의 희생자였던 셈이다. —옮긴이

15_ '두 개의 무릇兩個凡是'은, "무릇凡是 마오 주석이 내린 결정은 우리 모두가 반드시 옹호해야 하고, 무릇 마오 주석의 지시는 우리가 시종일관 따라야 한다"라는 말에서 나왔다. 1977년 2월 7일에 '두 신문과 한 잡지兩報一刊', 즉 『인민일보』와 『해방군보解放軍報』 및 『홍기』의 사설에 '두 개의 무릇'과 관련된 글이

발표되었다. '두 개의 무릇'은 화궈펑華國鋒이 자신의 정치 지위를 공고히 다지기 위해서 제기했으나, 덩샤오핑鄧小平을 비롯한 당내 개혁 세력은 '두 개의 무릇'이 마르크스주의에 부합하지 않는다고 비판했다. 이후 전국적으로 '진리의 기준'에 관한 토론이 벌어졌는데, 덩샤오핑이 주도적 지위를 차지했다. 최종적으로는 "실천이 진리를 검증하는 유일한 기준"이라는 방침이 승리를 거두었으며, 덩샤오핑이 권력을 장악한 이후 1978년 11차 삼중전회에서 '두 개의 무릇'은 완전히 부정되었다. '두 개의 무릇'에서 비롯된 진리의 기준에 관한 토론이 벌어지던 당시에 후성은 '범시파凡是派'로 간주되었는데, 후에 그는 1978년의 11차 삼중전회를 '신시기 쭌이遵義 회의'로 평가하면서 덩샤오핑이 사회주의의 새로운 기회를 열었고 삼중전회가 중국을 강성하게 하는 정확한 길을 걷도록 했다고 했다. 리쩌허우가 후성의 입장이 바뀌었다고 한 말은 이런 맥락에서 이해해야 할 것이다. — 옮긴이

16_ 유의경劉義慶(403-444)이 편찬한 『세설신어世說新語』에는 한나라 말부터 남조南朝 송宋나라에 이르는 시기의 명사들의 일화가 주로 기록되어 있다. — 옮긴이

17_ 예운 대동禮運大同이란 『예기』 「예운」에 나오는 '대동大同'의 이상을 가리킨다. 대동사회는 대도大道가 행해져 천하를 만민이 공유하는 평등한 사회로, 유교의 이상사회다. — 옮긴이

18_ 「갑자기 생각나다突然想到」(『루쉰전집魯迅全集』 제3권)에 나오는 내용이다. — 옮긴이

19_ 오운五運은 목·화·토·금·수의 단계에 따른 변화를 가리키고, 육기六氣는 풍風·화火·열熱·습濕·조燥·한寒의 기후의 변화를 가리킨다. — 옮긴이

20_ 헤겔의 『논리학』에 나오는 내용이다. — 옮긴이

21_ 『비판』에서 강조한 '자각적 주의'를 말한다.

7장 '정 본체'의 외적 확장과 내적 확장

1_ 미국 정치철학의 대부로 불리는 레오 스트라우스Leo Strauss(1899-1973)를 가리킨다. 딩윈은 「계몽 주체성과 30년 사상사」에서 1970년대 말 이후 개혁개방 시기 30년 동안 중국사상사에 광범위한 영향을 미친 마르크스, 칸트, 하이데거, 스트라우스를 '서학의 네 명의 지도교사'라 칭했다. — 옮긴이

2_ 지금은 인정의 배후에 종종 세력과 이익이 있다.

3_ 존 롤스(1921-2002)는 『정치적 자유주의Political Liberalism』(1993)에서 종교적·철학적·도덕적 신념이 상이한 다원주의 사회에서 '중첩적 합의'의 가능성을 제시하며 정의의 원칙을 도출해냈다. 그가 말하는 중첩적 합의는 현대의 헌법적 민주주의 정치의 원리다. 즉 중첩적 합의란, 다양한 입장과 세계관과 이념 등을 가진 시민들을 공론의 장에 모아 놓고 이들의 의견을 충분히 수렴하고 최대한의 공약수를 찾아내어 합의를 도출해내는 작업을 가리킨다. 롤스가 주장한 중첩적 합의는 무엇보다도 자유와 민주를 바탕으로 하며 그가 생각한 사회의 우선순위는 자유, 사회 정의, 경제 성장이다. 한편 리쩌허우는 중국 현대화의 '4가지 순서'를, 경제 발전→개인의 자유→사회 정의→정치 민주화 순으로 보았다. ─ 옮긴이

4_ 「이것 역시 삶이다這也是生活」에 나오는 이야기다. ─ 옮긴이

5_ "남을 위해 도모함에 충성스럽지 못했는가爲人謀而不忠乎"(『논어』 「학이學而」) 등.

6_ "내가 원하지 않는 바를 남에게 행하지 말라.己所不欲, 勿施於人." 『논어』 「위령공衛靈公」에 나오는 구절이다. ─ 옮긴이

7_ "사람을 근본으로 삼는다以人爲本"는 16차 삼중전회(2003.10)에서 제기되었고, "조화和諧사회"는 2004년에 중국공산당이 제기한 사회발전 전략목표다. ─ 옮긴이

8_ "禮生於情."

9_ 『세기신몽世紀新夢』.

10_ 『통감기사본말通鑑紀事本末』.

11_ 15년 전에 신문 표제로 나온 적이 있다.

12_ 공자의 신성한 권위에 도전장을 내던졌던 명대의 사상가 이지李贄(1527-1602)는 『장서藏書』에서 이렇게 말했다. "다들 공자의 시비(옳고 그름)를 시비로 삼기 때문에 지금까지 시비가 있었던 적이 없다.咸以孔子之是非爲是非, 故未嘗有是非耳." 리쩌허우는 이지가 본래 의도했던 의미와 다르게 그의 말을 가져다 쓰고 있다 ─ 옮긴이

13_ '인류' '지선至善'을 명목으로 내건 집단주의도 포함된다.

14_ 「사구부思舊賦」는 상수向秀가 혜강嵇康을 애도하며 지은 것이다. 죽림칠현竹林七賢이었던 상수와 혜강은 우정이 매우 두터웠다. 혜강이 사마소司馬昭 정권에 협조하지 않다가 모함을 받고 죽임을 당했기 때문에 그를 애도한 「사구부」가 직설적으로 속마음을 다 말하지 못하고 완곡할 수밖에 없었던 것이다. ─ 옮

긴이

15_ 왕쉬王朔의 소설 제목『실컷 즐기고 죽자過把癮就死』에서 따온 말이다.—
옮긴이

16_ "古墓累累春草綠." 백거이白居易(772-846)의 「한식에 들판을 바라보며 읊다
寒食野望吟」에 나오는 구절이다. 리쩌허우의 인용에는 '춘春'이 '청靑'으로 되어
있으나 오류이므로 바로잡았다.—옮긴이

17_ "道不遠人."『중용中庸』에 나오는 구절을 원용한 것이다.—옮긴이

18_ 리쩌허우가 강조한, 주희가 불교를 비평한 말은『주자어류朱子語類』에 나오
는 다음 구절이다. "혼돈渾淪한 이치만 볼 줄 알지, 세밀한 세부에 대해서는 반
드시 안다고 할 수 없다.只見得箇大渾淪底的道理, 至於精細節目, 則未必知." 리
쩌허우는「네 번째 논강第四個提綱」(1989)에서 이 구절을 인용하면서 이것이 하
이데거 같은 이들에게도 적용할 수 있는 말이라고 했다.—옮긴이

19_ 후설(1859-1938)의 현상학적 방법인, 모든 것에 대한 판단을 유보bracket
out하는 판단중지epoche와 관련된 표현이다. 후설의 현상학은 하이데거 철학
의 원천 가운데 하나다. 현상학의 창시자 후설은 프라이부르크 대학의 교수였고
하이데거는 그의 조수로 있으면서 현상학의 방법을 배웠다.—옮긴이

20_ 히틀러가 정권을 잡게 된 것은 1930년대에 들어서다. 1933년 나치당이 일당
독재체제를 확립하였고 권력을 장악한 히틀러는 절대적인 독재권을 확립시켜나
갔다. 이듬해 힌덴부르크 대통령이 죽자 히틀러는 대통령제를 폐지하고 총통 겸
총서기로 취임했다.—옮긴이

21_ 물론 모두 지식인이었다.

22_ 위홍余虹(1957-2007)은 2007년 9월 13일 블로그에「한 사람의 백년―個人
的百年」이라는 글을 남긴 뒤, 건물에서 뛰어내려 자살했다. "사실, 한 사람이 자
살을 선택하는 데는 커다란 불행의 원인이 있다. 다른 이가 어찌 알겠는가? 하물
며 삶을 거절하는 것 역시 한 사람의 존엄과 용기의 표현이며 적어도 소극적인
표현임에랴! 그것은 명성과 이익을 위해서라면 수단과 방법을 가리지 않는 생명
보다 훨씬 더 인간의 생명답다. 사람처럼 살아가는 것은 정말 쉽지 않다. 인간의
감정이 조금이라도 있는 한, 우리 각 개인은 건너기 힘든 인생의 난관과 하루가
일 년 같은 시간들이 있게 마련이고 생을 포기하고픈 생각이 들게 마련이다. 바
로 이렇기 때문에 어떤 사람은 자살이 쉽지 않지만 살아가는 것은 더 어렵다고
말한다. 물론 그럭저럭 살아가는 그런 삶을 말하는 건 아니다." 위홍은 하이데
거에 관한 책을 쓰고 번역도 한 바 있다. 그래서 리쩌허우는 위홍이 하이데거의

속임수에 걸려들었다고 본 것이다. ─ 옮긴이

23_ 하이데거는 프라이부르크 대학 총장으로 선출된 1933년 5월 나치에 입당한 후 총장 취임사에서 나치 지지연설을 한 것을 비롯해 그 이후에도 지속적으로 친나치적 행태를 보였다. ─ 옮긴이

24_ "不戚戚於貧賤, 不汲汲於富貴." 도연명陶淵明(약 365-427)의 「오류선생전五柳先生傳」에 나오는 구절이다. ─ 옮긴이

25_ "水流心不競, 雲在意俱遲." 두보杜甫(712-770)의 「강정江亭」에 나오는 구절이다. ─ 옮긴이

26_ 의사 리유가 "인간은 개념이 아니다"라고 하자 신문기자 랑베르가 리유에게 한 말이다. 참고로 이 부분에 대한 한국어 번역을 소개한다. "관념이죠, 하나의 어설픈 관념이죠. 인간이 사람에게서 등을 돌리는 그 순간부터 그렇죠."(『페스트』, 김화영 옮김, 223쪽, 책세상, 2004) ─ 옮긴이

27_ 「사상사의 의의思想史的意義」. 『독서』 2004년 제5기에 실린 글이다. ─ 옮긴이

28_ 『원도原道』(2006)에 실린 「중화문화의 근원 기호를 논하다論中華文化的源頭符號」를 가리킨다. ─ 옮긴이

29_ '이것'이 가리키는 것은 실용이성이 지향하는 방향과 내용으로, 이해를 돕기 위해 바로 앞 단락을 소개한다. "경험적 합리성에 바탕을 둔 '실용이성'은, 혁명 이후에 전통의 성왕聖王의 도道로 되돌아갈 수는 없다. 인민의 사상 개조 혹은 도덕 형이상학의 선전으로 만세萬世 태평을 요구할 수도 없다. 이와 반대로 개인의 자유와 평등과 현대 민주정치의 바탕 위에서, 문화심리의 건강한 성장을 사회 발전의 보조적 자원으로 삼는 것을 중시해야 한다. 이것은 두 종류의 도덕(사회적 도덕과 종교적 도덕)을 구분하는 이론, 역사와 윤리의 이율배반, '도度의 예술' 이론, '서체중용', '4가지 순서' 이론 등을 후後유학 혹은 후後철학의 중요 의제로 삼는다." ─ 옮긴이

30_ 전성설前成說은 생물체의 모든 형태나 구조가 개체의 발생 이전에 난자와 정자 속에 이미 결정되어 갖추어져 있다는 설이다. ─ 옮긴이

31_ 죽음을 향해 달려간다.

32_ "乃知繁華富貴, 過去便堪入畫, 當時正不足觀." 장대張岱(1597-1679)의 『사귈史闕』에 나오는 문장이다. 장대는 명나라가 멸망하고 청나라가 들어선 이후 벼슬하지 않고 평생 저술에 힘을 쏟았다. 「청명상하도淸明上河圖」가 그려진 시기와 배경에 대해서는 여러 가지 설이 있는데, 그 중 하나가 북송이 멸망한 이후

장택단張擇端(1085-1145)이 북송의 수도였던 변경汴京(오늘날의 카이펑開封)의 번화하고 화려했던 시절을 추억하며 그렸다는 것이다. 리쩌허우가 인용한 문장 바로 앞에서 장대는 이렇게 말했다. "장택단의 「청명상하도」는 북송이 멸망하여 남쪽으로 내려온 이후 변경의 옛일을 그리워하였기에 전력을 다해 묘사한 것이다. 만약 변경에 있었다면 이것을 그리지 않았을지도 모른다.張擇端淸明上河圖, 因南渡後想見汴京舊事, 故摹寫不遺餘力. 若在汴京, 未必作此." 여기서 장대는 장택단에 대해 말하고 있지만 사실은 명나라를 그리워하는 자신을 빗댄 것이다. — 옮긴이

33_ 『비판』을 참고하길 바란다.

34_ "一片花飛減却春, 風飄萬點正愁人." 두보의 「곡강曲江」에 나오는 구절이다. — 옮긴이

35_ "歲歲年年人不同." 유희이劉希夷(약 651-679)의 「백발노인을 대신해 슬퍼하다代悲白頭翁」에 나오는 구절이다. — 옮긴이

36_ "但見長江送流水." 장약허張若虛(약 660-720)의 「봄 강의 꽃 핀 달밤春江花月夜」에 나오는 구절이다. — 옮긴이

37_ "醉也無聊, 睡也無聊." 납란성덕納蘭性德(1655-1685)의 「채상자采桑子·그 누가 악부의 처량한 곡을 연주하는가誰翻樂府淒涼曲」에 나오는 구절이다. — 옮긴이

38_ "人生自是有情痴, 此恨不關風與月." 구양수歐陽修(1007-1072)의 「옥루춘玉樓春·술잔 앞에 들고 돌아갈 날 말하려는데樽前拟把歸期說」에 나오는 구절이다. — 옮긴이

39_ 「고차암타유시苦茶庵打油詩」 후기.

40_ 이것은 미의 추구이기도 하다.

41_ 루쉰魯迅(1881-1936)의 「병후 잡담病後雜談」에 나오는 말이다. 루쉰은 『촉벽蜀碧』(청나라 팽준사彭遵泗가 저술한 명말 장헌충張獻忠 군대에 관한 기록)과 같은 비참한 내용의 책을 두고 "예스럽고 중후한 것이 위진魏晉 시기 사람들의 필치"라고 평가한 이들에 대해 "피바다에서도 한적함을 찾아낼 수 있는" 사람들이라고 비난했다. 루쉰은 이런 이들에 대해 "엄청난 능력" "죽은 듯한 침착함"이라고 비꼬면서, 세상사의 변화를 얼른 망각하고 현실에 냉정한 이들은 결국 자신과 남을 기만하는 것이라고 비판했다. — 옮긴이

42_ 1937년 7·7 사변 이후 1938년 4월 9일. 일본은 베이핑北平(베이징)에서 '중국문화 갱생 건설 좌담회'를 열었는데 저우쮜런周作人(1885-1967)이 여기에 참석해 연설을 했다. 이 소식이 신문에 보도되자 18명의 작가가 공개서한을 발표하

며 저우쭤런에게 베이핑을 떠나 남쪽으로 올 것을 요구했다. 하지만 결국 저우쭤런은 베이핑에 계속 머물렀다. 1942년 12월에 저우쭤런은 화베이華北 중화민국 신민新民 청소년단 중앙통감부 부통감이 되었고, 부통감의 신분으로 일본식 군복을 입고 일본식 모자를 쓴 채로 정통감正統監 왕이탕王揖唐을 수행해 톈안문天安門의 '청소년단' 훈련의 분열식分列式을 사열했다. ─ 옮긴이

43_ 루쉰의 「문학과 땀文學和出汗」에 나오는 내용으로 문학의 계급성과 관련된 논의다. 「문학과 땀」은 1927년에 루쉰이 량스추梁實秋의 '인성론' 문학관을 비판하기 위해 쓴 글이다. 량스추는 "보편적인 인성은 모든 위대한 작품의 기초"라고 하면서 문학은 영원히 불변하는 인성을 묘사해야 한다고 주장했다. 이에 반해 루쉰은 "오로지 계급성을 띤 인성만 있을 뿐 초계급성의 인성은 없다"는 입장이었다. 루쉰은 땀을 예로 들면서, '땀을 흘리는 것'은 영원히 불변하는 것이지만 땀에는 '향내가 나는 땀香汗'과 '땀내가 나는 땀臭汗'의 구분이 있다고 했다. 그는 노동자 계급의 '땀내가 나는 땀의 문학臭汗文學'을 높이 평가했다. ─ 옮긴이

44_ "閑愁最苦." 신기질辛棄疾(1140-1207)의 「모어아摸魚兒·몇 번의 비바람을 더 견뎌낼 수 있으려나更能消幾番風雨」에 나오는 구절이다. ─ 옮긴이

45_ "何時忘却營營." 소식蘇軾(1037-1101)의 「임강선臨江仙·밤늦도록 동파에서 술 마시다가 깼다 다시 취했는데夜飮東坡醒復醉」에 나오는 구절이다. ─ 옮긴이

46_ "長恨此生非我有." 소식의 「임강선·밤늦도록 동파에서 술 마시다가 깼다 다시 취했는데」에 나오는 다음 구절을 원용한 것이다. "내 몸이 내 것이 아님을 늘 한탄하니.長恨此身非我有." ─ 옮긴이

47_ "明明如月, 何時可掇. 憂從中來, 不可斷絶". 조조曹操(155-220)의 「단가행短歌行」에 나오는 구절이다. ─ 옮긴이

48_ "사는 게 어떠한가"란 마음의 상태를 가리킨다.

49_ "布帛之文, 菽粟之味, 知德者稀, 孰識其貴."(『주문공문집朱文公文集』 권45) 주희가 정이程頤(1033-1107)를 기리며 한 말이다. 여기서 '베와 비단' '콩과 좁쌀'은 입을 것과 먹을 것, 즉 일용 필수품을 의미한다. ─ 옮긴이

50_ '집단 분진奮進의 정'에 대해 리쩌허우는 『역사본체론歷史本體論』에서 "군가나 전투가 불러일으키는 강개와 격앙의 정"이라고 했다. ─ 옮긴이

51_ 이상의 구분은 대체적으로 말한 것이지 세밀하게 정리한 것은 아니다.

52_ 두 개의 본체란 도구 본체와 심리 본체를 가리킨다. ─ 옮긴이

53_ "對酒當歌, 人生幾何. 譬如朝露, 去日苦多." 조조의 「단가행」에 나오는 구절이다. ─ 옮긴이

54_ 『법의 정신』에 나오는 구절을 그대로 인용한 것은 아닌 듯하다. 해당 부분에 해당하는 한국어 번역을 소개한다. "인법의 본성은, 우연히 일어나는 모든 일에 지배되며 인간 의지가 변함에 따라 바뀌는 데 있다. 이에 반하여 종교법의 본성은 결코 변하지 않는 데 있다. 인법은 선에 대하여 규정하며, 종교는 최선에 대하여 규정한다. 선은 다른 대상을 가질 수 있다. 왜냐하면 수많은 선이 존재하기 때문이다. 그런데 최선은 유일무이하며 변할 수 없다. 법을 변경할 수 있는 것은 법이 다만 선량한 데 불과하다고 여기기 때문이다 그런데 종교가 제정한 것은 최선이라고 언제나 상정되고 있는 것이다."(『법의 정신』, 하재홍 옮김, 504쪽, 동서문화사, 2007) — 옮긴이

8장 나의 일생은 단순하고 평범했다

1_ 『논어』 「자로子路」에 나오는 공자의 다음 말을 원용한 것이다. "중용中庸의 도를 행하는 이를 찾아서 그와 함께하지 못한다면 열정적인 광자狂者나 강직한 견자狷者와 함께할 것이다. 광자는 진취적이고 견자는 하지 않는 바가 있다.不得中行而與之, 必也狂狷乎. 狂者進取, 狷者有所不爲也." — 옮긴이

2_ 『중국 철학이 등장할 때가 되었는가?該中國哲學登場了?』에서 리쩌허우가 밝힌 3가지 가피한 것과 3가지 불가不可한 것'의 원칙은 다음과 같다. "밥을 먹는 건 가하나 회의를 하는 건 불가하다. 좌담은 가하나 강연은 불가하다. 인터뷰와 사진촬영은 가하나 텔레비전에 나가는 건 불가하다." — 옮긴이

3_ 후평胡風(1902-1985)을 반혁명집단의 괴수로 몰아서 다수의 연관 문인들을 숙청한 '후평 사건'을 두고 하는 말이다. 후평은 문학의 정치적 도구화를 핵심으로 하는 마오쩌둥의 옌안延安문예강화(1942)에 반대했는데, 이로 인해 중화인민공화국 수립 이후 당권파들이 후평의 문예사상을 본격적으로 비판하기 시작했다. 급기야 1955년에는 수우舒蕪(1922-2009)가 후평과 개인적으로 주고받은 편지를 당에 제출했는데, 이것이 교묘하게 편집되어 『인민일보』에 공개되어 후평을 비판하는 핵심자료로 이용되었다. 결국 이로 인해 후평은 반혁명집단의 괴수로 몰려 25년의 옥살이를 했고, 1979년에야 복권되었다. — 옮긴이

4_ 루링路翎(1923-1994)은 1955년 6월에 '후평 반혁명 집단'의 핵심 인물로 간주되어 체포되었다. 10년을 감옥에 갇혀 있다가 1965년에 석방되었는데, 상소하는 편지를 썼다가 다시 체포되어 1975년에야 석방되었다. 이후 1980년에 무죄 선고

를 받았다 ─ 옮긴이

5_ 후펑은 항일 전쟁 발발 이후 『칠월七月』의 편집을 주관했고 『칠월시총七月詩叢』 『칠월문총七月文叢』을 편집 출판했으며 문학 신인을 전심전력으로 육성하여 현대문학사에서 '칠월파'가 형성·발전하는 데 중요한 역할을 했다. 또한 1941년 1월 완난皖南 사변 이후 『칠월』이 정간 당하자 문학잡지 『희망希望』을 펴냈다. ─ 옮긴이

6_ 니토사泥土社의 '니토'는 '흙'을 의미한다. 니토사에서 나온 후펑의 작품으로는 『검·문예·인민劍·文藝·人民』(1950)과 『인환이기人環二記』(1950)가 있다. ─ 옮긴이

7_ 소위 '후펑파胡風派'의 간행물인 『마의소집螞蟻小集』이 7기(1948년 3월-1949년 7월, 마의사螞蟻社)까지 발행되었는데, 개미(마의螞蟻는 '개미'라는 의미다)와 같은 일을 한다는 의미에서 붙인 명칭이다. 개미 한 마리로는 적을 극복할 수 없으니 여러 개미가 연합하여 싸우자, 한 마리 개미의 힘은 미미하지만 수많은 개미의 힘은 거대하다는 취지를 담고 있다. 후펑의 글을 비롯해서 메이즈梅志·루링·톈젠田間·루리魯藜·루위안錄原·뤄뤄羅洛·뉴한牛漢·뤄페이羅飛·화톄化鐵·아롱阿壟·수우舒蕪 등의 글이 실렸다. ─ 옮긴이

8_ 두보의 「박계행縛鷄行」에 "계충득실鷄蟲得失"이라는 표현이 나오는데 후에 사소한 득실을 비유하는 말로 쓰이게 되었다. 또한 루쉰이 판아이농范愛農을 애도하며 쓴 「애범군삼장哀范君三章」이라는 시에 "닭과 벌레를 백안시한다白眼看鷄蟲"는 구절이 나온다. 여기서 루쉰은 권력과 이익을 다투는 정객을 '닭과 벌레'로 비유했다. 리쩌허우는 루쉰의 표현을 그대로 가져다 썼는데, 잡지 『중국기업가中國企業家』에 실린 2012년 인터뷰(제20기)에서 닭과 벌레가 누구를 가리키는지에 대한 질문에 리쩌허우는 "스스로를 대단하다고 생각하는 사람들, 주로 학계를 가리킨다"고 대답했다. ─ 옮긴이

9_ "惜彼春華, 倉惶避豺虎. 撫今秋暮, 白眼看鷄蟲."

10_ "보다 진실하고 짜임새가 있으면서도 초고의 자유로움을 보존하고 있는데, 독자들이 우열을 판단했으면 합니다"라는 문장이 바로 앞에 나온다. 초고의 내용을 알 수가 없어 문맥이 통하지 않으므로 각주로 처리했다. ─ 옮긴이

11_ 노군부리老君扶犁(노군이 쟁기질한다는 뜻)는 '노군이구老君犁溝(노군이 쟁기질한 고랑이라는 뜻)'를 말한다. 노군이구는 군선관群仙觀에서 호손수猢孫愁에 이르는 구유 모양의 험한 길이다. 태상노군太上老君이 푸른 소를 타고 화산華山을 지나가다가 산에 고생스럽게 길을 내는 사람들을 보고 측은지심이 생겨 푸른 소로

쟁기질을 하여 길을 냈다는 데서 '노군이구'라는 명칭이 생겨났다.—옮긴이

12_ "子非魚, 安知魚之樂?"

13_ "見山還是山, 見水還是水."

14_ 이상은 『오등회원五燈會元』 권17에 나오는 다음 내용에서 유래한 말이다. 참선 전에는, 산을 보니 산이고 물을 보니 물이었다.(見山是山, 見水是水.) 그 뒤에 앎을 얻고서는, 산을 보니 산이 아니고 물을 보니 물이 아니었다.(見山不是山, 見水不是水.) 깨달음이 더 깊어진 뒤에는, 산을 보니 단지 산이고 물을 보니 단지 물이다.(見山只是山, 見水只是水.) "산은 여전히 산이요, 물은 여전히 물이다"는 이상의 세 단계에서 마지막 단계에 해당한다.—옮긴이

15_ 천인커陳寅恪(1890-1969)는 50대이던 1940년대 항일 전쟁 시기에 친구이자 인척 관계인 푸쓰녠傅斯年(1896-1950)에게 경제적 도움을 청하는 편지를 여러 차례 보냈다. 그 당시 천인커는 자신이 아끼는 책까지 내다 팔아야 할 정도로 빈곤했다. 1949년에는 링난嶺南 대학에 초빙되어 최고의 월급을 받기도 했다. 그 뒤 국민당 전시내각에서 매우 좋은 조건을 제시하며 천인커를 타이완으로 데려가려고 했지만(당시에 푸쓰녠이 타이완 대학의 총장이었다) 그는 끝내 중국 대륙에 남았다.—옮긴이

16_ 「류반눙을 추억하며憶劉半農君」(1934)에 나오는 내용으로, 루쉰은 류반눙(1891-1934)을 얕지만 맑은 시냇물에 비유했다.—옮긴이

17_ 『중국 철학이 등장할 때가 되었는가?』에서 "상례喪禮에는 정감에 어느 정도 '꾸밈飾'이 있어야 한다"고 하면서 『순자』 「예론禮論」의 다음 구절을 인용했다. "꾸미지 않으면 보기에 추악하고, 추악하면 슬프지 않다.不飾則惡, 惡則不哀."—옮긴이

18_ "禮尙往來." 『예기』 「곡례曲禮」에 나오는 말로, 주고받는 것의 균형을 말한 것이다.—옮긴이

19_ 공자가 '삼년상'과 관련해 재아宰我에게 답한 다음 내용(『논어』 「양화陽貨」)을 참고하길 바란다. "재아가 여쭈었다. '삼년상은 기간이 너무 깁니다. 군자가 3년 동안 예를 행하지 아니하면 예가 반드시 무너지고, 3년 동안 음악을 연주하지 아니하면 음악 역시 반드시 무너질 것입니다. 묵은 곡식이 동나고 햇곡식이 나며 불붙이는 나무를 바꾸었으니, 1년이면 상을 끝낼 만합니다.' '쌀밥을 먹으며 비단옷을 입는 것이 너에겐 편하겠느냐?' '편합니다.' '네가 편하다면 그렇게 해라! 군자가 상중에 있을 때는, 맛있는 음식을 먹어도 달지 않고 음악을 들어도 즐겁지 않고, 집에 있어도 편안하지 않기 때문에 하지 않는 것이다. 이제 네가 편

하다면 그렇게 해라!' 재아가 나가자 공자께서 말씀하셨다. '여予(재아)는 인仁하지 않구나! 자식은 태어나면 3년이 지나서야 부모의 품에서 벗어난다. 삼년상은 천하 공통의 상례喪禮다. 여도 그 부모로부터 3년의 사랑을 받지 않았던가!' 宰我問: '三年之喪, 期已久矣. 君子三年不爲禮, 禮必壞, 三年不爲樂, 樂必崩. 舊穀旣沒, 新穀旣升, 鑽燧改火, 期可已矣.' 子曰: '食夫稻, 衣夫錦, 於女安乎.' 曰: '安.' '女安則爲之. 夫君子之居喪, 食旨不甘, 聞樂不樂, 居處不安, 故不爲也. 今女安則爲之.' 宰我出. 子曰: '予之不仁也. 子生三年, 然後免於父母之懷. 夫三年之喪, 天下之通喪也. 予也有三年之愛於其父母乎.'"

부록1
'양덕론'을 출발점으로 보편가치와 중국 모델을 이야기하다

1_ 『동오학술東吳學術』, 2011년 제4기.
2_ 『윤리학강요倫理學綱要』를 참고하길 바란다.
3_ "굶어죽는 것은 작은 일이고 절개를 잃는 것은 큰일이다.餓死死事小, 失節事大."
4_ "여자는 재능이 없는 것이 바로 덕이다.女子無才便是德."
5_ 남녀를 모두 포함한다. 특히 특권을 향유하고 있던 남자들에 해당한다.
6_ 의·식·주·행·성性·건강·장수·오락의 끊임없는 개선을 가리킨다.
7_ '황제의 새 옷皇帝的新衣'은 우리나라에 '벌거벗은 임금님'으로 알려져 있는 안데르센 동화(1837)의 원제이기도 하다. 리쩌허우는 황제가 벌거벗었다고 외친 용감한 꼬마에 루쉰을 빗댄 것이다. ─ 옮긴이
8_ "전국이 하나의 바둑판全國一盤棋"은 전국 각 지역과 각 부문이 중앙 정부의 지도 아래, 국가 전체적인 관점에서 상호 협조하며 긴밀하게 연결되는 것을 비유한다. "자본주의와 비교했을 때 사회주의의 우수성은 전국을 하나의 바둑판으로 만들 수 있다는 데 있다"는 덩샤오핑의 말에서 유래했다. ─ 옮긴이
9_ "중앙과 지방의 두 가지 적극성을 발휘한다"는 말은, 중앙이 거시적 조정에 역점을 두는 한편 지방은 상대적으로 미시적이고 국부적인 각도에서 자립하는 것을 의미한다. ─ 옮긴이
10_ 2005년 2월 25일에 공포된, 비공유제 경제 발전을 촉진시키기 위한 국무원 문건이 모두 36항목으로 이루어져 있기 때문에 이를 '비공非公 36조條'라고 칭

한다. 이후 2010년 5월 13일에 공포된 민간 투자의 건강한 발전을 고무하고 인도하기 위한 국무원 문건 역시 36조로 이루어져 있는데, 이를 '신新 36조'라고 칭한다. — 옮긴이

11_ "選賢與能, 講信修睦." 『예기』 「예운」에 나오는 구절이다. — 옮긴이

12_ "均無貧, 和無寡, 安無傾." 『논어』 「계씨季氏」에 나오는 구절이다. — 옮긴이

13_ "老有所終, 壯有所用, 幼有所長, 矜寡孤獨廢疾者皆有所養." 『예기』 「예운」에 나오는 이상사회인 대동사회를 묘사한 구절이다. — 옮긴이

14_ 리선즈李愼之(1923-2003)는 실제로 1945년 여름에 옌징燕京 대학을 졸업한 이후 쯔궁自貢의 수광蜀光 중학에서 한 학기 동안 공민公民 과목 교사로서 학생들을 가르치기도 했다. 또한 만년에 적극적으로 공민교육을 주장했다. 중국사회과학원 부원장을 지낸 그는 중국 지식계에 계몽, 자유주의, 민주, 세계화 등의 중요한 일련의 명제를 제시한 인물이다. "사람마다 자신의 양심에 따라 참된 말을 하라"고 주장했던 그는 반우파 투쟁 때 '대민주大民主'와 관련된 발언으로 인해 우파로 몰려 고초를 겪기도 했다. — 옮긴이

15_ "君臣以義合."

16_ "君使臣以禮, 臣事君以忠." 『논어』 「팔일八佾」에 나오는 구절이다. — 옮긴이

17_ 레이펑雷鋒(1940-1962)은 모든 것을 바쳐 인민을 위해 봉사한, 중화인민공화국의 영웅으로 일컬어지는 인물이다. — 옮긴이

부록2
퉁스쥔과의 대화

1_ 『철학분석哲學分析』 2012년 제1기에 실렸던 글로, 원제는 「리쩌허우와 퉁스쥔의 대화록: '체용體用' '초월' '중첩적 합의' 등에 관한 대화」다. 이 책에 수록하면서 약간의 수정을 거쳤다.

2_ "洋爲中用, 古爲今用."

3_ 『리쩌허우 근년 문답록李澤厚近年答問錄』, 톈진天津사회과학출판사. "폭력혁명과는 고별하고 점진적인 진보를 이루어야 한다"는 에드워드 번스타인의 견해와 관련된 것이다. — 옮긴이

4_ 「중국은 봉건자본주의의 관문을 넘어서야 한다中國要過封建資本主義這一關」, 『파이낸셜타임즈金融時報』 중국어판, 2009.12.31. 장리펀張力奮이 인터뷰

를 진행했다.

5_ 중국의 반체제인사인 류샤오보劉曉波(1955-)가 2010년 노벨 평화상 수상자로 선정되었던 것을 가리킨다.─옮긴이

6_『중국 문제』의 원제는 'The Problem of China'이고 한국어 번역본 제목은 『러셀, 북경에 가다』(이순희 옮김, 천지인, 2009)이다.

7_ "one person with faith is equal to thousands of persons with only interests."

8_ 베이징대 철학과 교수인 탕이제湯一介(1927-)는 '화이부동和而不同' '보편조화普遍和諧' '내재적 초월' '새로운 축의 시대新軸心時代' 등을 제기했다. 그는 중국철학이 '천인합일'에 바탕하고 있기 때문에 유교·불교·도교가 모두 '내재적 초월'을 특징으로 하는 철학 체계라고 주장한다. 탕이제는 유교 관련 문헌을 집대성하기 위한 『유장儒藏』 프로젝트의 중심인물이기도 하다.─옮긴이

9_ 리쩌허우는 『미학사강美學四講』에서 "정신의 즐거움悅志悅神"은 인류가 지닌 가장 높은 등급의 심미능력으로, 일종의 '숭고감'이라고 했다.─옮긴이

10_ "The most incomprehensible thing about the world is that it is comprehensible."

11_ "子不語怪力亂神." 『논어』 「술이述而」에 나오는 구절이다.─옮긴이

12_ 리쩌허우는 『미학사강』에서 심미의 세 층위 가운데 "정신의 즐거움悅志悅神"을 설명하면서 '열신悅神'이란 "본체 존재를 향한 모종의 융합으로, 도덕을 초월한 것이자 무한한 일치의 정신적 느낌"이라고 했다. 여기서 도덕의 초월이란 도덕의 부정이 아니라 강제적 규율에 얽매이지 않으면서도 규율에 부합하는 자유의 느낌이다.─옮긴이

부록3
리쩌허우 인터뷰 목록(2006~2011)

1_「시대와 그 시대의 리쩌허우」(『남방인물주간』 편집부), 「적막한 사상가」(웨이이衛毅), 「나는 지금 조용히 살고 있고, 또 조용히 죽어가려 한다」(웨이이 · 스위화施雨華), 「민족주의와 포퓰리즘의 합류를 경계한다」(이중톈易中天), 「개량은 투항이 아니다, 계몽의 완성은 아직 한참 멀었다」(샤오싼짜蕭三匝).─옮긴이

2_ 제목, 인터뷰 연도, 인터뷰어, 발표 간행물, 발표 시기의 순서다.

부록4
다시 리쩌허우를 말하다

1_ 2011년 4월, 상하이역문문譯文출판사에서 리쩌허우의『중국 철학이 등장할 때가 되었는가?』를 출간했다. 대담자였던 류쉬위안의 질문을 통해 리쩌허우는 9개의 화제를 중심으로, 10여 종에 달하는 그의 중요 저작의 연원과 사상 맥락을 총결했으며, 그의 철학 본체론 및 핵심 가치관을 설명했다. 또한 해외에서 20여 년 동안 침잠해 있으면서 형성된 여러 사상, 미래의 중국과 인류가 나아가야 할 방향에 대한 견해도 밝혔다. 6월 28일에, 류짜이푸劉再復·하오밍젠郝銘鑒·정융鄭湧·샤오궁친蕭功秦·양옌디楊燕迪·천룽샤陳蓉霞·훙타오洪濤·류쉬위안 등 여러 학자가 상하이에 모여서 리쩌허우의 담화록 및 그의 철학사상에 대해 깊이 있는 토론을 나누었다. 이 글은『신세기新世紀』편집부의 요구에 따라 그 가운데서 정선한 세 명의 견해를 요약한 것이다.『신세기』(2011년 제27기)에 게재되었으며, 이 책에 수록하면서 약간의 수정을 거쳤다. ─ 원서 편집자 주

2_ 류쉬위안:『문회보』수석기자.

3_ 이 책『중국 철학은 어떻게 등장할 것인가?』이다. ─ 옮긴이

4_ 샤오궁친: 상하이 사범대학 인문학부 역사학과 교수.

5_ 바로 뒤에 "중요한 건, 중국이 어디로는 가서는 안 된다는 것이다"라는 문장이 있는데, 이는 리쩌허우가 아닌 이중톈의 말이므로 본문에서 생략했다. ─ 옮긴이

6_ 류짜이푸: 작가, 문예이론가, 중국사회과학원 문학연구소 원原소장.

'하나의 세계'에서의 '시적인 거주'는 어떻게 가능한가?

"어느 때가 되어야 아득바득함을 망각할 수 있으려나."
"한가함이라는 근심이 가장 괴롭다."

리쩌허우는 소식과 신기질의 말을 통해 모순 가운데 있는 인간의 상황을 간단명료하게 묘사했다. 인간은 늘 생계를 염두에 두고 살며 온갖 관계의 그물망 속에 놓여 있기에 내 삶이 진정 나의 것이 아님을 한탄한다. 그러나 아이러니하게도 정작 생계에 대한 고민이 없고 관계의 그물망을 벗어나게 되면 인생에 목적이 없어지고 더 고통스럽다. 아무 것도 할 일이 없고 마음을 기댈 데가 없는 무료함에서 나오는 허무에 직면하기 때문이다. 그리고 삶과 죽음이라는 종국의 문제를 보다 쉽게 떠올리게 된다. 리쩌허우는 인간이 태어나서 살아가는 이상, 이 모순은 해결할 수 없는 문제이자 인간의 존재 상태라고 본다. 그래서 살아가는 것 즉 어떻게 사는가, 왜 사는가, 사는 게 어떠한가의 문제가 자신의 철학의 첫 번째 문제이자 진정한 철학 문제라고 말한다.

실용이성, 낙감문화, 무사巫史 전통, 유가와 도가의 상호 보충, 유가와 법가의 호용, 두 종류의 도덕, 역사와 윤리의 이율배반, 문화-심리 구조, 서체중용, 누적-침전설, 제1범주로서의 도度, 정 본체……. 리쩌허우가 중국과 서양의 철학적 자원을 바탕으로 일구어낸 일련의 독자적 사상들 가운데 '정 본체'야말로 앞에서 제기한 문제의식에 대한 본격적인 탐색이다. 그는 인간의 고독과 무료함이 전례가 없는 정도에 이른 오늘날, 모든 가치와 의의를 부정하는 포스트모던 사조에 반대하며 '정 본체'를 제기했다. 오늘날의 세계적인 난제가 없었다면, 정 본체는 나올 수 없었다고 그는 말한다. 그가 제기한 정 본체란 다름 아닌 '평범한 일상생활'에 대한 애착과 깨달음이다.

"베와 비단 같은 글文, 콩과 좁쌀 같은 맛味. 덕을 아는 자 드무니, 그 귀함을 누가 알리오."

리쩌허우는 주희가 말한 '글'과 '맛'이 순전히 '욕망'만도 아니고 순전히 '이理'만도 아닌, 일상의 삶을 아끼는 '정'이라고 한다. 그리고 이것이 현실의 삶을 중시하는 중국의 전통이라고 한다.

"중국에는 두 개의 세계가 없어요. 오로지 하나의 세계뿐이죠. 하나의 세계에서는 초월할 방법이 없어요. 신이 없고 다른 세계가 없는데, 어디로 초월을 하나요?" 리쩌허우가 말하는 중국의 전통은 '하나의 세계'에서 비롯된 것이다. 이것은 신이 있고 초월할 다른 곳이 있는 '두 개의 세계'에서 비롯된 서양 전통과의 근본적 변별점이기도 하다. 하나의 세계, 생존의 경험, 역사, 생명, 인간, 정감······, 이것은 리쩌허우가 강조하는 중국의 전통인 동시에 리쩌허우 자신의 철학적 토대이기도 하다. 요컨대 신이 없는 하나의 세계에서 인간은 역사의 누적-침전을 통한 생존의 경험을 토대로, 생명을 가장 중요한 위치에 놓고 인간 스스로 인간(능력과 정감)을 만들어왔다는 것이다. 자신이 유물론자임을 강조하는 리쩌허우의 철학은 "신·이성·의식·언어·자아 등이 아닌 인류의 생존과 지속에서 출발했고 또 이것을 근본"으로 삼았다. 인류 총체의 생존과 지속이야말로 그가 말한 최고의 선, 지선至善이다. 확정성을 추구하는 서양 전통에서는 신이 죽자 이성이 동요하고 상대주의와 허무주의에 휩쓸렸지만 영원한 변화와 과정을 말하는 중국 전통에는 확정성의 추구가 없기에 허무주의도 없다. 영원한 역사의 변화 속에서, 아끼고 애착하고 슬퍼하고 깨달을 따름이다.

리쩌허우는 '정 본체'가, 온갖 급격한 변화와 선택 속에서 대두된 종교에 대한 현대인의 심리적 요구에 부합하는 역할을 하리라 전망한다. '정 본체' 철학은 '인간과 우주의 협동 공존'에 대한 깨달음과 느낌(이성의 신비라는 우주 정감)을 바탕으로 하며, 이는 인간세상의 범속함을 넘어선 종교적 정감이기 때문이다. 요컨대 리쩌허우의 철학은 도구 본체를 중시하는 '밥 먹는 철학'(2장·6장 참고)일 뿐만 아니라 이성의 신비에 대한 경외를 중시하는 '시적인 거주'의 철학이기도 하다. "빈천을 근심하지 않고 부귀에 급급하지 않으며" "물이 흘러가도 마음은 쫓기지 않고 구름 머무니 마음도 더불어 느긋해진다." 리쩌허우는 도연명과 두보의 말을 통해 정감적인 인생의 태도이자 삶의 경지를 표현했다. 이것이야말로 시적인 거주가 아니겠는가.

2013년에 나온 『중국 철학이 등장할 때가 되었는가?』(글항아리)와 함께 『중국 철학은 어떻게 등장할 것인가?』는 리쩌허우의 사상을 총망라하고 있다. 하지만 결코 산만하지도 어렵지도 않다. 농밀하면서도 친근히 와 닿는다. 물론 리쩌허우 사상의 원숙함 덕분일 것이다. 그리고 또 다른 이유는 그의 문제의식이 바로 지금 '나'와 '우리'의 생존에 대한 부분을 건드리고 있기 때문이다. '하나의 세계'에서 나 그리고 우리의 '시적인 거주'는 어떻게 가능한지, 함께 고민하고 실천할 수 있으면 좋겠다.

"시시각각으로 곧 사라지고 순식간에 다가오는 생명과 삶을 어찌 감히 아끼지 않을 수 있나요?"(리쩌허우)

2015년 7월
옮긴이

중국 철학은 어떻게 등장할 것인가?

: '하나의 세계'에서 꿈꾸는 시적 거주

초판 인쇄 2015년 7월 28일
초판 발행 2015년 8월 5일

지은이 리쩌허우
엮은이 류쉬위안 외
옮긴이 이유진
펴낸이 강성민
기획 노승현
편집 이은혜 박민수 이두루 곽우정
편집보조 이정미 차소영 백설희
마케팅 정민호 이연실 정현민 지문희 양서연
홍보 김희숙 김상만 한수진 이천희
독자모니터링 황치영

펴낸곳 (주)글항아리 | 출판등록 2009년 1월 19일 제406-2009-000002호
주소 413-120 경기도 파주시 회동길 210
전자우편 bookpot@hanmail.net
전화번호 031-955-8891(마케팅) 031-955-8897(편집부)
팩스 031-955-2557

ISBN 978-89-6735-232-5

글항아리는 (주)문학동네의 계열사입니다.

이 도서의 국립중앙도서관 출판시도서목록(CIP)은 서지정보유통지원시스템 홈페이지(http://seoji.nl.go.kr)와 국가자료공동목록시스템(http://www.nl.go.kr/kolisnet)에서 이용하실 수 있습니다. (CIP제어번호 : CIP2015020017)